青春，写在祖国大地上

北京科技大学历届“青年五四奖章”获得者事迹汇编

主　编　苏　栋
副主编　王　鹇　邵丽华

北　京
冶金工业出版社
2020

内 容 提 要

本书记录了北京科技大学历届“青年五四奖章”获得者共61个团队和个人的先进事迹。他们在求学期间让青春闪亮，如今在各自的工作岗位上继续绽放青春的风彩。

本书可供广大在校学生和共青团工作者阅读。

图书在版编目（CIP）数据

青春，写在祖国大地上：北京科技大学历届“青年五四奖章”获得者事迹汇编／苏栋主编．—北京：冶金工业出版社，2020.1

ISBN 978-7-5024-8401-9

Ⅰ.①青…　Ⅱ.①苏…　Ⅲ.①北京科技大学—大学生—先进事迹　Ⅳ.① K828.4

中国版本图书馆 CIP 数据核字（2020）第 024170 号

出 版 人　陈玉千

地　　址　北京市东城区嵩祝院北巷 39 号　邮编　100009　电话　(010)64027926

网　　址　www.cnmip.com.cn　电子信箱　yjcbs@cnmip.com.cn

责任编辑　刘小峰　美术编辑　郑小利　版式设计　郑小利　孙跃红

责任校对　李　娜　责任印制　李玉山

ISBN 978-7-5024-8401-9

冶金工业出版社出版发行；各地新华书店经销；三河市双峰印刷装订有限公司印刷

2020 年 1 月第 1 版，2020 年 1 月第 1 次印刷

169mm×239mm；20.5 印张；397 千字；310 页

56.00 元

冶金工业出版社　投稿电话　(010) 64027932　投稿信箱　tougao@cnmip.com.cn

冶金工业出版社营销中心　电话　(010) 64044283　传真　(010) 64027893

冶金工业出版社天猫旗舰店　yjgycbs.tmall.com

本书编委会

顾　问：武贵龙　杨仁树

薛庆国　王维才　臧　勇

于成文　盛佳伟　吕朝伟

主　编：苏　栋

副主编：王　鹂　邵丽华

编　委：（以姓氏笔画为序）

于林民　于宝库　马　聪

王　鹂　尹传举　刘　冰

闫奎铭　孙　鑫　苏　栋

苏　烜　李晓彤　杨志国

邵丽华　赵立英　姚惠迎

袁正臣　浦绍韬　翟文洁

序

何谓大学？

大，乃博大，即百花齐放之姿，百家争鸣之态；学，即学问，乃思想菁华之集，行为操守之存。故而大学者，不惟学术之处，亦为育人之所。在这里，各方才俊可以自由地交流思想、增长才干、砥砺人格、完善自我，从而让这宝贵的韶华散发出点亮人生的光热。

仰望大学，初入象牙塔的莘莘学子难免会迷茫于前路，陌生、困惑、迟疑、彷徨，当阴霾四起，又该如何尽览塔内风景？这时，榜样的力量也许就是明灯一盏，帮助处于适应期或心存迷惑的学子找到自身目标，发掘自身价值，从而寻得自身发展之道。

北京科技大学作为全国首批十所“三全育人”综合改革试点单位之一，落实“立德树人”根本任务，培养了一大批德智体美劳全面发展的国家和行业栋梁之材。值此新中国成立70周年、五四运动100周年之际，北京科技大学共青团的同志们耗时近一年倾力打造《青春，写在祖国大地上》一书，将学校评选产生的历届“青年五四奖章”获得者青春励志的故事编撰成册。这些优秀的青年榜样中，有的在科研领域践行青春使命，推动科技创新；有的在三尺讲台书写青春芳华，传道授业解惑；有的在扶贫一线挥洒青春汗水，用真情助脱贫；有的在创业大潮张扬青春活力，屡创精品项目……他们以实际行动肩负起时代使命和责任担当，以闪亮青春引领着时代风尚。

通过这些榜样的力量，我希望更多的学生、宿舍、班级、团队都能在润物细无声中提升个人、发展集体，使与榜样看齐、向先进靠拢成为一种传统、一种风气。我相信他们的奋进之路会对广大青年学生的成长成才有所启发，也希望各位同学在榜样的引领下，树立正确的人生观和世界观，全方位发展自我，珍惜大学时光，不负青春韶华。

北京科技大学党委书记

2019 年 12 月

前　言

古人云，时势造英雄。中国特色社会主义新时代是青年大有可为的时代，也必然是青年榜样辈出的时代。

近些年来，北京科技大学共青团深入学习贯彻习近平新时代中国特色社会主义思想，深入贯彻落实学校“立德树人”工作部署，助推“三全育人”综合改革，坚持“青年友、助推器、思想库、创新源”的角色定位，主动担当，奋发作为，构建了思想育人、实践育人、文化育人、组织育人的“四位一体”工作体系，形成了思想政治引领、青年成长服务与校园文化建设成果竞相绽放的生动局面。

在组织的引领下，一代又一代的北科大青年传承和弘扬“求实鼎新”的校训精神，坚定信念跟党走，开拓创新，锐意进取，创造了学术、科技、文化、体育、实践、社团等各个方面的突出成果，成就了一个又一个辉煌，尽展新时代中国青年的英姿。

为表彰先进、树立模范，北京科技大学从2007年开始评选“青年五四奖章”，十余年来涌现了一大批青年榜样。他们中，有“全国五一劳动奖章”“中国青年五四奖章”获得者李娜，有全国百篇优秀博士学位论文、国家科技进步奖二等奖获得者尹升华，有教育部新世纪优秀人才、国家教育教学成果奖一等奖获得者唐晓龙，有第七届全国高校辅导员年度人物、北京高校优秀德育工作者李磊，有第57届“世界小姐”冠军张梓琳，有首届中国大学生“自强之星”十佳标兵徐洪业，有第一个教育部直属高校牵头承担国家重大科技基础设施建设项目的国家材料服役安全科学中心项目建设指挥部团队，有获得“挑战杯”全国大学生课外学术科技作品竞赛一等奖的京杭大运河学生调研团……

值此新中国成立70周年、五四运动100周年之际，我们将历届北京科技大学“青年五四奖章”获得者的先进事迹编撰成册，出版《青春，写在祖国大地上》一书。我们坚信榜样的力量是无穷的，希望借此书树立先进典型，用榜样力量引导广大青年牢记习近平总书记的殷切嘱托，践行“求实鼎新”校训精神，乘新时代春风，放飞青春梦想，将自身发展融入时代洪流，为实现“两个一百年”奋斗目标、实现中华民族伟大复兴的中国梦贡献自己的青春力量。

编　者

2019年11月

历届获奖者名单

北京科技大学第一届“青年五四奖章”获得者

张梓琳　谢　芳　刘少蓉　徐洪业
京杭大运河学生调研团

北京科技大学第二届“青年五四奖章”获得者

巩立姣　王丽莉　马　海　高海娜
刘　冰　绿盾环境保护与发展协会

北京科技大学第三届“青年五四奖章”获得者

赵志南　艾克拜尔·阿不拉　侯现仁
闫树堃　张　铮　智能汽车队
北京科技大学学生民乐团
纳米材料与技术梯队班

北京科技大学第四届“青年五四奖章”获得者

洪　华　廖庆亮　崔　睿　王丹阳
苏凌菲　北京科技大学学生管乐团
校庆志愿者

★北京科技大学第五届“青年五四奖章”获得者★

尹升华　侯新梅　邓立治　胡智林
李　斌　老团干　研究生支教团
瑞迪恩特新材料创业团队

★北京科技大学第六届“青年五四奖章”获得者★

王　端　朱立峰　邱　垚　唐晓龙
刘　洋　尹鸿祥　李　磊　孙晓丹
智能汽车队　北京科技大学话剧团
禾欣实践团　北京科技大学学生合唱团
国家材料服役安全科学中心项目建设指挥部团队

★北京科技大学第七届“青年五四奖章”获得者★

查俊伟　马胜强　李　娜　格桑措姆
蒋虽合　杨国庆　曹　阳
校庆六十五周年演职团队

★北京科技大学第八届“青年五四奖章”获得者★

任　英　张　铮　翟　昊　王素芳
张　明　浦绍韬　雷智锋　李晓彤
第19届研究生支教团甘肃分团
节能减排团队

目　录

矢志——爱国奋斗篇

坚守——科教兴邦篇

凝心——文化铸魂篇

砥砺——勇担使命篇

矢志

爱国奋斗篇

向世界展示来自中国的美丽

——北京科技大学第一届“青年五四奖章”获奖者张梓琳

张梓琳，女，1984年3月生，2002年至2006年就读于北京科技大学经济管理学院。曾荣获第57届世界小姐冠军，是中国第一位“世界小姐”，她以清丽从容、智慧高雅、别具中国韵味的美征服了所有的评委和观众。

贝壳磨砺的珍珠

“大学四年给了我受益终身的知识积累，更重要的是它使我拥有了平和的心态。无论从事何种工作，都可以更加从容和自信。”张梓琳在接受某网站采访时，主持人问及何必浪费4年时间读大学，而不直接做模特，她这样答道。

拥有六十多年办学历史的全国重点大学——北京科技大学，常被青春学子们亲切地称为“贝壳”；而北科大的优秀毕业生、中国第一位“世界小姐”张梓琳就像是北科大这扇养分丰厚的“贝壳”孕育出的一颗美丽“珍珠”。2002年，张梓琳凭借突出的体育特长被北京科技大学管理学院录取，攻读工商管理专业。学校有专门的体育特长生班，但需要学习5年。张梓琳是国家二级运动员，文化课成绩也非常优秀，她因高考成绩颇佳，得以成为学校2002级体育特长生中唯一没有进体育特长生班的学生，她和普通同学一样学习，和体育特长生一样训练。

全面发展、气质出众的张梓琳入学之初就备受关注。与梓琳同一届的体育特长生邵春燕曾这样回忆初见梓琳时的情景：“开学时第一次上课，老师要求做自我介绍，她就用中英文两种语言大方流畅地做了自我介绍，当时，她从容、自信的气质就给我留下了深刻的印象，后来我才知道，她就是高中时与我争夺北京市中小学生运动会女子 100 米跨栏冠军的竞争对手。”面对大学里繁重的学业和几乎没有休息日的体育训练，张梓琳认真平衡着学业和训练的关系，从容不迫完成各类任务和身份的转换，乃至后来她做兼职模特时也坚持着“不耽误课程、不放松训练”的自我要求。邵春燕说，学校对体育特长生的要求非常严格，大家每天在课后都必须进行训练，很多运动员身上几乎没有未受伤的部位，一些运动员去医院的次数比去超市还多，大家经常在训练的时候累到呕吐。即使在这样高强度的训练中，梓琳也毫不松懈，始终如一。

从小坚强、独立、自信的张梓琳不喜欢“两耳不闻窗外事”的单调生活。该做什么，不该做什么，她有自己的原则。演出的间隙，公司同事经常能看到张梓琳在后台手捧书本的情景。四年的大学教育和专业知识沉淀，使得她在舞台上更加光彩熠熠。张梓琳认为人在每个阶段都有最重要的事情，只有分清主次，把应该做的事情尽力做到最好，才不会有遗憾，成功也会随之而来。获奖后的张梓琳回忆起大学生涯时说：“我要感谢我的母校北京科技大学。”

参加杰出校友讲坛（左一）

的确，在北京科技大学学习生活的四年是张梓琳的成长经历中十分重要的时光。在这里，她从一个不懂世事的少女开始成长为睿智多才的新女性；在这里她从初出茅庐的学生蜕变为一名气质高雅的模特；也是在这里她从百米跨栏的运动场走向了国际舞台……这一切都是那么真实而梦幻，那么亲近而遥远，但这都是她大学中走过的路程，都是她四年的校园回忆，都是她真挚的贝壳情结，更是她生命中的永恒记忆。导师说：“在你完成论文的过程中，你所借鉴的资料和数据，都是前人智慧和汗水的结晶，他们就好比一颗颗美丽的珠子摆在那里，只有发挥自己的想象力，再通过自己双手的劳动，才能做出属于自己的那串独一无二的项链”。为了这串独一无二的“项链”，她花了很多心思去设计和构思。白天查阅资料，夜深人静的时候整理自己的思绪，酝酿出融入自己思想的文字。四年的大学生活，其实过得很辛苦。这也并不是坏事，巨大的课业压力令她必须时刻保持清醒的头脑；严谨的学习氛围培养了她不断追求进取的心态。

参加校友讲坛（左一）

善良平和的美由内而外

“美丽不一定是看起来多美，内外兼修才是真正的美。我最大的体会就是要以平常心去做好每一件事。只有从内心充实了自己，魅力才会由内而外散发出来。我深信每一刻的付出和努力，都将会得到回报！”张梓琳如此评价自己在世界小姐比赛中的表现。

2007 年 11 月 1 日至 12 月 1 日第 57 届世界小姐总决赛，中国小姐张梓琳离比赛开始前三天，方才搭上末班车。首次参加国际赛事。于张梓琳来说，反而更轻松。在国内参加比赛时，13 个分赛区的冠亚季军齐聚北京参加全国总决赛，她回忆到：“我当时的确感受到了压力，但是在三亚参加全球总决赛，竞争的感觉反而淡了。因为能代表自己的祖国站在世界的舞台上，我感到非常幸运，这已经是命运给我的赏赐，其他任何收获都将被看作惊喜。我把这次比赛看作是一段美丽的旅程，只需好好看风景，享受其中。”当宣布世界小姐冠军的获得者是中国小姐时，张梓琳并没有热泪盈眶，她开玩笑说自己是激动得哭不出来了：“这简直是天赐的礼物和惊喜，我至今都难以相信这是真的。”气质出众的梓琳从来不是清高孤傲的冷美人，她甜美的外表和善良的心灵，令她具有一种独特的韵味。虽然在大学期间已经涉足时尚领域，但比起外在的修饰，梓琳更着意于培养自己的内在修养。她性情温和、性格开朗、秉性善良，这些都由内而外地彰显着她不俗的美丽。“不仅人漂亮，而且有着很好的气质和人缘。性格开朗，有礼貌，见人时总是笑眯眯的，在学校的人气很高。”张梓琳的授课老师裴老师赞扬道。几位和她在北京科技大学读书的同学，也不约而同地称赞她有着美女身上难得一见的谦逊。张梓琳的知识面也很广，无论多忙，她始终保持着勤于阅读的良好习惯。课本、报纸和各种媒体报道，她都有不同程度的翻阅，政治经济各领域都广泛涉猎。这些知识的积累加上流利的英语，使她更多了一份高贵优雅。可以说，内外兼修的梓琳不但是美女，更是名副其实的才女。

在这次世界小姐的竞赛中，尽管是与各个国家的优胜代表在一起，但梓琳的心态一直都很好，不论做什么都保持优雅的姿态。这和她平时做人做事认真的态度是分不开的。从她坚持多年的训练中就可以看出梓琳能吃苦，能认真做好每个细节，有毅力，能坚持。一位网站的记者提起梓琳时赞扬道:“无论怎样刁钻的问题，她都回答得温文尔雅圆润亲切，并不忘在最后附上‘有问题再联系，辛苦啦’，非常有礼貌，很难得。”

用美点亮希望

看着首位中国籍世界小姐戴上璀璨的桂冠，每个人都不禁为她的成功喝彩。张梓琳的母亲却更希望她能谦虚地对待这一荣誉，对自己有更严格的要求，认真去完成“世界小姐”的使命，以一颗平常心做好每一件有意义的事情，努力温暖和帮助更多的人。

“世界小姐”一年任期内，作为慈善爱心大使，张梓林的足迹已经遍及十几个国家和地区。去儿童村、艾滋病医院和贫困落后地区，援助弱势群体，为他们送去食品、生活用品和教育用品，参与社会活动，她看望了许多贫困地区的小朋友，张梓琳代表世界小姐机构周游世界从事慈善公益活动，任期内募集的善款超过 3200 万美元，募集到的善款也是历任世界小姐中最多的。2009 年，张梓琳参与中国国家形象宣传片的拍摄。2010 年，张梓琳被聘为了上海世博会“志愿者宣传大使”,并获得了由联合国性别平等和女性赋权署颁发的社会性别平等倡导人称号；同年 4 月，张梓琳受金羽翼残障儿童艺术康复服务中心的邀请，拍摄了中国第一支关爱残障儿童的公益广告。2016 年，张梓琳参与了力士与中国环境保护基金会共同发起的“绿哈达行动”，并呼吁更多的人能够参与到改善青藏地区生态环境的队伍中来。张梓琳用行动担起公益的使命，让美丽带着大爱撒满世界。

现在的张梓琳已经成为北科大的骄傲、中国人的骄傲！在梓琳身上我们看到，青年人应该在奋斗的道路上多给自己一些展示的机会，要努力拼搏，更要厚积薄发，不懈的奋斗方能赢得成功的光环。正如她自己所说的“请给自己一个机会，让梦想照进现实”！

荣获第 57 届“世界小姐”冠军

来自底层，代表底层说话

——北京科技大学第一届“青年五四奖章”获奖者徐洪业

2015 年徐洪业参加校长奖章获得者的返校交流活动（左二）

徐洪业，男，1986 年 11 月生，中共党员，2005 年至 2012 年就读于北京科技大学文法学院。现任职于共青团北京市委，曾任北京科技大学团委副书记、文法学院学生会主席，曾获“中国大学生自强之星”标兵、北京市三好毕业生、国家奖学金、建龙精英奖学金、北京科技大学社会实践十佳标兵等奖项。2007 年暑假，他以探寻乞丐的社会实践经历走进凤凰卫视，红遍网络媒体，感动了社会各界。2008 年 1 月，在人民大会堂首届中国大学生“自强之星”颁奖典礼上，他以感恩社会、回馈社会的真心和决心，受到时任中共中央政治局委员、全国人大常委会副委员长王兆国的亲切接见。

永远聆听来自最底层的呼唤

大学期间的徐洪业，靠着国家助学贷款和奖学金实现了经济独立。来自底层，就要代表底层的人们说话。在他的随身物品中，到处可以见到这几个字："永远聆听来自最底层的呼唤"。早在2006年，他就带领团队完成了对农村青年的调查，通过20多天与农村青年在一起的生活，他深切感受到了同样作为青年的大学生对社会应有的一种责任感。2007年，他再度组团，这次调查的对象选择了一个更为底层的群体——城市流浪乞讨人员。由于选题的敏感性，调查一直在低调中进行，为了能够让调查继续下去，徐洪业在指导老师的帮助下成功申报了学校本科生科技创新培训项目（SRTP）3000元的经费。由于SRTP的经费只能在结题时才能获得，他便拿出了自己所有的家当4000余元，加上指导老师左鹏的大力帮助，终于保证了整个调查的顺利完成。

徐洪业认为，对于流浪乞讨群体，社会上大多是歧视和误解，尤其是各级媒体在报道这类群体时，报道的多是群体中的特例，如"职业乞丐日赚上千""乞丐白天跪地乞讨，晚上奢侈消费"等。但是对于大多数乞丐来说，情况不可能都是这样，他们背后一定有属于自己的故事。于是，从调查开始，他就向队员强调一定要站在关怀他们的角度上进行，正是这种关怀的角度，让他们赢得了许多媒体的关注，最终使调查的影响扩大到整个社会的层面。

徐洪业与流浪乞讨人员合影（左一）

只有真正融入这个群体，才能了解到他们最真实的生活状况。为了获得第一手资料，徐洪业换上一身破旧衣服，伪装成一名离家出走的孩子，主动与街头的一位乞丐老太太接触。他连续几天陪同老太太外出乞讨，为老太太跑腿打水，陪老太太聊天，还吃下老太太从布满油污的包里拿出的烧饼。他的行动打动了老太太，终于，老太太向他敞开心扉，讲述了自己成为一名乞丐的前前后后，还对他说了乞丐在北京的大致分部及内部不成文的“行规”，进入救助站时的情况和对策以及家里的基本情况……在第一位乞丐朋友的帮助下，徐洪业脑中的调查方案逐渐清晰。第一步，了解流浪乞讨人员在城市里的日常生活；第二步，探秘乞丐救助站生活；第三步，寻踪乞丐故里，探究其产生渊源。在这个方案的指导下，2007 年暑假，他带领团队开始了对北京市流浪乞讨人员的大型调查，调查历时 35 天，其间他多次深入乞丐住处，与乞丐同吃同住，体验流浪乞讨人员日常生活中的酸甜苦辣，结交了一大批乞丐朋友；之后，他和队员们伪装进入城市救助站，通过在站内与乞丐们的零距离接触体验站内生活，探究救助管理制度现实运行中的问题；最后，他和队员们与指导老师左鹏在两位乞丐朋友的带领下千里寻踪乞丐村，调查得出了乞丐产生根源在农村而非城市的结论。

徐洪业与凤凰卫视主持人曾子墨合影（左一）

调查获得最初的媒体关注是在《新京报》，当时徐洪业仅是以北京科技大学“小徐”的身份发表了自己“城市流浪艺人不应该被‘救助’”的看法，没想到这个小新闻引起了《法律与生活》杂志的注意。应杂志社之约，徐洪业先后发表《永远聆听来自最底层的呼唤——一位大学生的乞丐调查手记》和《京城乞丐大起底》两篇文章，以记述团队的调查为主线，从关怀的视角深入反映乞丐的真实生活。后来，文章被新浪、网易、CCTV、腾讯、国际在线等二十余家网站转载，引起广泛影响。之后，“小徐”又以一名大学生的身份走进凤凰卫视《社会能见度》节目，与主持人曾子墨畅谈调查前后的感受，他们关注民生的行动赢得了栏目组的高度评价。

同学们眼中的“神话”

在同学们眼中，每天见到的徐洪业是一位辛勤奔波在学生工作岗位上的学生会主席。勤劳忙碌的他，既继承了辅导员老师踏实勤勉的工作作风，又融进了自己机智灵活的做事方法，成为同学们心中可敬而又可爱的“徐主席”，也得到了老师们的广泛好评。当时的徐洪业，身上笼罩着许多荣誉的光环，大一至大三学年一直保持学习成绩专业第一名的好成绩，获奖无数的他在学弟学妹眼里，就像一个“神话”。而徐洪业自己却并不这么认为，“我只是做了一个大学生应该做的事情并尽自己的全力把它做好而已，其实成功并不像大家想象得那么难。”

“受教育、长才干、做贡献”，社会实践精神一直激励着徐洪业成长和进步，2007 年，徐洪业被评为首届“中国大学生自强之星”标兵（全国仅十位），在人民大会堂的颁奖仪式上，他受到了时任中共中央政治局委员、全国人大常委会副委员长王兆国的亲切接见；在座谈会上，面对时任团中央第一书记胡春华，徐洪业讲述了他的实践故事。但面对荣誉，徐洪业总是谦卑自持，连要去人民大会堂接受党和国家领导人的颁奖他都没有刻意告诉家人，父母还是在新闻联播里看到儿子的身影才激动地打来电话询问。面对荣誉的淡然让他能时时刻刻保持奋斗着的姿态，永不停歇。

在他看来，作为大学生应担负起自己对这个社会的责任，如果学生们只是专注于发展个人荣誉，那么，谁来接过下个时代的接力棒？对梦想的执着，对困难的蔑视和对社会的厚重的责任感，从徐洪业身上，看到了“80后”的希望，看到了这个时代的希望。

时任全国人大常委会副委员长王兆国亲切接见徐洪业（右一）

砥砺奋进铸就灿烂青春

通过社会实践，自立、自强、自省、自觉的精神也在徐洪业身上体现得淋漓尽致，毕业后的徐洪业留校工作，在校团委担任团委副书记，分管大学生实践工作。有一年，他指导一个实践团调研环渤海的环保工作，这个团在盘锦调研渔民，发现盘锦海边有很多垃圾，而附近没有多少游客，他们就认为这些垃圾是渔民扔的，在调研问卷中设置一个“你们出海的时候，垃圾是怎么处理的”这样的问题，但是，这个问题没有得到渔民很好的反馈。就在大家在为调研报告发愁的时候，徐洪业建议这个实践团的成员跟着渔民出海一天。第二天，实践团成员一对一，从早上四点多起床到下午四点多回来，跟着渔民劳动了一天。回来之后，实践团成员对徐洪业说要再多待一周，出海之后，他们发现之前的访谈做得太肤浅，海边的卫生工作实际上和渔民经济条件、生存环境密切相关，不仅仅是行为习惯的问题。徐洪业说：“这就是换位思考体验的结果，可以把工作做得更好、更有效。”

后来徐洪业到了团市委网络中心工作，网络中心的一个主要工作是联系互联网青年，徐洪业到了北京青少年网络文化发展中心工作，接触了网站的“小编”“码农”。他发现“小编的权利非常大，他们决定了我们每天看新闻的时候先看什么、后看什么、看什么样的标题，多看什么、少看什么，他们无形中影响着大家的思想”。为了让“小编”更加了解现实生活中的某些群体，徐洪业想到了换位思考的工作方法。他发起了一个“YOU CAN YOU UP”社会角色体验的活动，即让北京的网络小编们，体验了处于城市服务一线的、他们在网上经常骂的城管的角色。“我们让网络小编们感受一下中国城管是怎么工作的，小编跟着城管走一天。”活动结束后，一个“小编”开玩笑说，“以前是我们和网民一起骂城管，现在是网民一起骂我们和城管。但是，我觉得这项工作做得很有意义，之前我了解的城管信息都是基于不负责任的网民，而真正走近他们后，才知道他们是不容易的，城市需要他们，民众对城管的认识太肤浅和片面了”。

“自立、自强、自省、自觉是一个强者的自我修养，要学会换位思考，不管是乞丐调研、从事教育还是做互联网青年工作，我成功的法宝都是换位思考，有些东西不走出自我的小世界永远观察不到，走出去之后才会感觉能力越大，责任也就越大，这样才能找到人生的意义。”徐洪业用“自立、自强、自省、自觉”精神影响着一批又一批的青年。

用脚步丈量智慧，用行动支持申遗

——北京科技大学第一届“青年五四奖章”获奖团队京杭大运河学生调研团

实践团前往京杭大运河进行实地调研

京杭大运河学生调研团，成立于2006年4月，曾获第十届“挑战杯”全国大学生课外学术科技竞赛一等奖、第四届“挑战杯”首都大学生课外科学技术作品竞赛一等奖。当搏动了千年的京杭大运河渐渐衰竭，159名北科大学子踏上了，用脚步丈量着那2000公里的蜿蜒曲折，用眼睛探寻着那2400年的文化遗迹。他们，用真情唤起亿万民众的关注和支持。心系华夏文明，崇尚实践之风，他们用行动解读着北科大“学风严谨、崇尚实践”的光荣传统。

千里实践，百人一心

有一条河，2000 公里的蜿蜒流淌，2400 年的沧桑岁月，从繁华到衰落。可现如今，它的辉煌不再，甚至已经体无完肤，人们也似乎早已淡忘这位经历了 2000 多年风雨的岁月见证者。然而，历史终究无法被抹去，它的辉煌、它的平淡、它的繁荣、它的衰落始终牵动着那些关注它的人。

2006 年，经过许多专家的联名上书及政协委员的不懈努力，《京杭大运河保护与申遗杭州宣言》出炉，国家正式开始着手为大运河申报世界文化遗产，消息一经传出，无数国人为之振奋。同年 4 月，北京科技大学校园内，“京杭大运河学生调研团”诞生了！团队经过精心策划确立了“全程走访，分段实践”的调研方案。把近 2000 公里长的京杭大运河按照流经的主要城市划分出 13 段，采取一段一支实践小分队的形式，统一旗帜、统一口号、统一服装、统一问卷、统一要求，再根据各段实际情况开展特色活动，以此形成整个实践团队，完成“保护运河，支持申遗”的目标。从北京通州到天津，从德州到临清，从淮安到江都，从吴江到杭州……大运河的两岸到处都能看到“京杭”人的身影。他们每到一处都悉心调研，用双脚去感受大运河千年的历史，用双眼去感受千百年来大运河的兴盛衰败，用行动去抚平大运河遭受的创伤。所到之处，见到的是年迈的奶奶拉着全家老少签下当天第一个名字，是当地村民热情地帮助队员们收集资料，是许多素未谋面的陌生人对队员们行动的肯定，是非遗传人几十年如一日对非遗的热爱……尽管都不是什么惊天动地的事，但这足以震撼队员们的心灵，足以感动缓缓流动千年的京杭运河。在整个调研过程中，实践团的 13 支分队共发放运河知识宣传资料 15700 余份，调查问卷 2581 份，回收有效调查问卷 2487 份；开展“保护运河，支持申遗”万人签名活动，共收回 13 条签名横幅，活动辐射人数近百万；采访原通州博物馆馆长周良、原天津武清区政协委员宋廷玉等 70 余位专家学者和政府官员，与天津市水利局、沧州市文物局等 26 家政府部门进行了座谈；中国共青团网、天津日报网等近 20 家电视台、广播台、网络等媒体对此次调研活动进行了报道，在社会上产生了巨大的反响。令人惊叹的成果背后，是实践队员近半个月的高强度工作和一直不断的坚持。实践途中不是一帆风顺的，各种突发状况层出不穷，他们遭受过不解之人的冷落和嘲笑，也遇到过调研的艰险和曲折……但是他们没有畏惧，没有退缩，和大运河遭受的苦难相比，这点小小的辛苦又算得了什么呢！

但队员们知道自己做得还远远不够，大运河的保护需要更多力量支持，在随后的半年时间里，实践团编写了《运河沿岸现状调查》和《运河的故事》两本成果集，在这些图文资料的背后，不仅承载着他们夏日里坚持调研的艰辛，还有大运河无声的请求和沿岸人民持续关注的目光。两本成果集由于其高的学术价值，被送往中国文物研究所收藏，作为有关部门进一步研究大运河的参考。13条签名横幅以及拍摄的运河景观照片，也在2006年通州运河文化节上进行了展示。此外大家还举办了“我在运河身边的日子”专题实践图片展和“运河，我想对你说”征文活动。京杭大运河学生调研实践团部分队员应通州运河中学的邀请，前往该校开展“运河文化讲座”活动，讲述的队员们回忆着那一个又一个难忘的故事，欣赏着一幅又一幅真实的画面。文化讲座的最后，队员们将159名同学的调研成果《运河沿岸现状调查》和《运河的故事》赠给运河中学，运河中学回赠了自编的《运河文化》。双方互赠的不仅仅是这几本书籍，更是一份任重道远的责任！

众志成城，迎难而上

2007年4月，第四届“挑战杯”首都大学生课外科学技术作品竞赛拉开了序幕。为了让京杭大运河学生调研实践团的实践成果能在学术层面得到提升，并借此途径向社会公众继续宣传“保护运河，支持申遗”的重要性，从159名京杭成员中选出了8名骨干组建了首都“挑战杯”参赛团队。经过反复的开会讨论、查阅资料、写作修改，《京杭大运河现状、保护及申遗政策调查报告》初稿出炉，这是团队159人心血的结晶。他们自知缺乏经验，便寻求了京杭实践团的指导老师校团委石新明老师、文法学院的专业教师、有“挑战杯”参赛经验的学长学姐的帮助，请他们提出修改意见。付出终有收获，竞赛结果既出人意料又在情理之中：京杭作品在首都“挑战杯”竞赛上获得了一等奖，拿到了参加全国“挑战杯”的资格证，但这只是征途的开始，对同学们来说这是又一次高难度的挑战，只要为学校争荣誉、为“京杭”争光彩，大家就会迎难而上！

京杭实践团要备战全国“挑战杯”得到了校团委的高度重视。时任团委书记石新明老师亲自做指导，文法学院的同学也主动参与到作品的修改工作中来。团队的力量壮大，所有人都投入到全国“挑战杯”中。如何将大家收集的一手资料提高深度，上升到学术层面，是京杭团队当前最大的问题。时间紧，任务重，压力大，11位作者在学习之余，全身心地投入到了作品完善的工作中，对数据从不同角度进行分析，对相关政策再做细致研究。参加全国“挑战杯”的作品都需要资深专家为作品写推荐材料，于是石新明老师帮助团队联系到了中国科学院院士、北京科技大学著名材料物理和科学技术史研究领域的专家柯俊先生以及北京科技大学科学技术史与文明研究所所长梅建军教授为《京杭报告》写推荐材料，两位老师对京杭作品都给予了高度评价。

其间柯俊先生严谨的治学态度和对青年学子的关切之情让队员们尤为感动。柯先生亲自在稿件上写上了修改意见，文中的标点、词语的错误都被一一纠正，语句不通、段落不当之处也一一做了标注。此外柯先生客观地指出了作品中存在的问题：一是态度不够谦虚，虽然对京杭大运河进行了调研，写作中却多以功臣的口吻夸大了调研的功绩；二是写作不够严谨，许多数据图表缺乏出处，比较笼统概括；三是看问题不够全面，站在大学生的角度对许多地方政府进行指责却没看到他们已做出的功绩……先生的意见条条中肯，让队员们更感惭愧。需要完善的地方还有很多。一份七百多字的推荐材料柯先生构思三天，一万五千字的调查报告，柯先生逐字逐句审阅。柯先生严谨的治学态度，让大家真正体味到了大师的风范。一日之师，终身受益，在求学求知的道路上，"京杭"人会永远记得柯先生的言传身教，脚踏实地！

国家舞台，绚烂绽放

2007 年 11 月 15 日，南开大学体育馆内聚集了这样一群朝气蓬勃，思维活跃的年轻人；青春之花正绚烂绽放，创新之舞正摇曳生姿；他们渴望智慧与梦想的碰撞，期待激情与灵魂的交锋。在这个精英云集、佳作荟萃的展厅里，京杭大运河学生调研实践团的队员们带来了属于 159 名队员的《京杭大运河现状、保护及申遗政策调查报告》，吸引了大量参观者前来咨询。中国青年报的记者还对参赛的京杭团队进行了专访。最终，《京杭大运河现状、保护及申遗政策调查报告》荣获第十届"挑战杯"全国大学生课外学术科技竞赛一等奖！

获奖证书

北京科技大学

王进、周意、王唯宁、宋乐、刘明言、闫大卫、于泓同学：

你（们）的作品《京杭大运河现状、保护及申遗政策调查报告》在第十届挑战杯飞利浦全国大学生课外学术科技作品竞赛中荣获__一__等奖。

共青团中央　中国科协　教育部　全国学联　天津市人民政府

二〇〇七年十一月

2006 年"京杭大运河"实践团撰写的《京杭大运河现状、保护及申遗政策调查报告》获第十届全国挑战杯一等奖

这份荣誉的背后凝聚了太多的艰辛和期待：多少人曾顶着烈日徒步前行在运河河畔，多少人曾为了大运河古盛今衰而黯然流泪，多少人曾为了圆满完成实践

活动而克服一个个困难，那些为了大运河重放光彩而四处奔波的同学们，心里无时无刻不在期待，期待大运河能够发挥出它应有的价值，期待京杭大运河能够申遗成功，成为当之无愧的世界文化遗产。

2014 年 6 月 22 日，中国大运河成功入选世界文化遗产名录，这背后，有北京科技大学京杭大运河学生调研团的一分力量！

沧海桑田，物换星移，历经千年风雨的大运河将继续承载中华文明的重量，蜿蜒流淌，流入亿万中国人民的心房，流向中华文明更灿烂的明天！

而立之年，投出中国力量

——北京科技大学第二届“青年五四奖章”获奖者巩立姣

世界田径锦标赛冠军领奖

巩立姣，女，1989年1月生，2007年至2011年就读于北京科技大学东凌经济管理学院工商管理专业。2012年荣获伦敦奥运会女子铅球亚军，2017年荣获伦敦田径世锦赛女子铅球冠军，2018年荣获全国室内田径锦标赛总决赛女子铅球冠军，2019年荣获田径亚锦赛女子铅球金牌、多哈田径世锦赛女子铅球金牌。一个投掷铅球的天才，一个敢于吃苦的榜样，她是中国铅球第一人，更是铅球世界冠军，顽强拼搏，创造田径全新佳绩；决战奥运，点燃女铅复兴之火。天生的禀赋，刻苦的训练，她一次次地超越自我——从全国赛冠军，世锦赛第七，奥运会亚军，到如今的数次夺冠。巩立姣说：“没有什么比梦想更值得坚持”，十五年，专注一事，她在而立之年投出中国力量！

别样童年，梦想扎根

将时光拉回到31年前。1988年9月汉城（首尔）第24届奥运会，我国河北省著名选手李梅素获得女子铅球铜牌，创造了中国田径的历史。4个月之后，巩立姣在石家庄鹿泉的一个普通农家出生。当时，恐怕谁也没有想到，看似毫不相干的两个人，将在未来联手书写一段中国体育的传奇。

“我相信我可以再投得更远一点”，这是上小学时的巩立姣经常对自己说的一句话。小学六年级的时候，一次孩童间的玩乐，让巩立姣认识了铅球，刚看到铅球时的她，只觉得铅球圆滚滚的，很“可爱”，随后便经常拿着铅球在家门口的路上进行着简单的训练。没过多久，巩立姣代表村小学去比赛，取得了不错的成绩，还被县里的体校老师看中，六年级毕业时，石家庄市体育运动学校著名田径教练范焕文到鹿泉选才，将巩立姣带入市体校，让她开始接受正规铅球训练。“那会我就听说，范教练看学生特别准，我记得当时她来到我们学校的时候，就一直笑着看我扔铅球，能让范教练选中，我特别开心。”巩立姣自豪地说。范焕文教练回忆，面对高强度的训练，大多数孩子在训练后往往会累得倒在床上。但巩立姣是个例外，特别能吃苦，训练之后晚上她还要在院子里的操场上再跑上三圈。巩立姣说，作为女孩子，自己也不明白为什么会迷上铅球，但就是愿意天天和这块“铁疙瘩”打交道，有时候一天见不到它，心里都觉得空落落。那时的巩立姣只有十三四岁。

2004年10月，巩立姣进入河北省队，教练正是李梅素。李梅素表示，当时看中巩立姣，除了她的动作协调、爆发力好这些基本因素之外，更重要的是“这个小姑娘特别能吃苦，身上有股不服输的劲”。普通女孩的童年是公主裙和洋娃娃，而巩立姣的童年则是一天天的刻苦训练和一份份的训练计划，这个倔强又顽强的女孩以不符合年龄的意志严格要求自己，不达标准绝不下课，分秒必争为自己加练。在李梅素教练的悉心调教下，巩立姣的成绩突飞猛进，很快便在国际大赛中崭露头角。

这对堪称伯乐与千里马的师徒组合，有着共同的梦想，那就是奥运会的最高领奖台，一个中国田赛从未触及的高度。

十年坚守，梦想绽放

日复一日的刻苦训练为巩立姣之后的职业生涯打下了坚实的基础，同样她的成绩也在飞速提升。2007年，年仅18岁的巩立姣初登世界大赛的舞台，在大阪田径世锦赛收获了第七名。随后的几年时间里她逐渐成为中国女子铅球的领军人物，五届世锦赛和三届奥运会她从未缺席，并且全部闯进决赛。遗憾的是，虽然每次大赛都能闯入决赛甚至收获奖牌，但她总是与世界冠军失之交臂。为了实现世界冠军的梦想，即使遇到再大的挫折她也从未放弃。巩立姣说，“没有什么比梦想更值得坚持，我会继续前进。”

2011 年是巩立姣职业生涯的瓶颈期，那一年，她因为脚踝骨刺而接受手术。手术过后，巩立姣在李梅素教练的陪同下到香港进行恢复训练，回想起那段日子，巩立姣坦言可以用“苦不堪言”来形容。手术之后，脚上的力量大不如前，所有肌肉都需要重新训练，不能摸铅球的巩立姣无比焦急，而康复训练之后的持续酸痛更让她心灰意冷，在教练和队员们的不停鼓励下，巩立姣咬牙坚持，几个月后，巩立姣的脚伤逐渐好转，投铅球的技术动作也恢复到伤前的水平。

2017 年，28 岁的巩立姣在伦敦迎来了职业生涯的第六次世锦赛之旅，这次她终于如愿把奖牌换成了金色，这是她的首个世界大赛冠军。伦敦世锦赛女子铅球决赛中，她在第二投就投出了 19.35 米，前四投过后巩立姣一直排在榜首，第五投她再次提升状态，投出 19.94 米，这也击碎了在最后一投投出 19.49 米的匈牙利选手马顿翻盘的希望。投出最后一个球之后，巩立姣努力保持平静，但仍然没有控制住自己的眼泪，那一刻，巩立姣和恩师李梅素相拥而泣，泪水交织着雨水滑过脸庞，自己和教练多年的梦想终于实现。对她来说，这一天来得太晚了。

世锦赛夺冠后，巩立姣又问鼎国际田联钻石联赛总决赛冠军，成为中国第一个摘得钻石大奖的运动员。整个 2017 赛季，巩立姣参加的所有比赛从没让冠军旁落，彰显了自己在女子铅球项目上的绝对实力，也将中国精神抛向了全世界。

心中有梦，勇者无敌

尽管已经 29 岁，外加伤病缠身，但巩立姣依旧活跃在训练场以及各大赛场上，并且一次次向世界展现中国力量。2018 年和 2019 年，巩立姣刮起的旋风依旧没有停止。

进入 2018 赛季，巩立姣继续延续着好状态，又将亚运会冠军和国际田联钻石联赛总决赛冠军收入囊中。巩立姣一直将“没有什么比梦想更值得坚持”作为自己的座右铭，为了实现自己心中一个又一个梦想，巩立姣付出了很多，也放弃了很多。18 年来，巩立姣只在家中度过三四个春节，但因为心中有梦，她从未因自己的选择而后悔。

在 2019 年 8 月底结束的钻石联赛总决赛中，她又以 20.31 米的本赛季世界最好成绩实现了三连冠，还打破了沉寂 34 年的赛会纪录。这一系列耀眼的数据，都让她成为 2020 年东京奥运会中国军团的主要夺金点之一。“我的终极目标，就是奥运会冠军！”如今，巩立姣早已把目标瞄准 2020 年东京奥运会冠军，为了实现自己的梦想，她还在逐梦道路上不停奔跑着。

巩立姣参赛的精彩瞬间

“没有什么比梦想更值得坚持”，2015 年，巩立姣第一次在自己的微博上写下了这句座右铭。此后，她常在微博上发一些“心灵鸡汤”，而“没有什么比梦想更值得坚持”，往往成为她“鸡汤”微博的结尾。倘若一个人的青春没有奋斗拼搏，青春意义从何而来？巩立姣是万千人中的一员，却选择了比万千人更难走的路。从孩童到而立，无数日夜里不分黑白的训练，无数深夜默默痛哭着崩溃，无数次被嘲笑、被质疑，无数次跌落谷底与成功失之交臂，她没有自暴自弃，没有怨天尤人，唯有拼命努力去证实自己，拼命用十五年的专注去完成梦想，抓住每一个改变命运的可能，才造就了今天的巩立姣。

巩立姣用十五年的坚守诠释了中华民族无所畏惧、永不言弃的中国精神，更用无数次的投球动作展现了顽强拼搏的中国力量，而立之年，巩立姣再次点燃了国人的激情，将中国精神传向世界，用中国力量震撼国际！

心铸绿盾，生生不息

——北京科技大学第二届“青年五四奖章”获奖团队绿盾环境保护与发展协会

银杏蹊径上定格他们的金色时光

绿盾环境保护与发展协会，创建于1998年4月。成立21年来，协会共11次夺得北京科技大学十佳社团，曾获北京市高校环保社团特色项目、首都社会实践优秀团队，2006年被央视新闻联播专题报道，2011年获得北京科技大学十大新闻人物。廿载铸绿盾，环保守心间，绿盾环境保护与发展协会坚持用实际行动感召人，让环保深入人心，成为学校乃至北京高校中环境保护的先锋力量，为保护祖国绿水青山做出了自己应有的贡献。

回望，“第一次”里的梦想

第29个世界地球日，在北科大材料学子张绪彪的倡议和推动下，几名热爱环境保护、充满激情的同学聚在了一起，创立了北科大第一个学生环保社团——绿盾环境保护与发展协会。从此，绿盾环协像春日枝头的一片新芽，伴着明媚的阳光，拔节生长，向外界展示着她那勃勃生机。这一坚持，就是 21 年！

21 年来，绿盾初心不改，成就了科大校园中一个个“第一次”。

1999 年 11 月 14 日至 15 日，绿盾环协发起并组织了“北科人抵制一次性木筷”的特别行动，旨在解决校内食堂滥用一次性木筷的问题。通过一系列新颖和丰富的活动，引导学生抵制使用一次性筷子，同时学校大力支持，伙食科开始停止向在食堂就餐的同学提供一次性木筷，校领导们也带头签名承诺自觉抵制不合理消费，校内各兄弟社团也纷纷对活动表示声援。活动日的宣传更得到了媒体的广泛关注，《北京青年报》《中国环境报》《中国教育报》等数家报社对本活动进行了报道，北京电视台王牌节目《北京特快》还进行了现场节目录制。

2001 年，基于对校园生活中纸张浪费等现象的思考，绿盾环协有了开展 Recycle 分类回收活动的构想。2005 年，通过一系列尝试，在校团委及校后勤物业集团的支持下，绿盾环协建立了学生公寓 6 号楼“绿色宿舍”的试点，掀起北科大校园分类回收、资源循环利用的环保风；同时，绿盾环协与北林山诺会、北医绿风社等四个高校环保社团一起，发起并建立了首都高校 Recycle 联盟，将学生环保的路越拓越宽。北科大也于 2007 年被评选为“全国大学生 Recycle 项目试点高校”。

2009 年首届环保文化节中，绿盾人推出了以“布袋漂流，减塑在行动！”为口号的漂流袋项目。减塑需要长期的努力，绿盾人一直在不断探索校园减塑的解决渠道。从布袋到 PET 袋，从发放到漂流，从物美到宿舍，他们喊口号、列队、拉横幅，号召大家停用一次性塑料袋，还有会员穿着一件用塑料做的“时尚”外套在超市收银台进行宣传，让减塑提速。

饭盒行动：少用塑料袋，多给环保一份爱

2012 年 6 月，为保护渤海生态环境，北京科技大学校团委和绿盾环境保护与发展协会共同发起了环渤海生态环境调查团。200 余人的规模，16 个团队，环渤海生态调查团环绕渤海海域开展了为期 14 天生态调查。实践队测量、记录渤海海水的污染情况，在新浪微博等媒体上发布了污染报告，引起了上千人的转发和热议。2013 年 4 月至 5 月，绿盾与其他高校的环保社团共同协作，相继在北科、地大、矿大、北林、女院、北化和北理工举办了环渤海生态环境图片展北京高校联展活动，在北京地区产生了很大的影响。

2012 年，在北科大 60 周年校庆之际，绿盾环协接到世界自然基金会关于“地球一小时”活动的邀请，承办了北科大第一次“地球一小时”活动。那是 3 月 31 日的晚上，北科宿舍楼的灯突然间全都熄灭了，紧接着一些灯缓缓亮了起来，呈现出一个“60”的字样。这一刻，电灯熄灭后是心灯的闪烁。

地球一小时，电灯熄灭后是心灯的闪烁

2017 年 11 月 11 日，北京科技大学第一次“双 11”快递盒回收活动诞生了。绿盾人在寒风中坚守了一个月。他们呼吁大家进行现场拆箱，宣传着纸箱留下来直接用于再次寄件的环保价值，他们扛着几大袋沉甸甸的回收物回办公室进行分类清理，并把可再次使用的快递箱与填充物送回近邻宝。回收活动是辛苦、是劳累，但同时也有着一种源于奉献的快乐和自豪。

寒风中的绿马甲坚守在快递盒回收第一线

每一个“第一次”，都烙印着“绿盾”人不变的初心，更是一代代绿盾人的成长。时光在变，但热情不变，他们永远是寒风中那一群不怕吃苦、乐于奉献的绿马甲！

守望，播撒绿色的爱

2006年3月央视新闻联播在“知荣明耻”栏目中对绿盾环协举办的“绿色节约——新时代的艰苦奋斗”系列活动进行了长达3分20秒的专题报道，见证了绿盾人多年为环保付出的努力。减卡救树、废纸兑换再生纸、外场宣传、绿色宿舍回收……“绿盾人”自觉践行其使命，用强大的实践能力向外界展示了他们的热情、坚韧、团结。即便只是学生，但每一个绿盾人都坚信他们有力量可以去改变自己、改变世界，可以为自然和社会做出自己的一份贡献。他们有这样的雄心，更有不落后的行动。他们走在环保前列，从社团内部建设到去主动与社会环保组织联系、共同组织活动。绿盾人强烈的社会责任感和浓厚的环保意识使得绿盾在这二十多年间从未停滞脚步，他们一步一步探索着，向心中的美好所在跋涉着。在他们的心目中，绿色从未褪去。以己为盾，守护自然，这是每一个爱环保爱自然人士的宣言。

2011年北科举办了以“节约能源资源、保护生态环境、保障安全健康、促进创新创造”为主题科普周，以“珍爱生命之水、构建生态家园”作为宣传重点。绿盾环协积极响应，自编自导创作了环保科普短剧《三代人三口井》。随着时代的变迁，淡水资源过度使用，水位下降，打水用的井绳逐渐加长。短剧再现了地表水在近50年的变化情况，引起人们对水资源问题的深刻思考。“请节约用水，珍惜一点一滴，让清泉不仅仅是我们的记忆。”2011年9月18日，绿盾环协参加了在朝阳区苿藜园社区举办的全国科普日北京主场活动，习近平、刘云山、何勇、王兆国、刘延东等领导先后来到表演现场观看。此短剧也获得了领导们“立意创新、发人深省”的好评。

21年来，环境教育一直渗透在绿盾环协的各项活动中。从社团内部的环教到科大校园中面向同学们的环保知识宣传，绿盾一直向大家传播着保护环境的理念。2002年10月开始，绿盾与农大、北林、北工大、首师大五校环保社团联手为一所打工子弟小学进行义务环教活动，并持续了两年多时间。2006年至2008年，绿盾一直在北京海淀区肖家河明圆小学为孩子们进行环保教育，坚持每周给他们上两节课。2012年开始，绿色小超人环保课堂走进科大附小，搭建起连接绿盾、志愿者和科大附小孩子们之间的纽带。孩子是希望也是未来，再过十几年，或许他们就是下一届绿盾人，未来的环保人。今天播撒在孩子们心中的那颗种子，总有一天会长成参天大树，荫蔽一代又一代人。

想要产生一些别人达不到的效果，就是要干一些别人不敢或是没有勇气干成的事情。他们的行为令人惊讶，但惊讶之后是无比的感动，这就是绿盾人的精神！绿盾人始终坚守，不论是失败或是成功，不论是不被理解过抑或大力支持过，他们从未停下脚步，只希望对大自然的热爱，对生态环境的保护能够根植于每一个人心中。

绿色小超人，环保要从娃娃抓起

展望，不负肩上使命

如果说 1998 的绿盾是一个懵懂的孩童，那么现如今他也已经成长为一个锐意进取充满生机与活力的少年人。从初生至今，一代又一代少年人投身于绿盾，用自己的活力与热情保持着多年来绿盾的生命力。初代贝壳学子曾说过的话或许消散在了风中，但是他们赋予的精神却心照不宣地被每一任绿盾人继承下来。

从社团内部到校园再到社会，一面绿色的旗帜指引着年轻学子的环保之路，环保的火种在自 1998 年起从一个又一个人手中递向未来，这样的火生生不息。走过 21 年的岁月，绿盾不曾忘记及时改错及时补漏，面对各种障碍与挫折，没有人曾想要去逃避，每一次面对困难鼓足了勇气，每一次被拒绝也不曾想放弃。充满希望与生命力的绿盾不会因为任何事任何人停歇，在大步迈向未来的路上，会有更多的人成为同行者，更多的手臂围成护盾去守护自然，守护从 1998 年那几个少年开始的美好愿望。

激情飞扬和坚持不懈令绿盾人和绿盾一起，在北科大迅速成长。带着对环境保护的使命感和责任感，绿盾人为宣传环保知识而奔走，为开展各项活动而忙碌。他们没有功利，没有酬劳，唯有无悔的付出。21 载的年华，一届届的绿盾人从这里走过，他们一起体验激情、欢笑、挫折、成长，一次又一次地震撼着人们的心灵，他们心中的光亮在点燃一代又一代人心中的绿色火苗。

建设边疆，反哺家乡

——北京科技大学第三届“青年五四奖章”获奖者艾克拜尔·阿不拉

在新疆财经大学任职

艾克拜尔·阿不拉，男，中共党员，2004年至2011年就读于北京科技大学文法学院。现就职于新疆财经大学法学院担任专业课程的教学工作，曾派驻外交学院、中央戏剧学院做内派管理老师。他在北京科技大学就读期间，学习刻苦，专业扎实。曾获“中国大学生自强之星”提名奖，获评2008年首都高校奥运工作优秀学生干部。同时他还积极参加校院两级的各类组织和活动，尤其为校团委一系列品牌性活动打下了良好的基础。奥运期间，他参加我校奥运服务志愿工作，和我校2000多名志愿者一起服务奥运。

锤炼己身，求学支教爱国志

艾克拜尔·阿不拉在美丽的新疆出生长大，通过学习和考试，成为北京科技大学的一位新生。作为一名维吾尔族学生，从小到大，他享受着国家对少数民族的各种好政策，作为一名学生党员，在大是大非问题上与党中央保持高度一致。他曾表示："不论遇到什么问题，我们都要坚信党和国家。我们爱国的方式就是好好学习，建设国家。"

在校期间，他努力学习学科专业知识，参加各项校内外的支教及志愿活动，躬行实践、志愿无倦。他担任文法学院法学2004级班长、法学系2004级党支部书记、2009级民商法班党支部书记，组织班会、主题团日处处有他的身影；积极推优、学习党建知识，他带领班级不断追求思想进步，学习生活更上一层楼；班级建设、宿舍温情……班级是雁群，他就是头雁，带领班级同学同进步、共成长。与此同时，他积极参加学生工作，先后担任学校团委委员、学生活动服务中心主任、党委统战部办公室助理等，组织活动、撰写文案、在日复一日的付出和锻炼中，他像一块璞玉，慢慢雕琢出自己独特的风采。

在北京科技大学求学的经历，给他留下美好回忆的同时，也促使他提高自身修养、补充自己的知识、提高自己的能力。成长总是坎坷而有代价的，六年间，他不断磨砺自己、在思考和行动中提升自己。多次获北京科技大学"优秀学生干部"、2007年获"全国大学生自强之星"提名奖、2008年获北京科技大学优秀毕业生称号、2008年"首都高校奥运会工作优秀学生干部"、2009年首都国庆60周年联欢晚会群众联欢大学生板块"先进个人"、同年获北京科技大学"五四青年奖章"。

"生于边疆，心系边疆，奉献边疆，建设边疆"，也是凭借着这样一个信念的支撑，参加了中国共产主义青年团中央委员组织的研究生支教团，前往新疆昌吉职业技术学院支教一年。这一年里，在北科大"求实鼎新"校训的指引下，在昌吉职业技术学院"崇德尚能"校训的熏陶中，艾克拜尔更加明确了自己的目标，他以一颗挚诚的反哺之心，搭建起从北京到新疆的最短桥梁，传递的是彼此的信任和同一个梦想。

奉献奥运，民族团结展风采

100年前，一位外国记者问：中国什么时候能派人参加奥运会，能拿到第一块金牌，能举办奥运会？100年后，我们都做到了！奥运期间，北京科技大学也有一个奥运场馆，以及投入2000多名志愿者，奥运服务任务很重。学校鼓励同学们全力以赴、积极妥善地做好奥运准备工作，向世界证明中国有能力办好奥运会。艾克拜尔作为北京科技大学的一分子，而且是有理想有担当有抱负的一分子，他身先士卒参与到奥运志愿服务工作中，“这是我们爱国情绪的一个很好表达。”他如是说，“作为奥运志愿者的我们在各个地点服务，有时想想，或许会觉得自己离奥运有些远了，即便奥运比赛就在几百米外的场馆举行，但毕竟少了那种氛围。其实我们应该看到，最重要的不是我们的服务内容与奥运的远近，而是努力地做好本职工作，尤其是把工作的细节做好，这样才能提高举办奥运会这一系统工程的运作效率，也就能为奥运贡献自己的一分力量了。”

参与奥运志愿服务工作

“志愿者的微笑是北京最好的名片，中国人的微笑是中国最好的名片。我们要用实际行动证明，中国人是友善、文明、热情好客的。”艾克拜尔一直用这句话激励自己，展现出了青年一代的责任与担当。

奥运志愿服务刚刚结束，便迎来了新中国成立60周年，这一年，国家组织了举世瞩目的大阅兵和庆祝大会。和以往一样，艾克拜尔一如既往的投身于志愿、投身于服务中。这一次，他的角色是国庆60周年联欢晚会群众联欢的一员，作为联欢群众“大学生板块”的一分子，在连续三个月高强度的训练和彩排中，他不曾喊过苦喊过累，在团队中经常鼓励疲惫和有懈怠情绪的队友“加油！”，排练夜出昼归、黑白颠倒，他从未有过一句怨言。随着动作越来越熟练、离国庆越来越近，艾克拜尔的心情也愈发激动和澎湃，2009年10月1日，他走上长安街，激动，热泪盈眶，这些，都是他对祖国满满的爱。

展望未来，我国青年一代必将大有可为，也必将大有作为。这是“长江后浪推前浪”的历史规律，也是“一代更比一代强”的青春责任。要勇敢肩负起时代赋予的重任，志存高远，脚踏实地，努力在实现中华民族伟大复兴中国梦的生动实践中放飞青春梦想。

建设边疆，反哺家乡搭桥梁

建设好祖国，就是最好的爱国。毕业后，艾克拜尔·阿不拉坚定地选择回到家乡，建设家乡。他所在的新疆财经大学，是新疆唯一一所财经类高等学府，也是新疆维吾尔自治区重点建设的五所高校之一。经过68年的发展，新疆财经大学形成“新疆名牌、西北一流、全国知名、辐射中亚”的发展目标和有特色、高水平应用型财经大学的办学定位。新疆财经大学秉持“经世济公、至善至诚”的校训，发扬“自强不息、严谨求实、开放包容、与时俱进”的大学精神，培养了一大批具有创新意识和实践能力的高素质应用型人才，为新疆的社会稳定和长治久安，为新疆的经济建设做出了积极贡献。

自2011年以来，艾克拜尔·阿不拉在新疆财经大学法学院担任专业课程的教学工作；同时曾担任研究生辅导员、科研秘书等职。在课堂上，他是“授人以鱼不如授人以渔”的好老师；在工作中，他是认真负责、以情待人的好导员；在生活中，他是开朗活泼、真诚坦率的好朋友。在新疆财经大学的学习发展，使得他更加坚定了“建设边疆、反哺家乡”的目标，他将在北京上学时学到的科学的管理方法运用到新疆财经大学的学生管理中，组织活动做好整体统筹、注重宣传，同时培养了学生在各个领域的成长成才。在这里，他立足工作、投身学校、认真钻研学术、推崇科研，发表多篇文章，参与和主持多项课题。

人生像是场表演，它以生活为舞台，以时间为布景，以情感起伏变化为线索，以我们经历的人与事为情节，以精彩与成功为高潮。艾克拜尔用自己的努力、奋斗谱写人生篇章，用勤奋、认真演绎生活多彩。生命对他来说是美丽的，因为他的一生都在为一个坚定的目标而奋斗，那就是——建设边疆、报效祖国！

怀一半诗心，怀一半匠心

——北京科技大学第四届“青年五四奖章”获奖者洪华

洪华和他的设计作品

洪华，男，1977年7月生，中共党员，2002年至2013年任北京科技大学机械工程学院工业设计系副主任、副教授，现任北京青禾谷仓科技有限公司CEO、谷仓学院院长。洪华是2010年广州亚运会火炬设计组组长、火炬“潮流”主创设计师。他依托创新理论积极开展教学实践，为首都文化创意产业培养了一大批高水平设计人才；他致力于创新设计，用创意引领科技潮流，为我国文化产业建设和创新事业发展做出了突出的贡献。朱光潜先生曾说，“凡是艺术家都须一半是诗人，一半是匠人”，洪华正是怀着这样的诗心和匠心，向美而生，让美成真。

精益求精，点燃青春之圣火

2010年10月12日，胡锦涛总书记手握“潮流”火炬点燃了象征激情与和谐的亚运圣火，这一支举世瞩目的火炬正是出自洪华之手。早在2008年北京奥运会，洪华就与火炬结下了不解之缘，当时他设计的“竹韵”火炬方案跻身四强，相关创意后来被整合到奥运“祥云”火炬之中。

2009年初，洪华开始亚运会火炬的创作。他创造性地提出了“火炬具有礼器属性”“形式追随精神”等设计思路，并率先挖掘出其在现代设计中的应用途径：一是传统视觉元素的创造性再利用，二是传统文化精神在现代设计中的激活。为了将现代科技和广州地域文化完美融合在火炬上，他废寝忘食，刻苦钻研，查阅大量岭南文化、广东历史相关文献资料，不仅在火炬的形态设计上大胆创新，还采用了多种富有当地民族特色的制造工艺。例如在火炬整体外壳的设计与铸造上借鉴了具有广州民间特色的象牙雕镂空工艺，使火炬燃烧的火焰升腾、飘逸，彰显出强烈的动感与激情。

作为火炬手传递火炬

洪华认为，火炬的造型和性能是紧密关联的，在设计时不但要追求外形上的大气美观，还要确保使用性能上的稳定可靠。广州亚运会火炬传递过程正值台风“鲇鱼”频频发难，恶劣的天气给火炬的稳定燃烧带来了巨大的挑战。早在创作阶段，洪华便早早考虑到了恶劣的天气情况，他带领着跨学科的设计团队在燃烧系统研发中绞尽脑汁，最终采用了独特的主预燃室双火焰设计、高性能稳压装置，洪华与他的团队一毫米一毫米地仔细推敲，不断调整进气孔、出气孔以及火炬顶部螺旋发散区的面积，确保呈现出最美观的火焰形状。最终火炬在每小时65公里的强风和50毫米降雨量的环境下仍能保持稳定燃烧，“潮流”火炬跑出了“零熄灭率”的成绩，缔造了体育赛会历史上前所未有的奇迹，创造了广州亚运会的第一个世界纪录。

行稳致远，领异标新二月花

两次火炬设计工作取得的高水平成就，使得洪华在工业设计界声名鹊起。但是在勇攀高峰的征途上，洪华从未停歇。在北京科技大学60周年校庆前夕，洪华和同事们决心用一枚凝结着学校治学理念和精神内涵的新校徽为母校献礼。他们多方调研、反复讨论、仔细考量，极尽求实作风和创造热情，创造性地设计了一系列新校徽备选方案：从描绘行业特点的“因材施教”到焕发勃勃生机的“希望之门”，从传承学校历史的“北洋遗风”到彰显时代气息的“北科之盾”，最终，一枚以“鼎”为主体造型的新校徽新鲜出炉。这枚凝结了洪华团队辛勤汗水的徽章不仅体现了北京科技大学建校60多年来引领钢铁行业发展、支撑国家工业化建设的卓越贡献，更昭示了北科人沉稳刚毅、众志成城、为中华之崛起、奉科技以强国的精神品格。新校徽在全校师生中产生了广泛影响，极大地激励了全校师生和广大校友的爱校感情和奋斗热情。

洪华致力于融合艺术与技术的跨学科设计方法，率先提出“用户导向的跨学科创新设计理论和方法”，完善了跨学科创新设计的理论和实践，极大地推动了文化产业的创新发展。他协助大龙医疗公司设计全系列的实验室产品，建立产品形象识别系统，全面提升国际竞争力；针对高原武警部队的补氧需求，他开发设计的单兵便携式制氧机，填补了我国在该领域的空白；他设计的军用夜视仪，彻底解决了该产品“防震、防水、防尘”的痼疾，已全面投入部队应用。洪华先后主创负责了天津自行车王国产业园区整体景观及公共艺术规划设计、哈尔滨群力新区音乐公园系列城市雕塑设计、鄂尔多斯尔胜区环球嘉年牛大型娱乐旅游公园的景观与公共艺术设计和伊金霍洛旗系列城市雕塑创作等大型城市公共艺术创作，积极参与北京工业设计的发展设计，成为我国在城市形象识别系定领域最早的倡导者和实践者。

精益教学，培育桃李之芬芳

除了在设计领域精益求精外，洪华还非常注重在教学上不断摸索，努力创新。对于年轻教师来说，通常会面临着“很专业却不职业”的问题——专业知识和能力不错，但是教育方面的知识、能力、素养不足。为了弥补自己教育知识不足，洪华研读了很多教育学、心理学方面的书籍，经常去听校内其他教师讲课，向他们请教教学经验。在教学过程中，洪华非常注重反思和创新，传统上机械制图课程均以尺规作图作为主要内容，但洪华对此提出了质疑：对于一项新产品或创新项目而言，早期的思路通常是混沌而感性的，这种混沌而感性的思路是很难用精准的制图来表达的，因此，必须要寻找到一种新的表达方式来辅助早期创新思路的展开,而徒手快速表达正好符合这个要求。因此洪华根据自身的专业和实践背景，提出了在机械制图课程中加入徒手快速表达的构想，并在北京科技大学机械工程学院的120名学生中展开了教学试验，获得了学生和前来观摩学习老师的好评。

洪华进行经验分享

力学不倦，上下求索济沧海

尽管在高校有着稳定的工作，在工业设计上也有着傲人的成绩，但是洪华并不满足。他一直有一个创业的梦想，他认为，管理一个企业也是在做设计，只不过不是在造型、色彩的层面展开，而是在企业或产业的层面做更有效的资源整合，设计就是排列组合这些资源，使之最优化的一种过程。从工业设计专业学生，到工业设计专业教师，再到设计行业从业者，设计公司创业者，创新培训咨询合伙人，一直到现在聚焦于产品创新创业的孵化——洪华始终秉持：眼光独到，目光坚定，灵动睿智，理性严谨。带着这样的特质，洪华在跟管理、营销、资本领域的佼佼者一起工作的时候，就像打开水的连通器一样，他迅速消化吸收着各个领域的知识，从不会因为自己学了设计，就把其他的学科知识搁置一边。借着种种机会，洪华快速成长为了一个卓越的“T”型人才——专业能力这一“竖”足够深，综合素质，情商和学习能力这一“横”足够宽，完成了从“专业很强”的单项人才成长为一名具有“综合性价值”的高端人才的转变。

诗心是仰望星空，匠心是脚踏实地；诗心是提升境界，匠心是印证境界；诗心是致其广大，匠心是尽其精微；诗心是向美而生，匠心是让美成真。未来洪华将带着一半诗心、一半匠心，肩负文化创意产业发展的重任，稳步前行。

青春格桑花，绽放在北科

——北京科技大学第七届“青年五四奖章”获奖者格桑措姆

和支教孩子们在一起（第一排左二）

格桑措姆，女，1994 年 11 月生，中共党员，2014 年至 2018 年就读于北京科技大学经济管理学院，曾荣获“2016 年度中国大学生自强之星百强”、“第十三届中国大学生年度人物”入围奖等荣誉，曾担任中国共产主义青年团北京市第十四次代表大会学生代表，并顺利竞选为主席团成员。

予人玫瑰，手有余香——一朵温暖幸福的格桑花

格桑措姆，她来自西藏一个贫困的家庭。大学伊始，学校得知格桑措姆的家庭情况，帮助她申请了东凌助学金、浪石助学金等校友助学金，让格桑得以安心学习。学校一系列温暖的帮助，在她的心里埋下了小小助人的种子，让她常怀感恩之情，时刻牢记要用自己的微薄之力去帮助他人，让爱心传递下去，大学丰富

的生活很快让她找到了助人为乐、传递爱心的有效渠道——志愿服务，这也是她给别人的另一个深刻印象。格桑措姆曾在大二暑假到乡政府组织举办的拉贡唐牧民文化节中当志愿者，协助工作人员进行秩序管理与环保监督；也曾前往偏远的青海黄南自治州同仁县夏卜浪村进行长达40天的支教活动。

渐渐地，志愿服务成为她生活的一部分，她乐在其中，一直坚持参加志愿服务活动。她连续两年春节不回家，坚持支教，其中长达40天的青海黄南自治州的夏卜浪村支教令她最为难忘。她前往偏远的夏卜浪村，给雪域高原的孩子们带来的不仅仅是知识，更是温暖的传递，告诉孩子们外面的世界充满无限的可能。夏卜浪村地处偏僻，气候恶劣，到了冬天更是寒冷难耐，刚到夏卜浪村的时候，几乎所有的志愿者都因气候原因导致身体不适而选择退出，而她却强忍着不适的反应坚持了下来；由于当地没有教室，硬件设施不完善，师资力量匮乏，志愿者们都是在简易的帐篷里教书，格桑和其他志愿者支教的对象从幼儿园到高三的学生总共近400人，人数多，年龄跨度大，教学任务十分繁重。志愿者初次来到夏卜浪村，因为不会当地方言，在交流沟通方面遇到了很多困难，但格桑措姆积极认真利用课余时间学习方言，短短一周便可以完全跟学生及家长们自由交流。支教之路并不轻松，但她和其他志愿者仍愿意坚守在那一方小小的讲台上，为那一个个双眼里充斥着渴望的孩子们教授知识，传递温暖。对于格桑而言，支教不单是一种志愿活动，更多的是情怀的表露。她说："想到可以帮助更多的学生走出偏远地区、改变自己人生，这些困难就都不算什么了。"

带领支教学生进行素质拓展（第三排左四）

"人心换人心，日久见人心"，她的用心付出，也收获到了同学们的真心回应，当她要离开学校的时候，大家眼含泪水不舍离别……他们虽不是相识已久的故友，更没有血缘关系，但却建立了暖心动人的师生情谊，向我们传递着自强不息、乐于助人的精神。在支教中也有许多感人的瞬间，一次，她给高一学生上课时突然咳嗽、出汗，孩子们发现后都非常担心让她去医院。但是格桑措姆并没有去医院，而是强忍着身体不适坚持把课上完，到了晚上学生还给英语老师发QQ说："我们的班主任感冒了，请您帮忙给她倒杯开水，晚上给她多盖几床被子。"格桑不想因为身体不适给孩子们少上一节课，因为她明白四十天的支教时间是有限的，她不想浪费任何一节课，她想或许这样同学们就可以多学一个知识点，用所学的知识去改变命运，走出这片小天地，去勾勒一幅属于他们独一无二的人生蓝图。条件虽然很艰苦，但她也总被学生的细心感动着。

与孩子们相处的时光是快乐而又短暂的，在支教结束的欢送会上，格桑和学生一起玩游戏，说出自己的真心话，同学们借此机会纷纷表达对格桑的不舍，他们舍不得这位教授知识、传递温暖的姐姐离开他们。正因为有她，同学们才知道原来在这一片小小天地外还有一个那么大的世界；正因为有她，同学们更清楚知识是可以改变命运的，带着知识的行囊，是可以走出这片荒原的；正因为有她，同学们在学习课本知识外了解到原来天安门比课本里画的还要雄伟，东方明珠比电视上看到的还要高大。

支教两年来，格桑措姆克服一个又一个难关，一次又一次的用心付出，给当地的孩子们教授了丰富的知识，填补了当地的教育空白，一朵小小的格桑花，却尽最大的努力在给予人温暖与幸福。

不经冬寒，不知春暖——一朵铿锵绽放的格桑花

作为老师眼中的好学生，同学们心中的好榜样，格桑措姆说："这些成绩的取得，也并非一帆风顺。"

2014年，她凭借优异的成绩考入北京科技大学东凌经济管理学院。在刚刚踏入大学的时候，她没有想到的是高中成绩一直优异的她遇到的最大困难居然是学习。由于语言不通，格桑措姆上课时听不懂老师授课，下课了作业又不会写，大一上结束时她的成绩排在了班级后部分。她回忆道，第一次高等数学的小测验，自己只考了18分，对于大学之前一直是学校佼佼者的她来说打击非常的大。但是，来自雪域高原的姑娘天生就有一股不服输的劲：课上听不懂她就提前预习、作业不会写她就多和老师沟通交流、请教班级同学。格桑措姆常常晚上挑灯夜战，第二天又早早起来读书。经过长期的努力，格桑措姆的成绩突飞猛进，毕业时她已经位列专业前20名。

"不经一番寒彻骨，哪得梅花扑鼻香"，其实不仅仅是梅花懂得这个道理，格桑花告诉我们她依然能做到。在北科大的时光，格桑措姆不仅在学习上严格要求自己，同时积极参与第二课堂活动，提升自己的能力。她的付出也得到了肯定，

在大一上学期获得了东凌经济管理学院新生奖学金；在 2015~2016 年度校友助学金评选中表现突出荣获三等奖；大二学期，带队参加第七届北京科技大学营销大赛，荣获优秀团队奖。

紧张忙碌的学习生活丝毫没有让格桑觉得生活乏味，少数民族姑娘都是能歌善舞的，格桑措姆也不例外。但令格桑没有想到的是，家乡的舞蹈，居然为她打开了另一个世界的大门。有一次，格桑措姆带领 5 个汉族舍友一起参加了锅庄舞的活动，在活动中她们对藏族舞蹈表现出了浓厚的兴趣，格桑措姆深受触动："如果能成立一个社团，传播西藏文化，不是更有利于让大家了解西藏吗？"

这样的想法使得成立社团的种子在格桑措姆的心中生根发芽。在她大三那年，格桑措姆参加了社团答辩，但由于时间仓促准备不够充分，成立社团的愿望没能实现，但是这并没有打击她想要传播藏文化的信心。后来，在一次唐卡艺术展上，格桑措姆偶然结识了一位想要学习藏文的朋友，她有了新的灵感，开始稳步推进与藏文教育相关的创业项目，想让更多有兴趣了解藏文化的人能够接触和学习藏文。

爱好摄影，记录美好

不忘初心，矢志报国——一朵家国情怀的格桑花

习近平总书记指示"我们要继承和发扬先辈们的革命精神和崇高风范，不忘

初心、继续前进，努力创造无愧于时代、无愧于人民的新业绩！”有着家国情怀的格桑措姆毕业后并没有选择读研深造，而是回到自己的家乡，在中国邮政集团公司西藏自治区林芝市米林县分公司当营业员。她说：“无论未来的路有多难，我都希望能通过自己的努力尽快把父母接到他们向往的地方——拉萨。”

在工作中，她不服输，有干劲，热爱工作，用心工作，从最基层开始做起。格桑措姆这样说道，“邮政属于服务业，而我自己一直想从事服务业的工作，尤其是米林县邮政分公司作为多农村包围网点，我们的服务对象大部分都是农民，自己身为农村孩子，能为农民服务，感到无比的幸运。”

工作后她一直坚持了解国家时政和国际发展趋势，与时俱进。一次工作会议上，市领导把她的微讲堂内容“人民币的鉴别方法”在全区代理金融风险管理群里分享借鉴，给予了她继续努力的动力与信心。

“去往梦想的彼岸，不要你鞠躬尽瘁，但要全力以赴！愿最好的年龄，遇见最棒的自己！”无论是在北科大求学时还是在工作中，格桑措姆始终不忘初心，以最饱满的热情对待学习和工作，回馈社会。顽强，温暖是格桑花的特点；奉献，自强是格桑措姆的优秀品质，这位在北科大成长起来的铁姑娘将带着不变的初心，扎根土壤，心向阳光，盛开在雪域高原，为更多的人带来幸福与温暖。

在漫步漫天风雪的高原

贝壳学子立典范，扎根基层助扶贫

——北京科技大学第七届“青年五四奖章”获奖者杨国庆

在延安梁家河学习

杨国庆，男，汉族，1995 年 10 月生，中共党员，2014 年至今就读于北京科技大学东凌经济管理学院。他积极投身创业扶贫活动，组建孟子居创业团队，5 年来累计组织北京科技大学 22 个实践团队的 234 名同学前往贫困地区为贫困农民传授知识，帮助秦安等地的贫困农民销售农产品达 300 余万元。2017 年，他参与“青年红色筑梦之旅”活动，作为执笔人之一给习近平总书记写信并收到了总书记的回信，先进事迹先后受到《新闻联播》三次报道、《人民日报》两次报道。

崭露头角，俯首潜心创孟子

山东省邹城市城前镇城前村是杨国庆的家乡，他生于此长于此，而也正是这样的人生经历给他留下了不可割舍的农村情怀。目睹了山东广大山区农民正面临着高质量农产品高产低售的困境，杨国庆立志帮助乡亲们改变现状，扩大销售。2014 年，杨国庆以优异成绩考入北京科技大学，刚刚进入大学不久，他立马着手组建自己的创业团队。团队起什么名字好？一个团队的名字往往代表着它的初衷和愿景，杨国庆来自孟子故里，而孟子正是“仁爱”的代表，于是“孟子居”的名字由此诞生。

初入大学，作为学校创业圈里年龄最小的杨国庆，所提出的项目，自然受到了老师和同学的质疑，他们认为这是普通大学生一时兴起的想法。而杨国庆却不顾外界质疑，踏踏实实地朝着自己的最终目标不断努力，用一步步的积累铺就着通往成功的道路。

合抱之木，生于毫末；九层之台，起于垒土。2015 年暑期，致力于做好基础的杨国庆组建了“北京科技大学农产品电商创业实践团”，并前往北京、安徽、山东等地进行社会实践，丰富自己的创业项目。为了积累更多经验，杨国庆多次尝试联系电商企业的佼佼者“三只松鼠”，他用十几通的电话和坚持不懈的精神，终于打动了对方，成功获得前往芜湖进行现场参观学习的机会。

孟子居创业团队合影（第一排中间）

经过杨国庆的四处奔走与不懈努力，团队自主设计包装，联系销售商家，产品开发逐渐步入正轨。在 2015 年 11 月，孟子居农产品正式上线。同年，杨国庆策划举办的孟子居杯“校园公益营销大赛”，成功帮助山东农民销售农产品8万余元。

“无风三尺土，下雨两脚泥。上课钻工棚，夜读须秉烛。”这是当年北京科技大学建校时的真实写照，也是杨国庆眼里的创业历程。他深知，现在的我们坐在舒适整洁的教室里，面对着高端大气的电脑，虽无需体验那些岁月的艰苦，却绝不能忘记当初的辛酸与不易。我们仍应心系祖国、心系农民，用自己的青春与热血谱写为人民服务的动人乐章。聪者听于无声，明者见于无形。作为大学生的我们，应该运用自己的专业知识解决实践中的问题，辨析社会趋势，掌握事物的发展规律和发展方向，做出正确的判断，努力带领孟子居创业团队快速稳步发展，在决胜全面建成小康社会的关键时期奉献自己的青春力量！

不忘初心，扎根基层谋发展

2016年暑假，在了解到北京科技大学对口扶贫单位秦安县的现状后，杨国庆当即组建“北京科技大学甘肃省秦安县农产品电商扶贫实践团”，带队前往秦安进行为期14天的社会实践。其间秦安果农每日凌晨四点早起劳作的身影深深触动了杨国庆，他问到：“果子卖不掉怎么办？”大爷大妈回答说：“卖得掉就卖掉，卖不掉就撂掉，没（mò）办法啊。”看着他们布满老茧的双手却又无可奈何的表情，杨国庆不禁鼻子一酸。

在甘肃秦安社会实践

回到学校后，杨国庆马不停蹄地开始帮助他们策划销售农产品的方案，提出了认购苹果树的想法。12月9日中午12时9分，杨国庆发起了“北科大·秦安精准扶贫129公益接力计划”活动，号召全校129个学生团支部认领甘肃省秦安县贫困农户129棵苹果树，开启了一场“苹果树之恋”，同时用这种特殊的形式纪念着“一二·九”运动81周年，在新时期以实际行动表达着爱国之情。而后，杨国庆用自己的不懈努力促成了北京科技大学管理协会与甘肃省秦安县华园果业公司合办的公益营销大赛，赛事共有60余支团队300余人参加，销售额达20余万元，成功地帮助当地8户贫困果农。

杨国庆的脚步仍在继续，2017年暑假，他组织了8个实践团100余人前往陕西延安、河南鲁山等地进行社会实践，向贫困地区农民传授电商知识，与贫困地区企业一起为电子商务销售发展出谋划策。2017年4月和7月，杨国庆带领孟子居创业团队来到革命圣地延安参加教育部主办的“青年红色筑梦之旅”活动，在了解习总书记当年“捅开陕西第一口沼气池”“扛二百斤麦子，十里山路不换肩”的感人事迹后内心十分震撼。活动结束后，杨国庆作为执笔人之一，向习近平总书记写信汇报了在延安的学习心得，并非常荣幸地收到了习近平总书记的回信。在信中，习总书记写道：艰难困苦，玉汝于成。这句话深深激励了杨国庆和他的团队。2017年8月16日及同年10月29日，《新闻联播》先后两次报道了杨国庆的创业扶贫事迹，他也在节目中展示了针对延安策划的“五枣俩核桃”扶贫项目，并说道：“希望习近平总书记能够吃到我们在延安扶贫的核桃和红枣。”此后，杨国庆积极推进在延安的扶贫项目。在半年多的时间内完成了“五枣俩核桃”项目的营销策划和包装设计，针对延安的“五枣俩核桃”公益扶贫项目也申请成为国家级SRTP创新创业项目。

孟子居创业团队项目展示（中间）

即使正值春节杨国庆也不愿停歇，2018年寒假期间，他数次带领孟子居创业团队前往延安，积极促进项目落实。后又与共青团延安市委签署“定向帮扶延安市贫困户销售农特产品战略协议”，带领团队前往延川县种植红枣的李金辉等数户贫困户家中了解情况，着力带领更多青年加入精准扶贫的公益创业团队。5 年来，杨国庆累计组织了北京科技大学 22 个实践团队，分别前往各贫困地区给贫困农民传授知识，为他们的农产品销售出谋划策，帮助延安、秦安、邹城等地的贫困农民销售农产品总额达 300 余万元。

脚踏实地，求实鼎新担使命

在校期间，杨国庆连续四年担任班级团支部书记，热心服务同学，带领班级获得“北京市十佳班集体”荣誉称号。年少时他捏泥人摆摊卖，高考完他广场摆地摊，摆摊经历激发了他创业的冲动和决心；刚上大学的时候被“邓导”和“男哥”不断地教导，养成了说话做事之前必先为别人考虑几分的习惯，也正是这种宽厚待人，将心比心的品行，为他在组建孟子居团队、社会实践团队以及和老百姓交流时提供了很大帮助。在热心公益、积极志愿的同时，杨国庆不忘努力学习，成功考取北京科技大学研究生。他曾在分享经验时提道：“你从前多做一分，往后就少做一分，人没有白走的路。那些大学很厉害的人物，你别研究他的大学生活，你研究他大学以前的生活，你会发现正是他大学以前的优秀才导致了大学生活的顺利。未出土时先有节，已到凌云仍虚心。作为学生一定要牢记自己的身份，虽然目前取得了一定的成就，但不论是知识书本、老师同学、学校社会都还有太多值得我们深入学习的东西。永远对这个世界保持敬畏。”

事迹被中央电视台《新闻联播》报道

“展科学精神，做自己的英雄”是杨国庆的座右铭。作为一名新时代的大学生，他以勇于创新的精神和自己的科学知识帮助着贫困地区的农民。正是这未曾停歇的努力与奉献，使其先进事迹三次受到中央电视台《新闻联播》报道、两次被《人民日报》报道。他扎根基层、着眼农村、关注民生，不断用实际行动践行着当代大学生的使命与责任，贯彻落实着习总书记的讲话精神，争做新时代“六有青年”。

当问起创业的动力，他说记得在大学之前拜读了《师韵》，书中所描绘院士的事迹是他大学四年的精神寄托。后在校期间，他多次拜访书中的优秀校友，并自编自导了讲述建校历史的话剧《钢铁青年》，成功在教职工礼堂演出。他言道，拜读此书后，从那些英雄，那段历史中学到的，足以明吾志，洞吾心，践吾行。在前人的脚步下，坚信我们将会是北京科技大学走出的更加辉煌的英雄！

青年血涌志高昂，携笔从戎铸戎光

——北京科技大学第七届“青年五四奖章”获奖者曹阳

赴洪湖参加抗洪抢险任务

曹阳，男，1995 年 3 月生，中共党员，2012 年至 2018 年就读于北京科技大学高等工程师学院。他曾于 2014 年 9 月至 2016 年 9 月服役于武警某部，现就读于北京航空航天大学材料科学与工程学院。2016 年 7 月至 8 月，我国南方地区普降暴雨，曹阳所在部队抵达洪湖执行抗洪抢险任务；7 月 20 日，“贝壳学子”推送的《北科学子曹阳：他，冲在抗洪第一线》记录了其参军入伍尤其是参与抗洪抢险任务以来的生活点滴和思想感悟，充分展现了当代革命军人、大学生士兵的思想政治觉悟和文化素养。同时，他积极收集抗洪中典型素材，并在湖北省《荆州日报》等地方及军队内部媒体进行发表。2017 年 1 月，曹阳被评选为北京科技大学“2016 年十大新闻人物”，其事迹也作为 2016 年优秀大学生典型报送市教工委。他曾获武警 8652 部队优秀义务兵、武警 8652 部队 71 分队嘉奖。

砺剑铸魂，矢志强军

习总书记曾说过：“青年一代有理想、有本领、有担当，国家就有前途，民族就有希望。”学子们要敢拼敢闯，做有自信的时代青年；胸怀天下，做有抱负的时代青年；奋发有为，做有作为的时代青年。而军旅生活显然是书生磨砺自身、报效祖国的绝佳选择，于是曹阳毅然选择了携笔从戎，投身到绿色军营当中，去迎接人生的磨炼与洗礼，去树立国家情怀，提升思想境界。

军队期间进行特训

曹阳所在的部队，曾参加过抗美援朝战争等众多战斗，所在的团是“卫士团”，所在的连队有着“硬骨头六连式连队”称号。转隶武警部队后，队伍多次执行藏区维稳、抗洪抢险、抗震救灾、扑救森林大火、海关监管等任务，并作为第一支抵达乌鲁木齐市的援疆部队参与处置了“7·5”事件。深厚的军旅历史气息、优良的部队作风以及部队对政治教育的重视让初入军营的曹阳受益匪浅，他深刻地了解到“哪里有什么岁月安好，只是有人在替你们负重前行”。如果当初未曾参军，曹阳会按部就班完成本科四年的学业，走向新的人生舞台。但是他凭着一身男儿热血满腔报国志来到军营，开启了一段别样的征程。入伍伊始，曹阳便坚定自身理想信念，全身心地投入到国防建设中去。作为一名在校大学生，他的身体素质需要加强，也曾一度因为训练量过大而被伤病困扰。但在各级首长和身边战友的帮助下，曹阳不断给自己的军事素质“补课”“加餐”。在进行器械训练时，由于冬季气温较低，单杠一摸就能将手粘住。但为了苦练技能，他坚持训练，在完成动作后，手上的老茧连同一小块肉一同脱落，被冻得粘在了单杠上，双手顿时流满鲜血。就这样，凭着“流血流汗不流泪，掉皮掉肉不掉队”的信念，曹阳圆满完成了各项训练任务，并在执行海关监管任务期间被评为“优秀士兵”。

报国之志，抗洪抢险

2016年夏天，南方多地出现大范围强降雨，安徽告急、湖北告急、江苏告急、湖南告急……人民群众生命财产安全遭受巨大损失，在中央军委、武警部队党委的统一部署下，曹阳同战友们紧急出动，在日月兼程28小时、连续机动1200余公里后，第一时间抵达了湖北省洪湖市执行抗洪抢险任务。烈日炎炎下，大家头晕中暑就喝点藿香正气水和绿豆汤，短暂休息后继续战斗；皮肤晒得刺痛就随手往胳膊上抹点淤泥，又继续扛起沙袋；很多人等到晚上回去，脱下来的衣服散发着酸臭的味道，硬邦邦的都是汗液蒸发后的白色盐渍；浑身上下都是痱子和被蚊虫叮咬的小红点，奇痒无比……装袋、扎口、扛运、堆放、筑堤，六七十斤重的沙袋，平均每人每天要完成至少六十个，曹阳和战友们用麻袋和肩膀搭筑起为保障洪湖地区群众安全的防汛堤坝。

由于任务需要保密，同时害怕家人担心，在接到命令后他只是告诉父亲自己需要出一趟远门执行任务，等到队伍真正出发以后，他才敢告诉家人朋友自己是来抗击洪涝灾害的。电话里父母万分担心一个劲儿叮嘱他注意安全，朋友们说他是北方的“旱鸭子”，突然到了南方打水仗，一定要保护好自己。但是曹阳深知自己身上肩负的职责使命，纵使有再多的牵挂依然没有丝毫的畏惧和退缩。实际上再过一个多月，曹阳和许多2014年9月份入伍的老兵就将面临退伍。他原本打算着退伍后回家陪陪家人，还能及时办理好复学手续熟悉新集体，和毕业的老同学聚一聚……但是灾情就是命令，他告诉自己：“当兵两年，能在国家和人民最需要的时候冲上一线，是军人至高无上的荣耀。洪湖是革命老区，此时的洪湖需要我们。”

曹阳将北科大“学风严谨、崇尚实践”的优良传统传承到了军营，并通过在军营中的磨炼和学习，将军人钢铁般的意志、坚决听从国家号令的纪律意识、誓死保卫国家人民的责任品质融入北科大从军学子的身上，让“钢小伙”中的“钢”字更加鲜活。

心系军旅，墨抒军情

抗洪期间，曹阳一边同战友扛沙袋战洪魔，一边发挥在校大学生的文化优势，不断收集抗洪过程中的视频、图片素材和感人事迹形成文字材料，并积极向军队内部网站和地方媒体投稿，宣传报道抗洪过程中的感人事迹，记录基层官兵所思所想，向社会传递正能量。2016 年 7 月 20 日北京科技大学学生工作部官方微信订阅号“贝壳学子”推送《北科学子曹阳：他，冲在抗洪第一线》，2016 年 7 月 29 日湖北省《荆州日报》12 版曹阳以第二作者身份分别发表《现在，你选择担当》和《这一次，我们别无选择》，“现在，你选择了担当。你迎着晨曦迈向洪湖堤，你头顶骄阳汗洒荆楚地，你告别晚霞高唱打靶歌，你仰望夜空暂别故乡云。”和“如果因为我慢了一步，便决了堤，如果因为我少扛了一方沙，千顷良田便归于废土，如果因为堤坝上少了我一份力，我们就要花上百倍千倍的时间去弥补崩岸，这‘没尽力’的遗憾悔恨必将伴随一生。”曹阳用自己的实际行动向自己和社会表明，北科大的“钢小伙”文可抒壮志，武可救灾情、卫人民，离开学校的温暖摇篮，直面危险，直面责任，是军人，也是学生，是真正的可以托付未来的中国优秀青年。

军队期间

归来少年，壮志满怀

有一种毕业叫退伍，有一段岁月叫军旅，两年时间已经过去，退伍大学生士兵们又踏上了新的征程。入伍前他是“温暖衣冬”志愿者，是“世界候鸟日”参与者，是学生会最年轻的副主席，是学院“先进社团工作个人”，也是学校“优秀共青团干部”；经过军营的教育和洗礼，脱下军装的曹阳仍然选择奉献自我，发挥退伍大学生士兵的先锋模范作用，2017 年 1 月作为“北京科技大学 2016 年十大新闻人物”，积极参与院校“走好大学第一步”等新生教育系列活动引航新生成长；2017 年 3 月通过多重考核选拔，作为 2017 年“一带一路”国际合作高峰论坛志愿者负责机场贵宾室的接待工作；2017 年 5 月，作为北京市 2017 年度大学生退役士兵宣讲团成员在北京市宣讲个人入伍经历，影响更多的人将个人梦与国家梦紧密结合起来，珍惜当下，爱国敬业；2017 年底参与由市委教育工委与《中国青年报》合作推出的大学生典型系列宣传“寻找青春榜样”活动，结合自己学习生活入伍经历讲述自己的大学生涯故事；作为大学生退伍士兵代表在 2017 年、2018 年征兵季中积极参与征兵相关工作；2018 年 9 月至今，在北京航空航天大学跟随导师从事军工方向研究，致力在中国军工事业上充分贡献个人力量；与此同时情系母校，曾先后多次返回母校分享个人入伍经历、保研经历、科研经历，耐心细致地和学弟学妹进行沟通，为他们解答关于学业和规划的困惑，指引学弟学妹前行的方向。

参加“一带一路”国际合作高峰论坛志愿工作

曹阳像是一粒火种，军旅中以汗水为燃料，以抗洪为助燃剂，照亮战友们俊毅的脸庞；校园中躬身践行，重学问，做志愿，去实践，燃烧的是青春的时光，照亮的是五四青年的远大志向，他用自己的亲身经历告诉我们：一个优秀的大学生，不应局限于书本，画地为牢。磨砺风霜暖白雪，汗染衣襟勇直前。曹阳同学说：“我将继续弘扬北科大“求实鼎新”的优良传统，争当有理想、有本领、有担当的新时代青年，为实现中国梦、强军梦贡献力量！”

坚守

科教兴邦篇

不负韶华，向阳而生

——北京科技大学第三届、第八届“青年五四奖章”获奖者张铮

以第五完成人获得国家自然科学奖二等奖

张铮，男，1983年7月生，中共党员，2002年至2015年就读于北京科技大学材料科学与工程学院，在校期间担任研究生团委常务副书记，曾获得北京市优秀学生干部、北京科技大学学生工作先进个人等荣誉。现任北京科技大学材料科学与工程学院副教授、硕士生导师，主讲“纳米材料与微纳加工”等课程，曾获北京科技大学第十一届青年教师基本功大赛一等奖；在“Nature Energy”“Nature Communications”等高水平学术期刊发表SCI论文76篇，参与国家重点研发计划、国家自然科学基金重大科学仪器研制项目、主持国家自然科学基金青年科学基金、中国博士后科

学基金特别资助项目、北京市自然科学基金重点研究专题等重点科研项目10余项，获得2018年度国家自然科学奖二等奖（第五完成人）；现任中国体视学学会理事、中国体视学学会材料学分会副秘书长。

筚路蓝缕，迎难而上

本书介绍了数十位五四奖章获得者的事迹，张铮分别因为出色的研究生团学工作和突出的研究成果而成为仅有的两次荣获五四奖章的优秀青年。研究生在读期间，他担任研究生团委常务副书记，以极强的开创能力和学习精神推进研究生团学工作建设，荣获北京科技大学青年五四奖章。他打造出“话说长江”学者访谈、研究生职业生涯规划月等一系列校园品牌活动，极大地丰富了广大研究生的校园文化生活。他主动挖掘，广开门路，完成中钢集团、北汽福田等知名企业校园实习岗位项目，协助组织研究生赴河北唐山挂职锻炼，为促进研究生就业工作做出突出贡献。他从没有豪言壮语，却总是坚毅自信；他从不夸夸其谈，却总是思维灵动。回首在研究生团委的日子，他无悔于彼时青春的选择，骄傲于夜以继日的付出，感念于一代代人的薪火相传，更欣慰于这个集体中每一个人的成长。当一项又一项品牌活动深入人心时，他又开始忙碌着收拾研究生团学发展下一站的行囊，他以实际行动践行着北科大“求实鼎新”的校训，展现了北科大学子良好的精神风貌。

参加中德光子与光电子双边论坛（第二排左三）

三寸粉笔，三尺讲台系国运

制造业是国家发展的基础，而材料又是制造业发展的基础，我国材料领域的发展急需大量人才，作为大学教师最重要的职责就是为国育人。为了提高育人效果，充分发挥专业课教师尤其是院系领导、知名教授在激励学生专业兴趣和学习动力方面的作用，北京科技大学实施了专业课教师担任本科生班主任的制度。张铮担任的是纳米16班班主任，他从树立明确目标、开阔专业视野、保持思想先进等方面入手，注重学习、思想、专业“三引导”，一方面，积极参与班级活动和学习、工作讨论，打破“代差”；另一方面，发挥专业优势，带领学生参加国际前沿学术会议，拓宽专业视野；第三方面，及时为学生遇到的专业、学业、思想问题答疑解惑。大二学期，纳米16班共有13人获得特种奖学金，4名同学担任校、院学生组织部部长以上职务，7名同学光荣加入中国共产党。在他的指导下，2019年纳米16班两个科技创新小组同时获得了学校摇篮杯的特等奖，并分别获得了首都大学生科技创新大赛的二等奖和三等奖。最终，纳米16班创纪录的有三名同学同时保送到了北京大学继续深造。2018年，张铮被评为北京科技大学优秀班主任。

参加北京市青年教师教学基本功大赛

讲台就是老师的舞台，但只有走上讲台才知不易。自2017年开始，张铮承担了本科生课程“纳米材料与微纳加工”。作为一个课堂教学的新手，“如何让学生在课堂上有兴趣、有收获、有进步、有思考”一直是张铮思考和努力的方向。他一方面积极参加学校组织的新教师培训，旁听优秀教师的课堂教学演示，学习思考优秀的课堂教学方法；另一方面主动到清华大学、北京大学等学校查找与课程相关的教学课堂和经典教学案例，充实自己的教学理念与理论体系。为了提高课堂教学的效率，他周密设计课堂教学环节，将问题的引入、分析与实际科研工作紧密联系起来，在课堂教学过程中融入实物演示、加入思考讨论、设计教学节点，组织学生参与科技创新计划和前沿研究课题讨论。2019年3月，在第十一届北京科技大学青年教师基本功大赛中，他以工科组第一名的优异成绩获得了大赛一等奖。并在随后进行的北京市青年教师教学基本功大赛上获得了三等奖。

直面问题，瞄准世界科技前沿

习近平总书记曾指出，“我国广大科技工作者要敢于担当、勇于超越、找准方向、扭住不放，牢固树立敢为天下先的志向和信心，敢于走别人没有走过的路，在攻坚克难中追求卓越，勇于创造引领世界潮流的科技成果。”张铮的研究方向是低维纳米材料及其在光电与电子器件中的应用。自 2015 年以来，他带领着几名博士生组成的研究小组，围绕低维纳米材料的缺陷问题开展了一系列工作。他率先提出了采用弱酸原位修复 MoS_2 缺陷调控其电子结构的新方法，利用上述方法首次构筑稳定高效的单层 MoS_2 面内同质结光伏型光电探测器；揭示了缺陷工程对双层 MoS_2 同质结的层间激子耦合行为的调控机制；提出了通过设计界面能带结构减少界面激子复合提高光电化学器件的新策略，解决了黑硅电极的光腐蚀问题；系统研究了应变对低维纳米材料光电探测器的界面激子调控行为，阐明了应变场对光电探测器的性能优化机制；构筑实现了多种纳米材料的高产率、大面积和性能可控制备，并在基于纳米材料的电子器件、力学传感器、光学传感器和纳米能源器件构建方面开展了大量工作。

自 2015 年留校工作以来，张铮共发表 SCI 论文 39 篇（其中影响因子 >10 的有 23 篇），以第一作者或通讯作者身份在“Nature Energy”“Nature Communication”“Advanced functional materials”“ACS Nano”“Nano Energy”等刊物上发表论文 19 篇，参与撰写英国皇家化学会出版的“ZnO nanostructure: fabrication and applications”一书。2016 年至今，张铮作为项目负责人承担了国家重点研发计划、国家自然科学基金重大科学仪器研制项目、国家自然科学基金青年科学基金、中国博士后科学基金特别资助计划、北京市自然科学基金重点研究专题等重点科研项目，并获得 2014 年度教育部自然科学一等奖。2018 年，张铮以第五完成人身份荣获国家自然科学奖二等奖。

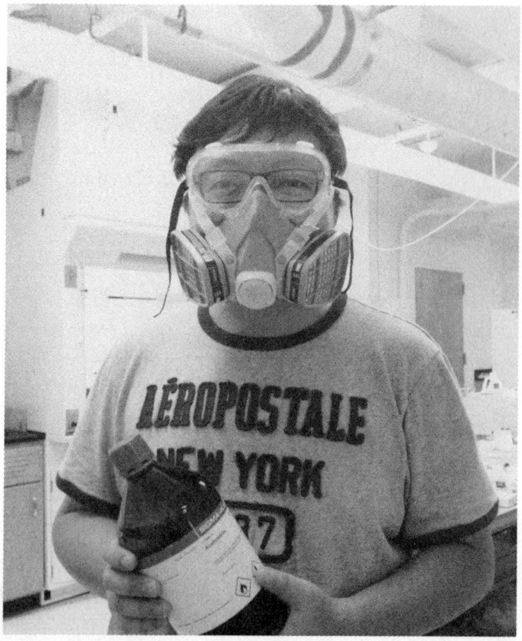

进行化学实验

走出国门，交流互鉴

在当今全球化的时代，打开研究视野离不开“走出去，多交流”。张铮紧抓机遇，积极主动参加国内外学术会议，特别是参加领域内的专业学术会议，主动介绍自己的研究工作与成果，与国际大师近距离交流学习经验。近三年来，他先后参加了 NGPT、NENS、中德双边纳米光电会议、ICON-2DMat 等国际学术会议，做口头报告、邀请报告 10 余次。他曾担任 2016 年第十届材料图形图像学术会议、2017 年第八届全国氧化锌学术会议、2018 年第九届亚洲纳米科学与技术会议（Asianano2018）等大型学术会议的组委会秘书，圆满完成了会议组织工作。2017 年底，张铮当选全国一级学会中国体视学学会第七届理事、材料学分会副秘书长，是该学会第七届理事中唯一的 80 后。

习近平总书记说“一个老师的责任心有多大，他的人生舞台就有多大”。对于未来，张铮立志秉承“求实鼎新”的校训，坚持教学与科研两手抓，用最大的责任感和最饱满的热情投入到教学与科研工作中。

在中国物理学会做报告

“北科神车”的逐梦之旅

——北京科技大学第三届、第六届“青年五四奖章”获奖团队智能汽车队

参加第十四届全国大学生智能汽车作品

北京科技大学智能车队，成立于2006年4月，在过去的十四届竞赛中，北科智能车队已夺得17项全国总冠军、19项全国特等奖和30个一等奖。2015年，北科智能车队以领先第二名3.45秒的优势获得了智能车国际邀请赛总冠军，并在之后的比赛中四度蝉联。2017年，获得“小平科技创新团队”奖。

在获得众多奖项和荣誉的同时，智能车队也得到了中央和北京市领导的肯定。2009年5月我校智能车队应邀参加全国科技活动周暨北京科技周开幕式，时任中共中央政治局委员、国务委员刘延东连声称赞并预祝我校取得好成绩；2016年11月，我校智能车参加第二届中国（北京）国际文化创意博览会，时任北京市委书记刘淇和市长王岐山饶有兴趣地观看了赛车表演，并且高度肯定车队取得的成绩。

千锤百炼，铸就冠军

北京科技大学智能车队成立于2006年4月，由张文明和杨珏老师组建，隶属于机械工程学院。一直以来，车队的成长和发展受到学校的重点关注，为了保证大学生的创新活动有依托，有基地，学校建立了定位于以科技竞赛和科技创新为背景的开放性本科实践教育和创新能力培养的汽车创新实验室。针对学生在科技创新活动中的诸多困难，学校开设了相关课程，为大家铺平道路，并且结合定期交流的形式，了解队员进度，解答问题，启发研究思路。

经过多次竞赛的筛选，建立了由研究生、高年级本科生、低年级本科生以及不同专业的同学共同组成的竞赛学术梯队，同时也成为由导师、研究生、本科生组成的跨学科、跨年级的学术梯队。团队成员分工合作，相互学习，共同探讨，形成了团结一致、合作创新的格局。事实证明，这样的组织体系，具有强大的凝聚力和创造力。经过不断的发展，整个团队已经形成了一套比较完善的技术与管理相结合的工作模式，成为很多兄弟院校学习的典范。

代表学校参加全国大学生智能车竞赛，是车队每一年最重要的事，每一位队员，指导老师甚至是已经毕业的学长，都会尽心准备，迎接竞赛的到来。从一月初通过层层选拔作为预留队员进入车队，到八月底成为正式队员参加全国大学生智能车竞赛继续带队，北京科技大学智能车队一届又一届传承至今。

设计的展示车模

从九月到六月，从初秋到夏至，队员们在车队里度过无课时的每一分钟备战。每年的七月是车队备战国赛的重要时期，大家拼尽全力，只想着把车做好，取得最终的胜利。国赛场上瞬息万变，因此非常紧张。每一届智能车队的成员都用严肃认真的态度去迎接全国赛的挑战。国赛有许多车队，但不论什么组别，最终的冠军都只有一个。北京科技大学智能车队以冠军作为目标，但绝不以成败论英雄，经历了国赛的洗礼，每一位预留队员都将正式成为车队的一员，继续与智能车的缘分，准备下一届的北京科技大学智能车校内赛。

荣誉加身，情怀在心

智能车队承担着“北京科技大学智能汽车竞赛（校内赛）”的承办工作，迄今已举办十三届，每年有400多名同学、100余支队伍参与这场智能车的盛宴，这是责任，更承载了“传承”的理念。校内赛期间有车队成员主动帮助队员学习编程、电路以及机械等方面的技术知识，该竞赛现已成为非常受同学们喜爱的校内竞赛。

智能车队以开放的姿态积极与外界进行交流，每年校内赛都会吸引多支京内和京外高校代表队前来交流，并多次接待来自美国、韩国、德国等国家以及中国台湾的教育代表团。2014年，北京科技大学智能汽车队受邀参加了在美国得克萨斯州达拉斯举办的飞思卡尔技术论坛（Freescale Technology Forum），在论坛中展示了我校智能车队在第八届智能车大赛的征战车模（包括获得国际赛冠军的摄像头车、获得全国光电组冠军的CCD车、获得全国电磁组亚军的电磁车以及获得全国二等奖的创意组定点循迹车），并向国外友人详细讲解了电磁车的传感器、信号采集和循迹算法等技术，赢得了国外专家的一致称赞。

2015年，“飞思卡尔”智能车国际赛在德国纽伦堡成功举办，我校智能车队在赛场上奋勇争先，再次蝉联国际赛总冠军。2015年“飞思卡尔”智能车国际赛邀请了来自中国、美国、韩国、印度、瑞士等国家和地区的智能车代表队参赛。我校代表队经过和其他国家代表队的激烈角逐，在决赛中以领先第二名马来西亚队3.45秒的优势获得了本次大赛总冠军。截至目前，我校在全部四届国际赛中蝉联了四届冠军，成绩斐然。

2017年度全国大学生“小平科技创新团队”评选结果揭晓。智能车团队在众多申报团队中脱颖而出，喜获殊荣。全国范围内获此殊荣的团队共有50支，其中北京地区高校仅有3支团队入选。获得此项青少年科技创新领域国家级最高荣誉，是我校大学生创新创业教育的又一项标志性成果，也是我校学生科技创新工作取得的历史性成绩。

有一种精神，叫做北科智能车精神；

有一种情怀，叫做北科智能车情怀。

光电双车

创新合作，永不止步

北科大智能车队秉承勇于创新，不断创新的精神，自成立以来进行了多次的技术创新以及管理创新。自 2006 年清华大学承办第一届比赛开始，创新的脚步便从未停止。

在北京科技大学智能汽车队的诸多创新之中，对于车队发展和不断取得佳绩做出最大贡献的是队员选拔和培养等组织管理的创新，这正是保证车队不断涌入新鲜血液，不断进行技术创新的重要原因。车队队员选拔中，打破了学院和专业之间的壁垒，开创了校内赛选拔队员的先河，同时做到了不以成败论英雄，广纳豪杰，队员做一年比赛带一年队，这一老队员帮助新队员的光荣传统。我们的老队员即使离开比赛多年，仍然会心系车队，帮助新队员解决难题，无论何时何地，都永远是北科大智能车队的一员。这些优良传统使得智能车队灵魂不断传承，一代一代生生不息。

除了管理创新以外，技术上的创新也给这个出色的队伍注入了持续发展的活力。在过去的十四年竞赛史中，不断变化的赛题和与之伴随的持续创新是智能车队的永恒主题。我们可以看见的是不断更新换代的机械结构、持续优化的运行路径，背后则是润物无声的电路更新，车队人各司其职，保证了领先地位得以持续。在早期 CCD 时代的“摇头”车突破了传感器的局限；之后的电磁车时代不断加长的前瞻、双车时代自适应的距离控制、摄像头车模的图像特征识别是我们肉眼可见的创新；承载运算的主控 MCU 由 16 位向 32 位，20MHz 到 500MHz，单核向多核的转变则是应先进算法对性能的迫切需求而生的进步。

今年刚刚结束的全国赛上，他们获得了一个特等奖、三个国家一等奖的佳绩。在众多参赛队伍为应对新赛题而不断堆砌传感器之时，运用尽量少的传感器实现最多的元素稳定识别，是我们的努力追求。从算法更新、双核并行到车模搭建的细节构建，三方队员的共同努力，造就了直立三轮双摄车、无线节能滚筒车、直立四轮交汇车等一系列符合赛题要求，却又亮点凸显的比赛车模。其中无线节能组的滚筒车模，以其优雅而创新的整车设计力压一众履带车模成为全场焦点之一。

长风破浪会有时，直挂云帆济沧海，今年是北科大智能车队的第十四年，十四年来每一届队员都秉承着“不怕吃苦、追求卓越”的精神，截至目前总计获得了四十项全国一等奖。能力越大责任越大，在这些辉煌的成果之后，除了骄傲和自豪，他们更多的是低调和对团队的严格要求。他们深知自己代表的是北京科技大学，每一届队员都在之前车队的光环下奋力前行，都想让车队在自己的努力下赢得更大的光荣。长风破浪会有时，直挂云帆济沧海。赢得过巨大光荣的北京科技大学智能车队，必将在新的历史时期，继续努力，再创辉煌。

参加第十二届全国大学生智能汽车竞赛

匠心报国同奋斗，鸿鹄远志撒星光

——北京科技大学第三届“青年五四奖章”获奖团队纳米材料与技术梯队班

班级合影

纳米材料与技术梯队班是北京科技大学材料科学与工程学院研究生纵向培养梯队班级，共有研究生38名，其中博士研究生14名，是新能源材料与纳米技术北京市重点实验室及北京科技大学纳米材料与技术研究中心的主力军，承担国家“973”“863”及军工科研项目20余项，2007~2009年期间，在核心期刊上发表文章119篇。曾获北京科技大学先进班集体、优秀团支部标兵、北京科技大学标杆党支部等荣誉称号。

吾将上下而求索，推陈出新展风采

北京科技大学纳米材料与技术梯队班的研究方向涵盖功能纳器件及服役行为、多场耦合纳器件及系统、能量转化及存储集成系统、计算材料学、先进金属材料等研究领域。梯队班承担国家“973”“863”及军工科研项目20余项，包括国家重大科学研究计划项目、科技部和国家自然科学基金委重大国际合作项目、国家自然科学基金委重点和面上项省部级项目、国防和厂协项目等。梯队大量研究成果被 SCI、EI 和国际会议论文收录，获得国际同行普遍认可。通过 Web of Science 检索关键词 “纳米”和“氧化锌”，在得到的纳米氧化锌研究领域机构排名中，北京科技大学以 178 篇的文章数量名列全球第 13 位；在得到的纳米氧化锌研究领域学者排名中，张跃教授以 145 篇的文章数量名列全球第二位，发表的文章被引频次总计 2443 次，平均每篇文章被引次数 12.99 次，H 影响因子高达 22，在张跃教授的教育指导下，纳米材料与技术梯队班同学充分发挥自身自主创新能力和卓越的科研实力，三年来在核心期刊发表论文 119 篇。

梯队同学积极参与国际交流和访学活动，立足国内、放眼世界，加强国际合作，彰显中国智慧，多名同学先后赴英国牛津大学、剑桥大学、美国佐治亚理工大学、美国威斯康星麦迪逊分校、美国普渡大学、美国太平洋西北国家实验室、澳大利亚新南威尔士大学、日本东京大学、东北大学等国外著名大学和研究机构交流学习，广泛开展学术合作。由梯队班导师张跃教授作为负责人建立了“111 功能性纳器件基础与应用引智基地”，先后邀请美国纳米科技杰出青年科学家美国斯坦福大学崔屹教授、澳大利亚工程院院士程一兵教授、材料化学领域著名学者新加坡南洋理工大学张华教授、著名期刊 ACS Nano 主编 Paul S. Weiss 教授、国际著名科学期刊“Advanced Materials & Advanced Functional Materials”副主编 Jos Lenders 博士等领域专家做客引智基地，举办学术论坛、专业沙龙等活动，进一步增加了纳米材料与技术梯队班同学与国际高水平科研人才面对面交流的机会，提升班级同学的专业素养和国际视野，培养成为具有国际视野和跨文化交流能力的复合型工科人才。

参加学术交流

天生我“材”必有用，春华秋实硕果丰

自2000年以来，张跃教授带领纳米材料与技术梯队班的同学们在国内外率先开展一维氧化锌领域的研究，团队围绕这一材料体系开展了系统而深入的研究工作，形成了大量原创性的科研成果，特别是实现了一维氧化锌纳米材料在特种装备上的应用，在国内外低维纳米材料领域声誉斐然。回首这十余年的攻关历程，多少次在科学问题前的唇枪舌剑，多少个在仪器设备前的通宵达旦，多少篇密密麻麻布满修改标记的学生手稿，多少个为了科学理想奋斗前行的老师和学生……“一定要敲实了！”这是张跃老师常常挂在嘴边的一句话。简短而有力的话语中渗透着他对学术的严谨和对科研的执着，这也正是梯队班同学们一直学习与坚守的科研态度。

“团结友爱，建校园温暖家；追求卓越，做时代工匠人”是他们的班训。“刻苦钻研、勤于实践、甘于奉献、敢为人先”是他们的态度。“工于匠心，臻于卓越”是他们不懈追求的目标。坚定理想信念，传承红色基因，同学们深知良好的思想基础建设，是班级发展的关键，基础不牢则堡垒不稳。因此，他们充分发挥党团作用，通过完善的学术论坛、团队学习制度，发挥学生党团员先锋模范作用，增强党组织在科研工作中的导向作用，培育了一大批德才兼备的青年科研人才。在活动中，同学们各抒己见，畅所欲言，积极配合班委工作，在完成各项任务的同时也不断提升着自己的思想水平，在日常生活中践行社会主义核心价值观，共同打造一个出色的“党团班一体化工作”试点班级。

紧抓学业主线，创新驱动发展，班级同学始终坚持“学业为本”，立足科技前沿，一直保持着刻苦钻研的学习态度，为科学研究打下坚实的学科基础，对专业知识具有深刻而扎实的领悟。为了营造浓厚的学术科研氛围，纳米材料与技术梯队班以增进学术交流、科研基本技能培养、兴趣激发考虑，从“学术交流制度”“管理制度改革”和“学习小组制度”三个方面出发，积极参与科研论坛、学术沙龙等一系列丰富多彩的学术相关活动。针对班级内课程种类多、专业课程难度高、科研压力大等问题，班级积极探索“教师指导、朋辈辅导、竞赛引导”的学习模式，邀请学院老师，对同学们的课程、学科竞赛、论文写作、实验室操作等进行指导，增进同学们的学术创新和科研能力，营造良好的学术氛围；充分利用学院、学校讲师团等资源，满足班级不同课题、不同层次同学们的学业需求，引导同学们做到“博学之，审问之，慎思之，明辨之，笃行之”。同时，班级制定了学风建设方案，号召同学充分利用在校时间，走出宿舍，珍惜学习时光，勤于读书。班级同学充分利用课堂答疑、实验室交流、宿舍探讨、微信沟通等方式，建立起线上线下的交流答疑机制，及时解决相关问题。班级全体同学披荆斩棘，携手同行，以坚实的步履向前迈进，为成为卓越的学子而不断努力。

参加篮球比赛

感恩报国抒情怀，鸿鹄远志薪火传

天生我“材”必有用！每一种材料都有它的生命和存在价值，要实现材料的最大应用价值，只有抽丝剥茧，不放过任何细节，才能找到科学问题的本质；只有坚持不懈、耐得住寂寞、忍得住孤独，才能体会到科学研究的乐趣。

纳米材料与技术梯队班级的同学们始终以“科研报国、奉献社会”为宗旨，瞄准高远的科学理想，朝着目标坚定地前行。他们秉承勤奋刻苦，实事求是的态度，每天奋战在科研第一线，以踏实务实的行事作风营造良好的科研氛围，扎根纳米材料领域，瞄准行业迫切需求，为国家的科研建设贡献自己的青春力量。他们坚守人生崇高的信念，绽放青春创新的热忱，将科研的大旗牢牢地扛在肩上，一步一个脚印，迈着坚定而有力的步伐，为祖国奉献自己的力量。他们就是这样一群人，科研的理想是他们眼中闪烁的星辰，在漫漫科研路上谱写浓浓团队情，俯下身，夜以继日奋勇攻关，抬起头，放眼世界志存高远。用实力诠释：纳米虽小，天地广袤！

他们号召青年人新时代赋予新使命，新征程呼吁新作为。每个青年人都要坚定理想信念，志存高远、脚踏实地，创造卓越、成就非凡，夯实根基、甘于奉献，珍惜荣誉、戒骄戒躁，并以此为动力，珍惜时代、历练成长，热爱伟大祖国、担当时代责任，奋力谱写实现中华民族伟大复兴中国梦的壮丽青春篇章！

担当青年使命，勇攀科学高峰

——北京科技大学第四届“青年五四奖章”获奖者廖庆亮

荣获教育部自然科学奖二等奖

廖庆亮，男，1981 年 11 月生，中共党员，1999 年至 2009 年就读于北京科技大学材料科学与工程学院。他曾获北京市优秀三好学生、德国洪堡奖学金等。2011 年，廖庆亮博士学成归国后回到母校从事科研工作，开始在更广阔的学术平台上谱写他的材苑华章。他现任北京科技大学材料科学与工程学院教授，国家自然科学基金委“优秀青年基金”、霍英东青年教师奖获得者，入选教育部“新世纪优秀人才支持计划”与北京市“青年英才计划”。

立足前沿力求创新，不畏艰难潜心科研

由于对纳米材料兴趣浓厚，廖庆亮拜入纳米材料领域卓有成就的张跃教授门下学习，从事纳米材料的研究工作。在读博之前，廖庆亮几乎对纳米材料没有概念，以前的所学也不构成基础。他刚进实验室时倍感压力，但是梯队浓厚的学术氛围、融洽的师生关系让他很快适应了环境，开启了博士科研之路。

张跃教授指导廖庆亮在课题上“早进入、早熟悉、早上手、早出活”。在与导师进行深入讨论后，结合纳米材料领域的研究前沿热点与纳米材料在应用研究中的难点，廖庆亮的博士科研研究内容选定为研制一种新型一维纳米场发射冷阴极，目标是研制一种性能指标远远高于现有最好性能水平的一维纳米场发射冷阴极，促进纳米材料的实际应用。

课题选定之后，一系列问题就摆在了廖庆亮的眼前。虽然实验室在纳米材料领域有比较完备的设备，但是还是不能满足新课题的需要。有一些设备需要改造，有一些设备需要购置。由于课题研究中所需的场发射性能测试仪器没有标准产品，需要自己根据需要设计组装。于是在博士的课程学习的间隙，廖庆亮抽出时间到处查资料、跑厂家，商讨技术指标，在短时间完成了丝网印刷机、场发射性能测试仪两套设备的购置。

解决了设备问题，课题研究也并非走上一帆风顺的道路。由于廖庆亮的课题本身就是目前学术研究的难点，世界上相关领域的研究成果比较少，因此在他研究过程中更多的是需要自己的创新实践，在实验中不断地总结改进。

在工作中，不能走老路，要创新，必然会遇到很多困难。对廖庆亮来说，纳米材料是一个新概念，而场发射性能的研究也是一个全新的领域。在眼花缭乱的试剂中寻找合适的添加剂，在从未接触过的丝网印刷机上摸索合适的印刷工艺，在陌生的水热合成反应中开发合理的技术路线……面对一个个困难，他不怕失败，潜心试验，坐得冷板凳、啃得硬骨头。经过无数次试验，他先后研制成功了多种一维纳米场发射冷阴极。纳米发射阴极在直流、低发射电流强度领域虽然很多，但是在脉冲、强发射电流强度领域的应用研究却是非常的少，于是廖庆亮的课题的应用背景就选定了强流脉冲发射。要实现强流脉冲发射需要一套大型设备，而在国内用于这种研究的设备平台非常少。通过打听得知在四川某研究单位有这种设备。于是他马上与研究单位人员联系，达成了合作的意向，但是对方也告诉他在脉冲发射的测试过程中会存在核辐射，即使有防护措施也有危害身体的可能。为了早日得到第一手的数据，他一个人先后十多次往返于北京与四川之间，总行程逾万公里，亲自在现场进行性能观测。在经过一年多的不断试验后，他研制的纳米阴极在强流脉冲设备上表现了优异的性能，获得了合作单位的肯定。

在导师的精心指导下，廖庆亮先后参与了国家“973”“863”“国家杰出青年科学基金”和“国家重大国际合作与交流项目”等多个国家重点、重大科研项目的研究，表现出了扎实的专业基础和较强的科研能力。他参与的科研项目“功能纳米材料及其相关基础理论研究”于2007年1月获得了教育部自然科学奖二等奖，廖庆亮于2007年12月被评为北京科技大学第三届研究生十佳“学术之星”。

肩负责任严于律己，甘于奉献勇于担当

攻读博士学位期间，廖庆亮加入了校研究生会。他先后担任了校研究生会博士生分会会长和学术实践部部长，负责组织学校研究生的学术交流活动，活跃研究生学术气氛，为研究生的学术交流搭建平台。在担任校研究生会博士生分会会长期间，他创办了“博士生学术沙龙”“传统文化与人际关系”系列讲座等活动。

作为一名研究生党员，廖庆亮在梯队工作中坚持将组织生活和思想学习与科研工作相结合，担任了纳米材料技术梯队班的班长，在生活和科研上帮助实验室成员、组织梯队集体建设活动、拓展梯队资源成了他生活的一部分。在他的带领下，纳米材料与技术梯队团结向上、精诚协作，形成了强大的战斗力，以其一流的学术水平、良好的团队协作精神连续两年获得了“校学术科研标兵”班集体的光荣称号，并在2006~2007学年被评为“北京市先进班集体”。

上下求索开拓进取，成果丰硕未来可期

廖庆亮在科研上的不懈努力和敢于创新，换来了优异的成绩。在博士期间的研究工作中，他在国内外一流学术期刊杂志上发表26篇高水平、高影响因子的科研论文，其中19篇文章被SCI收录，总影响因子超过30。其第一作者文章主要发表在国际物理类一流杂志“Appl. Phys. Lett.”、碳材料研究顶级杂志“Carbon”、应用物理著名期刊“J. Phys. D: Appl. Phys.”和材料快报“Mater. Lett.”等国内外重要期刊上，研究成果受到了国外同行的高度评价。审稿人Appl. Phys. Lett. 认为：The paper presents a detailed analysis about the mechanism of the observed process, and the results are important for technological applications. This article should be of great interest to a wide range of readers（文章对所发现过程的机制进行了详细的分析，结果对技术应用是重要的。这篇文章对广大的读者有重大的意义）。该文章未经修改便直接发表了。审稿人Carbon认为：The results of the study are quite new, and they are great value for application（研究结果非常新，对应用非常有价值）。除了发表高水平论文外，他还先后申请了“一种碳纳米管场发射冷阴极的制备”等九项国家专利，大大促进了纳米材料的应用研究。凭借在科研领域的突出成绩，廖

庆亮于 2007 年 11 月以答辩第一名的成绩获得了研究生的最高奖学金——“罕王特钢”特等奖学金。

2011 年廖庆亮留校任教，主要从事低维材料能量转换与传感器件的构筑与应用研究，聚焦低维材料的控制生长、器件结构设计与性能调控，推动了低维材料在国防武器装备与可穿戴设备领域的应用，成为国家自然科学基金委“优秀青年基金”获得者，入选教育部“新世纪优秀人才支持计划”与北京市“青年英才计划”，获霍英东青年教师奖。

作为一名科研工作者，最幸福的事情莫过于将研究成果应用于国民建设中。近五年，廖庆亮共负责和参与承担了国家及省部级科研项目共 20 余项，包括国家重大科学研究计划项目、国家重点研发计划、111 引智计划、科技部和国家自然科学基金委国际科技合作项目，国家自然科学基金委重大科研仪器、优秀青年科学基金和面上项目，以及军工和厂协项目等。在 Nat. Commun.、Sci. Adv. 和 Adv. Mater. 等国际高水平期刊上发表 SCI 论文 90 余篇，论文他引近 2000 次。申请国家发明专利 20 余项，已授权 10 余项，参与撰写《一维氧化锌纳米材料》等中英文专著 3 部。

光阴似箭，日月如梭，转眼廖庆亮已在北科大学习、工作 20 年，回首在学校走过的日子，每一天都是他前进的阶梯，学校每个角落都留下了他前进的足迹。“科技报国，创新强国”是他的誓言。面向未来，他将一如既往、脚踏实地，担当使命、勇攀高峰，为国家科研事业发展贡献力量。

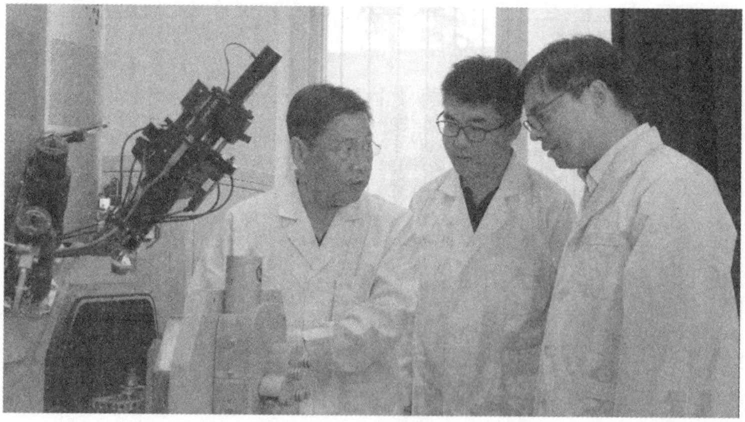

开展实验（右一）

梦想在前，星夜兼程

——北京科技大学第四届“青年五四奖章”获奖者王丹阳

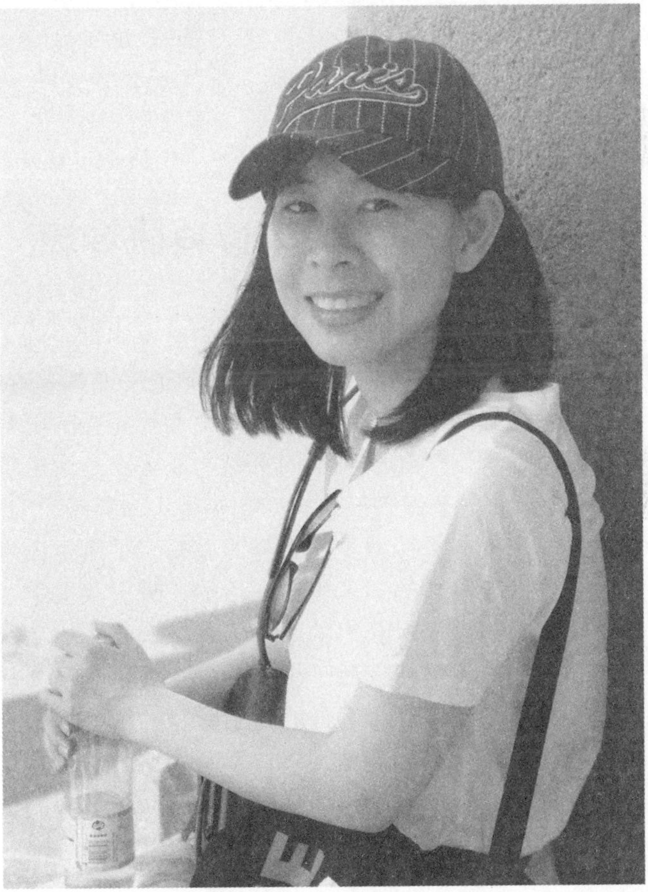

参加海外交流项目

王丹阳，女，1989年12月生，中共党员。2008年至2012年就读于北京科技大学化学与生物工程学院。本科期间，她带领小组成员攻克难关，另辟蹊径地引入草芽孢杆菌（Bs）作为益生菌，不仅啃下了降油脂的“硬骨头”，还大大优化了生物农药的生产条件和效率。她曾获校级“摇篮杯”一等奖、首都“挑战杯”特等奖、全国“挑战杯”二等奖、全国节能减排大赛一等奖，技术成果受到了中国青年报、新京报等多家媒体的关注和报道，获邀参加国际文化创意产业博览会和青年创意创新博览会。本科毕业后她就读于丹麦哥本哈根大学，获得健康与医学学院药学硕士学位、蛋白质研究中心博士学位，现为哥本哈根大学蛋白质研究中心博士后进行结构生物学领域的相关研究。留学期间她曾获得丹麦教育部颁发的奖学金，发表 SCI 论文 5 篇，撰写书章节 4 篇，被新英格兰医学杂志邀请作为审稿人。她先后多次参加国际学术会议，并受邀作为“蛋白质结晶自动化”网络会议的演讲人做报告。读博期间她多次参与组织安排“ScienceTalent”展示活动，对青少年进行科学知识及实验技能的普及，得到参与师生的高度赞扬。

有的放矢，努力追逐科研梦想

和很多同学一样，刚刚步入大学校园的王丹阳对一切都充满了好奇，学生工作、社团活动、志愿服务……每一件事对于刚入学的她来说都有着莫大的吸引力，每一件事都仿佛充满着无限的可能，在各种活动中大放异彩的王丹阳并没有沉迷其中，她开始逐渐思考学生工作和学习间的平衡与取舍：是学生工作和学习各做50%，还是全身心地在一件事上做到极致？“我热爱生命科学，为之深深地着迷，渴望像那些优秀的科学家一样去探索生命本身的奥秘，了解生命本身，了解这个世界。生命是鲜活的，生命科学的知识也是鲜活的，吸引我去学习、去了解、去探索。每一次学习到新的知识点时获得的快乐、每一次实验成功时的喜悦都是对我付出的最大奖励。还记得我在阅读分子生物学的发展史时，为前人取得的成就感叹，为他们所付出的艰辛所感动，为他们为学献身的精神折服。越是成长，我越是明白实现梦想需要永不言弃的精神和坚持不懈的努力。正是如此，我更加明确了自己的方向，也更加坚定了自己的步伐。”在活动与学习的选择上，王丹阳选择了后者，选择了自己所热爱的生命科学，朝着自己的梦想——成为一名科学家而坚定向前。

实地调研、查阅论文、请教专家、优化实验，她将青春飞扬的花季时光毫无保留地倾注在了烦琐细致的实验工作中，朝披彩霞起，暮戴星月回，勤奋和刻苦成为她的生活习惯。与他人交流切磋时的喜悦、实验不断进展时的满足、学术研究取得成果时的惊喜充实着她的生活，也使她的科研能力快速提升。虽然偶尔也会有抱怨，也会有退缩，也会觉得科研太苦，但这些都没有阻止她不断踏上新的征程。

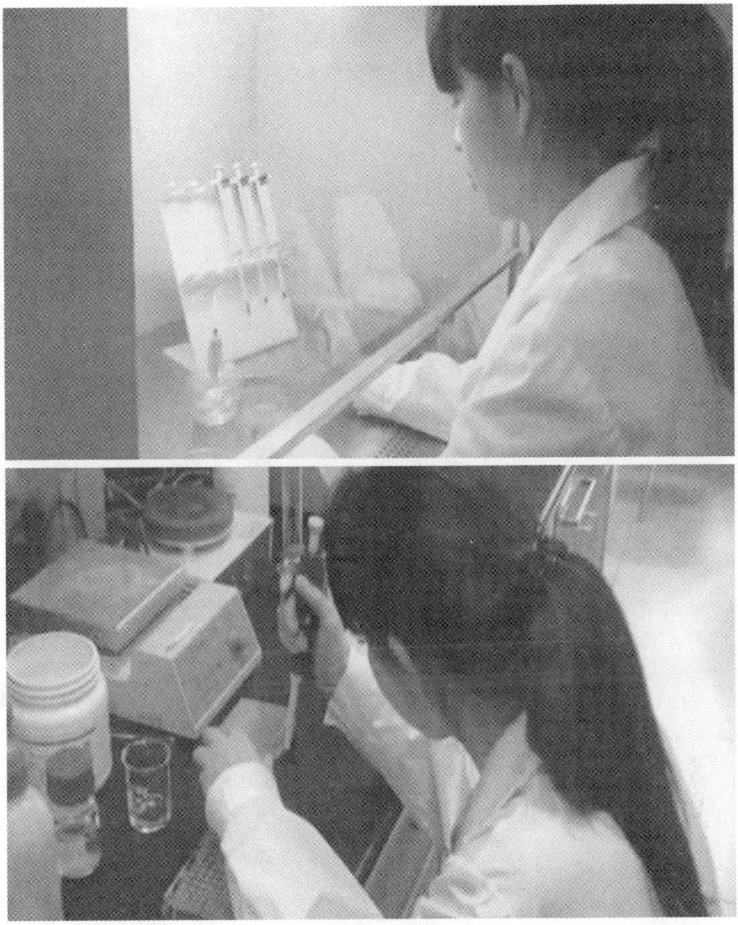

进行实验

在弓爱君教授的指导下，她带领实验小组获得第三届全国大学生节能减排大赛一等奖，随后又提出新的思路，将原有的实验方法进行改进，并参加了挑战杯大学生课外学术科技作品竞赛。在这个过程中，王丹阳一边做实验，一边准备着比赛的各项事宜。从校内赛获一等奖，到首都挑战杯特等奖，到最终获得全国挑战杯二等奖，发表论文两篇，申请专利一项。途经的困难不需多言，感受更多的则是成长的喜悦，收获最多的是对于梦想执着追求的激励和肯定。王丹阳最喜欢用一句话来警醒自己："学习这件事，不是缺乏时间，而是缺乏努力。"暑假期间，她也没有放松对自己的要求，而是前往生物物理所和韩国浦项工业大学进行实习，将一生所学投诸更多从未接触过的研究领域，不仅拓宽了她对于专业方向的了解，还让她学习到了更多的实验技术。日复一日的努力，使她渐渐具备了一名科研人员的基本科学素养，为她日后的科研道路打好了坚实的根基。

参加首都大学生课外学术科技作品竞赛

毕业后，她先后获得丹麦哥本哈根大学健康与医学学院药学硕士学位和蛋白质研究中心博士学位。在留学期间曾获得丹麦教育部颁发的奖学金，在相关研究领域共发表SCI论文5篇，撰写书章节4篇，被新英格兰医学杂志邀请作为审稿人。先后多次参加国际学术会议，曾受邀作为“蛋白质结晶自动化”网络会议的演讲人做报告。在读博期间多次参与组织安排“ScienceTalent”展示活动，对青少年进行科学知识及实验技能的普及，得到参与师生的高度赞扬。她还与来自哥本哈根大学蛋白质研究中心（CPR），荷兰奈梅亨拉德伯德分子生命学研究所（RIMLS），意大利欧洲分子医学学院（SEMM）以及西班牙生物医学研究所（IRB）的博士生共同组织举办第二届欧洲博士及博士后科学论坛“未来医药的前景：从研究到治疗”以及针对公众的系列外展活动，取得了很大的成功。

走过大一时的青葱与稚嫩，经历过大二时的懵懂与迷茫，选择了大三、大四时的坚定与努力，最终迎来的是毕业后的大展宏图，长久不懈的努力换来了巨大的成长与飞跃，使她得以在热爱的领域不断奋勇向前。

热心奉献，有限年华无限青春

如果说学习和科研是王丹阳大学生活的主旋律，那么奉献、责任以及对生活的热爱一定是令这曲歌谣得以升华的副歌。

作为一名党支部书记，王丹阳将支部活动开展得有声有色。在定期开展组织生活，学习党的理论知识的基础上，她认真调查了周围同学的实际情况，并且根据专业特点，开展读书、主题参观、主题调研、辩论等一系列具有鲜明特色的活动，取得了良好的效果。2010 年暑假，她所组织成立的北京科技大学应用科学学院本科 08 级党支部实践团，与北京市顺义区前苏桥村党支部结对形成红色“1+1”共建支部，开展共建活动，获得上级和当地的支持与肯定。荣获 2010 首都大学生社会实践优秀团队、北京科技大学 2010 年学生暑期社会实践优秀团队银奖。

化生学院成立之初，学院党支部工作基础为零，党支部建设也需从头做起，作为年级党支部书记的她，一个人挑起了这个重任。如何管理全体党员档案、组织学院党建活动对于王丹阳来说是一个全新的挑战。在辅导员的指导下，她起草撰写各类规章制度、制定档案管理办法、创造性开展一系列活动，圆满完成支部各项工作，并于2011年6月获得了“北京科技大学优秀共产党员标兵”的荣誉称号。“这是对我工作的最大的肯定与支持，也是莫大的鼓励与鞭策”，很多年后王丹阳再次回想起这段经历，依然觉得无比的自豪与满足。

热爱生活，热爱生命，这是王丹阳热爱生命科学的源头所在。好奇心强烈的她对于任何事物都有着浓厚的兴趣，经常利用课余时间去学习很多看似和本专业毫无关系的知识。她选择了法律作为自己的第二专业，很多人都很好奇，因为这与她的专业并无太多联系，而她却说：“喜欢就只是喜欢，不需要太多的理由。我是一个典型的行动派，想要做一件事情，那么就去做好了，不需要什么顾忌，也不需要担心，努力总是会有收获的。我总是认为年轻人，应该有随时背起行囊奔向远方的勇气，当然也需要保持清醒的头脑。”一场音乐会，一部话剧，一本小说，一支舞蹈，陌生的一个地点，熟悉的一个人。一顿美食，一个风景，一辆移动的车，一场受益良多的谈话，一群又疯又闹的年轻人。生活的每一个片段回想起来都让她觉得有滋有味，充实而不单调。

读万卷书，更要行万里路，北方长城的惊心动魄，江南小镇的婉约，黄浦江两岸的繁华，王丹阳的足迹逐渐遍布了大江南北，增长了见识，也开阔了眼界。“我觉得自己的成长也就像我所走过的路一样，不断地扩展，不断地延长。看到自己成长的感觉很好。”

时光飞逝，那个永远热情洋溢、勤奋刻苦的女孩，已经伴随着“一路前行，一路成长”的自我鼓励，离开北科大，踏上了属于自己的崭新道路。一路行来，她向我们证明了努力的作用，告诉了我们奋斗的价值。既然选择了远方，便只顾风雨兼程。王丹阳说，她的梦想在前方，她仍奔跑在路上。我们相信，这个朝气蓬勃的年轻女孩，一定能够做最好的自己，绽放最美丽的青春！

业峻鸿绩，矿冶人生

——北京科技大学第五届“青年五四奖章”获奖者尹升华

做学术报告

尹升华，男，1981年5月生，北京科技大学教授，博士生导师，现任北京科技大学土木与资源工程学院副院长。先后获批国家“万人计划”领军人才、“长江学者奖励计划”青年学者、“国家优秀青年科学基金”、教育部新世纪优秀人才等计划，现任科技部重点领域创新团队“金属矿产资源绿色开采”负责人、北京市国际科技合作基地“金属矿产资源绿色开发”主任，兼任《有色金属（矿山部分）》等期刊中青年专家学术委员会委员、《International Journal of Minerals, Metallurgy, and Materials》等学术期刊编委。

教学科研立命，铸就矿业人生。1999年尹升华考入中南大学采矿工程专业，师从吴爱祥教授，从此与采矿结下了不解的渊源，求学期间重点围绕金属矿开采理论与技术，2010年博士毕业于北京科技大学采矿工程，同年留校工作。先后获得北京市优秀博士学位论文和全国优秀博士学位论文，2013年晋升教授职称。他以最大的热情全身心投入教学和科研工作当中，先后主持国家自然科学基金项目3项、合作申请国家自然科学基金重点项目1项、国家重点研发计划子课题2项、省部级纵向项目10余项。

业精于勤，荒于嬉

“工匠精神铸就双一流大学”，尹升华正是这一理念坚定的执行者。八年来，他时刻用工匠精神鞭策自己沉下心来，以踏石留印、抓铁有痕的劲头，扎扎实实地以培养矿业人才为工作重心，持续为国家的教育事业贡献自己的热血。

准备授课内容

在教学上，尹升华喜欢与学生分享他自己求学期间的经验。八年的授课经验，使他深谙教学原则与规律，“新颖易懂并富有启发性”是他教学秉承的首要原则。在为本科生和研究生开设“金属矿产资源与开发技术”“特殊采矿技术”“溶浸采矿学”及“尾矿处置与利用”等课程中，结合学生心理特点和知识结构，精心准备每一次讲义，并注重自主、研究性学习的渗透，注重基本知识、规律与方法的传授，更重视科学探索精神和思维方式方法的培养。“缜密的逻辑思维、前瞻的科学眼光、敏锐的洞察能力、新颖的教学实例、激昂的授课热情”，尹升华新颖精致的教学内容和行之有效的教学方法，受到广大教师、同行和同学的积极肯定。在实验室，尹升华经常因为沉浸于科研而忘了时间。在他的日历里没有周末和寒暑假，习惯于身体力行，严格要求学生，鼓励学生提前进实验室，参与团队科研工作。他还结合科研项目指导本科生毕业设计及创新训练选题，提供良好的研究平台，指导文献查阅，协助方案设计及试验，督促毕业设计撰写，激发了学生的科研潜力，培养锻炼了基本科研能力和科研素质，为后续参与科研创新工作打下坚实的基础。在培养研究生的过程中，他指导研究生精心选题，强调课题的学术前沿和国家经济发展的实际应用，提倡详尽地收集资料，做深入细致地调查研究，确保准确立题；实验中要求研究生一丝不苟，敏于观察、勤于思考、善于分析，这些都使学生们受益匪浅。目前，尹升华独立指导博士研究生 9 人（含 1 名外籍），硕士研究生 16 人；协助指导博士研究生 7 人、硕士研究生 7 人。指导学生荣获“博士 / 硕士国家奖学金”“优秀三好研究生”“研究生学术论坛优秀论文”“研究生学术之星”和“北京市优秀毕业生”等荣誉 20 余人次。

与毕业学生合影（第一排中间）

科研探索永无止境，技术攻关任重道远

新时期下，科学技术发展日新月异，需尽快提高我国科技水平和发展生产力，必须及时掌握世界最新科技信息，把适合国情的先进科学技术引为我用，有效地加快我国矿业的发展。尹升华一直有一个梦想，希望中国采矿工程的理论研究、工程应用与人才培养都达到国际一流水平。多年来，一如既往扎根一线，坚持立足矿业发展，继续深挖溶浸采矿领域的创新潜力，竭力推动中国向矿业强国迈进。

参加工作八年来，尹升华工作兢兢业业，敢于拼搏、勇于创新，凭着强烈的事业心和严谨的治学态度，围绕金属矿溶浸开采和全尾膏体充填无废开采领域，探索了浸矿体系多相介质相互作用机理等基础规律，为金属矿高效绿色开采技术的推广发展提供了一定借鉴。近年来，先后主持了国家级课题 3 项，省部级课题 10 余项；作为主要参与人，获国家科技进步二等奖 2 项、北京市科学技术一等奖等省部级奖励 10 余项，授权发明专利 20 余项，在“Bioresource Technology”“Hydrometallurgy”等国际期刊发表学术论文 100 余篇，其中，SCI 收录 30 余篇、EI 收录 40 余篇。

在云南会泽铅锌矿考察

尹升华教授把教学与科研当作事业，用心来做。他师德高尚，业务精湛，立足矿业，追求卓越，凭借强烈责任感和事业心，尹升华教授不仅在学术上取得了一定成绩，而且在教书育人、学科建设、基础科研、团队建设等方面也不断奋进，为我国采矿科学的发展贡献自身力量。作为教育工作者，他毫无保留地传授知识，承载着人民教师的使命，无怨无悔；作为科技工作者，他不断加强自身业务学习，探究科学真理的脚步，孜孜不倦。正是凭着这份对学生、对教育、对科研的挚爱，以及超乎常人的意志和精神，尹升华教授取得了今天的成绩与进步。“不忘初心，方得始终”，他用实际行动为北科人做出了最好的诠释！

开展实验

全力以赴做好每一个“平常”

——北京科技大学第五届“青年五四奖章”获奖者侯新梅

指导学生进行组内分享（右一）

侯新梅，女，1979年12月生，中共党员，2004年至2009年就读于北京科技大学冶金与生态工程学院攻读博士学位，2009年博士毕业后留校任教，主要从事高温陶瓷的功能和性能调控研究，2011年晋升副教授，2013年破格晋升教授。她曾以第一作者/通讯作者身份发表SCI论文113篇，入选教育部“新世纪优秀人才支撑计划”（2012年）、教育部“长江学者奖励计划”青年学者（2017年），曾获国家自然科学基金优秀青年基金（2015年）、第九届中国金属学会冶金青年科技奖（2019年）。

漫漫求索科研路

2004年，侯新梅考入北京科技大学冶金与生态工程学院攻读博士学位，师从周国治院士从事冶金物理化学研究。由于硕士阶段的研究内容与博士阶段的研究方向基本没有关联，在博士阶段学习中侯新梅遇到了好多“难关”。

要想写好博士论文，首先要过“文献关”。面对一个崭新的研究领域，如何在短时间内高效地阅读、吸收专业文献，并从中发现研究创新点成为侯新梅科研道路上的第一关。为了过好这一关，她抓紧一切时间汲取专业知识熟悉自己的研究方向，每周有三四次通宵达旦地阅读、思考。天道酬勤，终于，在第一学期结束之后，她已经把相关方向的研究进展和前沿问题梳理清楚，也明确了自己的研究课题——耐火材料氧化反应的机理研究，从根本上探究影响耐火材料氧化反应的因素，为耐火材料氧化反应问题的解决给出指导性意见。

在研究方向确定之后，关乎成败的“实验关”摆在了眼前。氧化过程涉及上千摄氏度的高温实验，对身为女生的侯新梅带来了极大的挑战。而且每次实验耗时长、精度高，经常需要日夜看守，但她靠着北科大的“铁姑娘”精神一一克服了这些困难，自主研究搭建实验设备，顺利完成了实验。

“数据关”是博士生涯最“难熬”的一关。在某次实验中，合成的材料形貌很好，但重复性很差，一直未能再次成功合成。于是侯新梅在实验室连续作战十天，反复调试实验条件，终于发现是一个原料的浓度问题导致结果重复性差，那时候她已经尝试了数百次，彻底掌握了这种材料合成的工艺参数。

在不懈的实验探索之后，一篇篇 SCI 论文陆续出炉。由于优异的科研成绩，侯新梅荣获北京科技大学研究生十佳“学术之星”称号。经历五年的科研生活之后，她的博士论文内容十分丰满，得到了答辩委员会专家的一致好评，并在 2010 年获评北京市优秀博士论文，2012 年获评全国优秀博士论文。有人曾问她做基础研究不像做工程研究一样可以直接为社会创造很明显的收益，其意义在哪里呢？她说，“基础研究虽然没有迅速产生明面的效益，但它是整个科学体系的源头，它的意义是在未来，自己的工作是对未来密码的一种探索。”

进行学术交流（中）

孜孜躬耕育人田

2009 年，侯新梅留校任教。在这短暂的身份转换中，最大的挑战在于科研上的“断奶”，即要学会独立承担和开展科研课题。她带领团队一起查阅文献，一起动手尝试，完成了在线测量材料在高温含水条件下反应行为的设备的设计；参与梯队实验室建设，负责高温差热差重 (Netzsch STA449C) 设备。在努力的过程中，她也逐渐成长，成为一名可以独当一面的专家。

作为一名教师的第二大身份转变在于由“独行”变为了“众行”。为了做好一名真正意义上的教师，她虚心向其他教师请教，认真听课备课助课，从零开始完成并完善了所授课程的多媒体课件。同时，她还关注科技发展前沿，使自己的教学既注重基础知识的传授，又紧跟科技发展，保证了课堂内容集知识性与先进性于一体。她先后承担了“无机非金属材料”“材料化学”“金属材料及热处理”等多门课程，并获得青年教师基本功大赛学院二等奖。

进行学术汇报

对学生来说，侯新梅既是科研上的领路人，也是生活上的知心大姐，和学生们一起学习，一起进步，共同攻克科研上的难题。带研究生后，给她触动最深的就是文章的修改过程，这个过程是互动的，她对学生的文章给出修改意见，学生根据意见修改之后，她再提出意见，如此重复，直至文章写作水平达到理想水准。为确保文章的严谨，一篇文章需要反复修改几十次，经常有学生在凌晨把文章的修改结果发过来，她也会在第一时间将修改意见反馈回去。在修改论文的过程中，大家劲往一处使，通过科研上的讨论交流，与学生熟悉彼此，并成为科研上的良师益友。截至目前，侯新梅已经培养毕业博士 3 人，硕士 13 人，其中有 8 人获得国家奖学金，2 人荣获北京科技大学研究生“十佳学术之星”，1 人获北京科技大学研究生“十佳学术之星”提名，1 名博士获博士后创新人才支持计划。

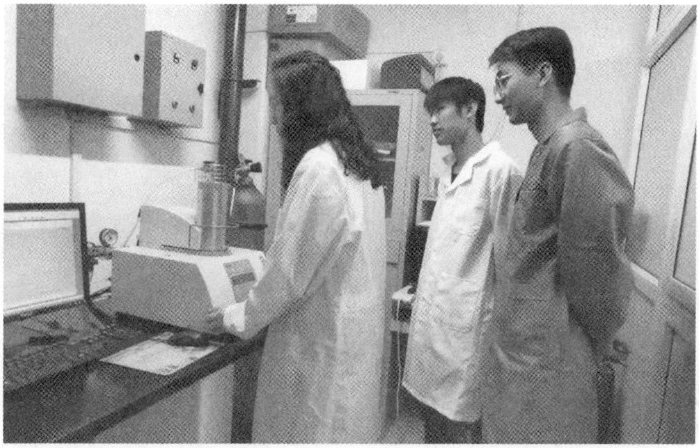

指导学生开展实验（左一）

不忘初心来时路

从 2004 年至今，侯新梅在冶金用耐火材料的设计、材料高温性能以及反应动力学等方面的研究相继取得了重大突破。2011 年 11 月侯新梅赴澳大利亚昆士兰大学化工学院活法冶金中心访问研究，由于成果显著、能力突出，外国导师邀请她移民澳大利亚，但她坚决地拒绝了。她说，在国外即使做得再好，精神上找不到寄托，总有一种浮萍没有根的感觉，这个根就是国家，回国之后就有一种很踏实的归属感。十五年来，北科大见证了侯新梅从一名懵懂的求知学子到一名青年科研工作者的人生历程。天行健，君子以自强不息；地势坤，君子以厚德载物。“无论是在求学途中，还是在工作之后，只要自身自强不息，在平常的学习和工作中都脚踏实地，认真完成每一天的任务，使自己每天都过得都很充实，那么回头看的时候，就会发现自己的工作上已经硕果累累。”侯新梅常说，保持一颗平常心是很重要的，不要被一时的得失破坏自己的心态，导致自己的工作进度被耽误，要从长远的角度来看待问题，也为自己制定一个长远合理的规划；要相信自己最初的梦想，用尽全力把梦想变为现实。

在最初进入北京科技大学的时候，侯新梅对于实现梦想没有很大的期望，只是在潜意识里对自己的期待很高，于是逐步地提高自己，慢慢实现自己最开始看起来不是很实际的梦想，到现在硕果累累，她的梦想也变得更大了一点，她是北科大追梦人中平常的一个，千千万万个北科大追梦人因全力以赴做好每一个“平常”而实现了自己的梦想。

与学生们在银杏树下的合影（第一排右三）

创业领航，诗韵兰香

——北京科技大学第五届“青年五四奖章”获奖者邓立治

进行经验分享

邓立治，男，1977年7月生，中共党员，现担任北京科技大学东凌经济管理学院副教授、硕士生导师，管理学博士，创新创业研究中心负责人。美国得克萨斯大学阿灵顿分校创业教育访问学者，教育部万名优秀创新创业导师、KAB创业教育讲师，曾担任中国“互联网+”大学生创新创业大赛和“创青春”全国大学生创业大赛评审专家。先后主持和参与国家社科基金和北京市社科基金项目10余项，发表学术论文50余篇，出版著作和教材4部，曾获黑龙江省科技进步二等奖。指导上百支大学生创业团队参与“互联网+”和“创青春”大赛，获得国家级奖项16次，省部级奖项52次，孵化12个大学生创业项目。先后为小米、太库、研华科技等企业进行培训与咨询工作。曾获“全国高等学校创业教育工作先进个人”荣誉称号（2015），教研成果获北京市高等教育教学成果一等奖（2018）。

三尺讲台，诲人不倦，种得桃李满天下

讲台之上，他是一名辛勤耕耘的教师，肩负着“传道、授业、解惑”的神圣使命，胸怀着“捧着一颗心来，不带半根草去”的高尚心灵。邓立治在国内较早地构建了“五位一体”“商业计划书制作与演示设计”课程体系并担任校级示范课程负责人，出版了《商业计划书：原理、演示与案例》等教材并开发了有6万人注册学习的“商业计划书模块化制作与演示设计”慕课，线上线下教学相结合，可谓是创新创业教学化方面的先驱与开拓者。他在教学过程中从创业思维、创业知识学习与转化、创业团队、创业演示与沟通、创业机会识别这五个关键能力点方面设计教学内容和教学方法，有的放矢，因材施教，有效地锻炼了大学生的创业能力，培养了大学生的创业思维。在课程评价中，曾经有创业大学生写到“通过对邓立治‘商业计划书制作与演示设计’这门课程的学习，我茅塞顿开，打通了创新创业方面的任督二脉。这门课不仅提升了我的创业能力，还使我积累了许多创业方面的知识，获益匪浅，对我自身的创业实践有非常大的帮助和支持。真心希望北科大可以有更多这样的老师，让更多的同学收获这样有价值的知识，从而帮助他们更顺畅地行走在自己人生的康庄大道上。”邓立治在课堂教学中采用了混合式教学、大案例教学和竞赛式教学等教学方法，课堂组织形式新颖，注重学生们创新思维的培养，成功地激发了同学们的学习兴趣。邓立治的课堂总是座无虚席，在2018年课程本科生教学评价中平均分高达99.47分，高于许多其他同类型课程的评分，位列课程排名前茅，足见其在同学们心中的受欢迎程度。同时，该课程也被教指委评为“优秀创新创业课程奖”（2019）和北京科技大学“素质教育核心课程”（2018），斩获多项荣誉。

和同学们的合影（右四）

创业漫道，指点迷津，孕育英才见风华

邓立治有 12 年指导大学生参与创业竞赛的经验，不可不说是经验深厚。他曾经指导过 150 多支团队参与中国“互联网 +”大学生创新创业大赛、“创青春”全国大学生创业大赛和 iCAN 大学生物联网创新创业大赛等多项创新创业类竞赛，他指导的团队获得过包括全国金奖在内的国家级奖励 16 项，省部级奖励 52 项。同时，他参与孵化大学生项目 12 个，为学生们的创业计划掌舵，尽心竭力帮助同学们实现创新想法的实践性转化。多年的比赛指导为他在大学生创业能力的培养方面积累了丰富的经验，锻炼出了极强的实践能力。

除此之外，邓立治还积极参与指导各类大学生创业项目，曾经长期坚持在每周五下午开设“商业计划书，专家一对一诊断”项目课程，每年花费几百个小时的时间指导大学生备战创业项目和创业竞赛，不辞辛劳地为学生们答疑解惑，力所能及地提供学业和实践上的指导和帮助。他所参与培养和指导的北京科技大学孟子居“一棵树”公益扶贫创业团队（负责人杨国庆）被央视新闻联播（2017 年 8 月 16 日头条）、人民日报、中国教育报、光明日报、人民网等多家大型媒体多次大篇幅报道；参与的“青年红色筑梦之旅”公益扶贫创业事迹得到了习近平总书记的积极评价，这无疑是对他辛勤付出的最大肯定。总书记在给以执笔人杨国庆为代表的青年创业学子回信中指出：“大学生要扎根中国大地了解国情民情，实事求是，稳扎稳打，在创新创业中增长智慧才干，在艰苦奋斗中锻炼意志品质”。邓立治所指导的 Aeroband 空气乐队项目（负责人牛亚峰）目前已经获得上百万元投资，项目产品空气拨片已于 2018 年开放京东众筹，公开招募资金；相关关联项目产品智能鼓槌也已实现在海外开放购买与众筹计划，市场前景广阔。

在清华大学创业实践班讲授商业计划书制作与演示内容

勇于创新，积极分享，披荆斩棘为国家

邓立治还积极参与各类教学研究，在教学和课程体系建设过程中，提出了创业课程与创业项目相融合的教学模式、“五位一体”的“商业计划书制作与演示设计”课程体系、商业计划书四层次结构与十模块内容、商业机会识别的七模块问题方法、商业计划书制作的十大法则、商业计划演示设计与四环节答辩过程等极富创新型与开拓性的研究方法，并积极将其付诸实践。在第五届、第六届、第七届全国创业教育研讨会上，以上研究和创新均得到了国内同行的积极响应与一致认可。而且他也先后应邀赴清华大学、北京航空航天大学、中央民族大学、北京交通大学、北京邮电大学等国内高校开设多个培训班、举办多场培训活动，传播先进的教学理念与方法，培训大学生 4000 余名，培养专业老师 300 余名，为更多有实践创业方面需求的人提供了宝贵的知识性建议。

在第六届全国创业教育研讨会暨体验式教学论坛分享教学经验

在分享和培训过程中，许多高校给予了高评价。2016 年 5 月，宁波大学曾邀请邓立治为 100 名创业教师培训。结束后，宁波大学表示，邓老师的培训有助于高校教师深刻领会习近平总书记关于“创新创业创造”重要论述的时代内涵，紧扣立德树人的根本任务，结合宁波大学创新创业工作实际，为教师指导学生树立创业意识、掌握创业本领、增强创业技能指明了方向。

2019 年全国两会期间，习近平总书记在参加福建代表团审议时强调：“要营造有利于创新创业创造的良好发展环境。要向改革开放要动力，最大限度释放

全社会创新创业创造动能，不断增强我国在世界大变局中的影响力、竞争力。”邓立治作为一名深耕在教学一线的老师，响应党和国家号召，积极投身高校创新创业教育事业，助力国家创新创业事业发展，为国家创新型人才培养奉献了属于自己的一分力量，为创新持久性发展增添了稳定性，也为后续创新性教育的发展提供了不竭动力。

金铜为骨当先锋，铺平科大创业路

——北京科技大学第五届“青年五四奖章”获奖团队瑞迪恩特新材料创业团队

瑞迪恩特团队获“挑战杯”全国大学生创业计划竞赛金奖

瑞迪恩特新材料创业团队成立于2011年，2012年11月，在第八届“挑战杯”中国大学生创业计划竞赛中，由吴英杰带领的瑞迪恩特新材料创业团队，凭借他们的作品“瑞迪恩特新材料有限责任公司创业策划书”荣获金奖，获得了来自全国的评委老师的一致好评，将北京科技大学历史上第一枚创业计划竞赛的国家级金奖收入囊中。

团结一致，千锤百炼

荣誉的获得离不开团队的合作和奋进。该团队的指导教师为时任材料学院院长曲选辉教授，该团队组成了一个由冶金、材料、会计、金融、艺术设计、计算机等专业 7 人的队伍，保证专业知识的全方位覆盖，从多角度出发撰写出一份堪称完美的商业策划书。

持续的学习、反思、沟通推动了该团队的不断进步。凭借着强大的自我批评能力和坚韧的开拓精神，他们不断找出不足并改正，逐步成长为一个拥有坚定信念的成熟团队。在比赛准备期间，7 名成员在不同岗位上发挥才智、各司其职、共同进步，专业的不同让团队的知识体系深入到不同的领域互补完善，也让成员不断碰撞出思维的火花，促使他们不断地产生新的想法，对项目有了更加深入的理解。作为一个能学习、善反思的团队，他们对目标有着深刻的理解和执着，对走向成功过程有着自己的坚持，对奋斗过程中遇到困难和挫折有着极强应变能力和勇于开拓的精神。在这样的团队中，沟通的速度快、成本低，信任多、抱怨少，团队成员中想到的、说到的、听到的、做到的都实现了高度的统一。

求真务实，精细钻研

瑞迪恩特新材料创业团队发挥成员的专业优势，在商业策划书的各个方面都展现出了极高的专业水平，展现了科大学生的风采。

商业策划书中，瑞迪恩特新材料有限责任公司生产的金刚石－铜复合材料是第三代新型散热材料。该团队以此为基础材料设计制造出三种系列的散热元件，其中“光生散热片”可作为大功率 LED 灯芯片中的微型散热元件使用；“强核散热片”可作为手机 CPU、电脑 CPU 的中型散热元件使用；“恒能散热片”可作为大型精密实验仪器、航空航天、军工等领域的大型散热元件使用。

同时他们的产品具有多种复合散热材料的良好性能，主要表现为：超过 650W/(m·K) 的热导率、与硅芯片相匹配的热膨胀系数、不足上代散热材料密度 50% 所带来的低质量、高达 500GPa 的比弹性模量支撑起微小形变，均完美符合散热材料的性能要求。

日以继夜地进行实验，也为他们带来了坚强的数据支撑。仿真分析以及上百次的实验表明，他们设计的散热材料与以铝基碳化硅为主的第二代散热材料相比具有更高的性价比，投入生产后可极大地改善现在散热困难的问题，具有极强的创新意义。

此外，他们还结合国家“十二五”规划，根据研发计划及市场需求，将产品的未来发展方向不断细化，分段设计出切实可行的发展计划。公司短期产品研发计划为继续改进手机芯片中的“固芯散热片”，集中精力研究以金刚石铜复合材料为基体的“强核散热片”，并应用于电脑 CPU 中；公司中期产品研发计划锁定于深化改进“强核散热片”，并与知名企业如 Intel 等 CPU 生产公司达成合作，共同研发“超核处理器”“无风扇电脑”，为高端电子产品奠定基础；公司长期产品研发计划为深化改进以金刚石/铜复合材料为基体的“恒能散热片”，并将其作为新材料应用于大型精密仪器、航空航天、军工的散热领域。

为了加强商业策划书的实践意义，他们进行了详细的市场调研，其中包括从直接营销环境、间接营销环境、企业自身三个方面分析得到市场环境的整体概况，为公司市场预测提供了背景依据。在总体规划中，瑞迪恩特有限责任公司的技术研发部门以国家重点实验室为依托，设立了独立的采购部门，在确保材料的质量和数量的同时购进了先进生产装配线，保证生产质量、提高产业效能。并且在此基础之上，制订短中长期销售计划，树立企业目标和战略，实现盈利目标。

在营销企划方面，他们以整合营销模式为目标，将客户作为中心，坚持将公司产品定位于高性能、高性价比的市场，以直销模式为主，通过多种营销手段达到良好的社会效益和经济效益，填补中国散热产业市场的空白。逐步建立庞大的客户信息数据库，配合整合营销战略，在客户最需要商品的时候采取主动销售策略，并在商业计划书中提出退出机制，优先采取国内创业板上市的资本退出方式。在设计最终LOGO时，他们以散热为主题，以蓝色地球为背景，暗示公司将来会向着国际化发展，中间的R以radiant的首字母为原型，抽象为人的形象环绕地球，代表团结、坚定的信念。正是由于他们积极发挥专业优势，不断突破自我，保持着团结、坚定的信念，才能完成如此全面详细的商业计划书，并在各个方面都表现出较高国际化和专业化水平，他们的努力值得如此丰厚的回报。

勇夺冠军，整装前行

瑞迪恩特新材料创业团队创立初期参加了学校的科技园杯创业计划竞赛。在为期近半年的比赛准备中，团队成员各尽其能、发挥所长，在最终比赛中获得了校级铜奖。而后不断对项目进行修改和完善，在首都“挑战杯”创业计划竞赛中斩获金奖，并最终在全国赛中得到了全体评委老师的肯定，荣获国家级金奖。

燃烧青春激情，挑战创业梦想。共奋斗，同成长；共挑战，创未来。他们用创新的憧憬，探索的精神点亮梦想的火种；他们用笃定的信念，默契的协作践行对梦想的承诺。精益求精、追求卓越，他们用折桂全国挑战杯，来回答什么叫敢于挑战！一个好的团队应当不断进步和成长，翻越人生中一座座山，朝着更美好的未来前进。回首往昔，这一段奋斗的时光值得珍藏；展望未来，这一段辉煌的岁月是他们未来发展的坚强支撑。相信凭借着对各自行业研究的不断深入，这支年轻的创业团队一定能够写出属于他们的华丽篇章！

做一棵让人依靠的树

——北京科技大学第六届“青年五四奖章”获奖者王端

带领团队在第二届互联网 + 全国大学生创新创业大赛中
获得投资机构投资意向（左一）

王端，男，1992 年 8 月生，中共党员，2011 年至 2015 年就读于北京科技大学机械工程学院。北京格润大树教育科技有限创始人兼 CEO、北京格润大树科技发展有限公司创始人兼 CEO、清华大学创新创客教育研究中心副主任、G20 全球青年企业家联盟中方理事、马拉松国家级运动员、油画中级画师、中国青年书法家协会会员，曾任北京科技大学学生会主席。曾获“互联网 +”全国大学生创业大赛金奖，创业项目受到刘延东副总理检阅。曾获 2014 年度品牌中国年度人物“小鲨鱼奖”；参展第三届首都大学生专利成果展示推介会获 2 项金奖；带队参加“创青春”全国大学生创业计划竞赛获铜奖；获英特尔全球创业挑战赛中国赛区二等奖等。

敢想敢干，一路披荆斩棘

王端从学校毕业时,就经营着两家公司,站上了创业竞赛最高领奖台。他的成就,归源于一直以来的敢想敢干。初中毕业的暑假，家乡一家砖厂失火，他联系了隔壁县砖厂为县城供应砖块拿到第一桶金；高中毕业的暑假，他召集学校省单科状元组建“状元培训学校”，为县城的高中学子提供高考培训，赚得大学创业资本。

2012 年，刚上大二的王端发现身边很多同学买了新手机，第一件事就是到店铺贴膜。这么简单的事情何必要专门找别人贴呢？原来，自己贴膜非常容易出现气泡或贴歪，要求操作者要有高度的精准性。王端想到，为何不研发一种不易产生气泡、操作更简便的手机膜呢？为了了解当前的技术情况，王端从网上一口气买了好几百个手机膜，不仅拿自己的手机做实验，周围朋友的手机也成了实验对象，还专门去找贴膜师傅学艺。无数次实验失败之后，王端只好转变思路，从膜的结构入手，此时一款应用在传感器上面的“格子膜”材料，给王端带来了灵感。既然气泡怎么推都推不走，那为什么不让它直接留在里面？只要想办法消除气泡带来的视觉效果和对屏幕触碰灵感度的影响就行。于是，王端发明了一种“新材料”，在手机膜上人为制造出很多细密的不影响视觉和触屏效果的小气道和凸起，在手机听筒和 HOME 键部位用易去除的红色标记来实现精确对准。这样，一种能够轻松实现手机贴膜 DIY 的“格子膜”就诞生了。但由于“格子膜”技术壁垒低，又没有申请知识产权保护，不久，类似的产品比比皆是。

虽然第一次尝试被“山寨”，但是这并没有阻挡王端创业尝试的脚步。2013 年，王端进行了第二次创业，研发并生产我国首款有效的防辐射手机壳，产品可以有效屏蔽 97% 以上的手机辐射，并且得到了国际摩尔实验室和中国计量局的官方测试和认证，结束了防辐射均是骗局的时代。在国家对大学生创业的大力支持和培养政策下，格润大树公司凭借此项目，被选拔成为北京市优秀创业团队，并进一步申请到了市教委的帮助，入围了其大学生创业扶持计划，得到了一定的资金和政策的帮助。

2014 年，凭借“无课堂授课模式”的创新理念，王端创办了大树教育语言及艺术培训学校，旨在为更多语言学习和绘画、摄影爱好者提供更直接、实用的培训。企业依托学生语言学习培训，商务英语培训，短期境外交流 / 旅游培训和摄影与写生培训等项目展开。在初期两次招生中，有累计超过一千名学员报名。无课堂实地英语培训学校，简单来说，就是将英语课本上的场景搬到实地，让英语的学习在咖啡厅、公园、大使馆随处发生，专业的英语外教指导发音，科班出身的北语教师指导论文，让英语学习成为日常生活的一部分。

2015 年 12 月，应教育部提出的“探索 STEM 教育、创客教育等新教育模式”

号召，王端创办了北京格润大树教育科技有限公司，致力于为中小学提供先进科学的创客教育解决方案。王端带领他的团队，实地走访了 100 多所中小学校，就教师创客教育教学与学生学习需求进行有针对性的调研，制定出一套真正适应中小学生创客教育的教学培养方案和课程体系，并结合培养方案研发出了“RoBits”系列创客教育教学装备。“RoBits”系列创客教育教学装备产品分为普教类产品和竞赛类产品，共 6 种产品 12 个系列。产品与课程推广以北京市为起点，逐渐扩展至河北、河南等地学校。此外，团队与清华大学合作创立了创新创客教育研究中心，并依托清华大学人工智能及智能装备产业研究院发起建设全国创新创客教育示范省、示范市、示范校的提议；作为主要发起单位发起全国创新创客千校计划和国际中学生智能智造大赛暨训练营活动，使“RoBits”系列创客教育教学和装备为更多的中小学科技创新教育服务。

团中央书记处书记傅振邦与我校创业学生王端交流（左一）

不畏不惧，一路高歌猛进

大二时，在天津大学读书的同学告诉王端，他们学校一位教授的重点实验项目正在招募项目组成员。一听这项目跟自己学科有很多交叉的地方，王端一下子动了心。“我没啥优势，本科生，外校生。但是我就是想去。”就这样，王端周五晚上坐最后一班城铁去天津、周一早上坐最早一班城铁回北京，但却只是打扫卫生、整理材料的编外人员。他乐此不疲地在凌晨赶到天津后，第二天早上还能精神抖擞地进实验室，并连续干到第二个凌晨。王端在干杂活的间隙里，不停地看文献，详细了解项目。

几个月后，他竟然成了除顶尖的几个领衔专家外，最了解项目实验设备的人之一。有一天，一台德国进口的设备，突然出了点儿问题。在大家一筹莫展的时候，王端鼓足了勇气，说“能不能让我试一下”。在王端的尝试下，设备终于恢复功能了，他也如愿成为项目组的正式在编人员。

自律自省，一路风景如画

王端还有很多爱好，马拉松和油画就是其中一部分。从 11 岁起练习长跑，2006 年参加田径队训练 10000 米，2009 年开始参加马拉松。连续两年在北京马拉松国际邀请赛和杭州马拉松国际邀请赛中获得较好成绩，达到国家二级运动员水平。王端认为所有行事的前提都是要有好的身体，良好的身体状态是工作、学习等一切事情的根本。每天早上 5 点起床并工作近 16 个小时的王端至今还保持着每天锻炼的习惯。

认真阅读的王端

2008年，经过六年的学习与磨炼，王端顺利成为一名油画中级画师。除此之外，书法也是他一直以来的爱好，有多幅书法作品参展于各类书法展览。

王端认为学习是一项有机的“体育锻炼”，凭借着超高的效率，大学期间，他担任北京科技大学学生会主席又兼顾创业实践，还同时攻读北科大能源学位和北大经济学学位，并轻松拿下 CFA、会计师资格证、证券从业资格证、道桥二级等资格证书。

毕业后，王端并没有放弃学习，更没放弃不断提升自己。在打理公司事务的同时，他选择继续攻读CFA硕士。每天的繁忙工作之余，他还广泛涉猎哲学、经济、管理、科技、教育、艺术等领域的知识，不断地提升自己。

王端的网名为“大树”，他的微信、公司都以“大树”命名。他想做一棵大树，时间越久，根扎得越深，他也一直在用自己的努力，成长为身边的人值得依靠的“大树”。

潜心治学问道，追寻蓝天梦想

——北京科技大学第六届“青年五四奖章”获奖者唐晓龙

与学生座谈

唐晓龙，男，1977年2月生，中共党员，现任北京科技大学科学技术研究院副院长、能源与环境工程学院环境科学与工程系教授，博士生导师。唐晓龙入选“教育部新世纪优秀人才支持计划”，先后获得国家教学成果奖一等奖、环境保护科学技术二等奖、中国环境科学学会青年科技奖、中国有色金属工业科学技术二等奖等，主持国家自然科学基金、重点研发计划项目课题、北京市“首都蓝天行动”专项课题等科研项目20余项，发表论文300余篇，其中SCI收录160余篇，H指数27；出版专著2部，编著2部；授权发明专利27项。

以生为本，求实创新

2006年，唐晓龙参加了教育部环境科学与工程教学指导委员会组织的首届环境工程专业核心基础课“环境工程原理”课程师资培训，执笔撰写了我国环境工程专业认证补充标准并参与我国工程教育专业认证工作，成为我国环境工程专业最早的一批贯彻“OBE”（成果导向）教学理念的践行者之一。

在教学工作中，唐晓龙以国家精品课程资源为蓝本，坚持以学生为中心和成果导向教育理念。从课程内容表现方式到案例设计，从教学模式改革到以能力评价为主的复合考核方式，唐晓龙一直坚持创新与应用尝试，一方面把本领域研究前沿和发展动态引入课堂，激发学生学习兴趣和创新精神；另一方面，通过课堂教学夯实基础，引导教学相长、教研相长。以这样的教育教学理念为基础，唐晓龙开展了“三段式”教学设计实践：课前，通过 QQ、微信等方式，充分利用课余碎片时间，帮助学生了解专业知识体系构成，绘就通向课程培养目标的“知识地图”，使同学们明白“我要学什么”；课间，从现实环境问题入手，加强感性认识，引导学生自己分析、计算、熟悉公式的运用，反复巩固，辅以专业工程实践案例，使同学们明白“我学到的怎么用”；课后，通过复合考核评价方式，将平时的提问、作业、课程论文、专题汇报、期末试卷等分设权重，全面考核学习成效，使同学们明白“我什么学的好，什么学的不好”。

与学生合影（第一排右二）

在多年的教学实践中，如何充分利用有限的学时获得理想的教学效果成为唐晓龙开展教学改革的努力方向。2014 年，唐晓龙获得北京科技大学教改项目支持，开始探索短学时教学模式，在教学过程中进一步提炼教学重点，并尝试融入自设仿真实验、翻转课堂环节、学生自命题考试等教学方式，充分激发学生的学习兴趣；充分利用课余碎片时间，与学生保持互动与讨论，取得了良好的效果。在教学方式上，唐晓龙充分重视对学生思辨能力的培养，摸索一种以学生个人探究为基础、强化师生互动研讨的教学方式，培养学生从解决有固定答案问题的能力拓展到解决开放问题、复杂问题的能力。由于讨论的出发点大都与日常生活及环境热点问题密切关联，获得了学生的高度认可，讨论参与度和兴趣极高，学生对专业知识的理解更加具体、深入，引发了强烈的求知欲，甚至要求一直保留课程群，以便长期随时讨论热点问题。

教学本领扎实、关心学生成长、治学认真严谨而性格平易近人的唐晓龙深受学生们的喜爱，被称为“唐男神”。在学校历年的学生评教中，唐晓龙均名列前茅，很多毕业生一直同唐晓龙保持着联系，表示“很喜欢这门课”“学到了很多”“对自己帮助很大”。国家教学成果一等奖、北京科技大学实验技术成果奖一等奖……一系列荣誉，饱含着唐晓龙对教育事业的热爱和付出。

立德树人，守护蓝天

2001 年，唐晓龙进入昆明理工大学攻读环境工程硕士学位，便开始了“守护蓝天”之路。2003 年考入北京理工大学攻读博士学位，完成课程学习后到清华大学联合培养，跟随我国著名的大气污染控制专家郝吉明教授开展博士课题研究工作。回忆当时的求学之路，唐晓龙多次表示，导师郝吉明教授对自己的影响和帮助极大。作为课题组里第一个针对固定源低温 SCR 技术开展研究的学生，在具体实验系统改造、催化剂设计制备与活性表征等过程中，难题不断。近一年的时间里，每天埋头在实验室反复尝试各种可能的催化剂设计思路，绞尽脑汁也未能获得理想的实验结果。虽勤勉有加，但思路匮乏，一筹莫展，倍感沮丧。而郝老师此时给予了充分的宽容和鼓励，让唐晓龙有充分的时间去做各种感兴趣的尝试。2005 年初寒假期间，实验到了关键时期，低温催化剂活性终于有了突破，唐晓龙为了尽快获得系统的实验结果，一直留在学校做实验。哪怕是大年三十，也没有影响唐晓龙开展实验的热情。正是源于对专业的热爱、导师指导和自己的努力，唐晓龙在未来的学习生活过程中不断努力前行。

2007 年唐晓龙破格晋升为教授，并于 2012 年来到北京科技大学，先后任土木与环境工程学院教授、能源与环境工程学院教授、能源与环境工程学院副院长、科学技术研究院副院长，并担任大气污染控制与资源化学术团队负责人。唐晓龙常对研究生讲：“研究生每天研究什么？研究的就是做人、做事、做学问的道理。要想做好科研，两种精神不能少：一是坚持不懈的精神，每一项科研成果的取得都不是朝夕之功，这就需要坐得住冷板凳，静下心来踏踏实实工作，否则便无法在寂寞枯燥的科研中坚持下来；二是无私奉献的精神，科研是一个团队的事情，想把工作完成好，就一定要有宽广的胸怀去包容他人，要有无私的精神去和他人合作，不要计较自己做了多少事、别人又做了多少事，做多了仿佛就是吃亏、做少了就是占便宜，如果人人都是如此，那研究工作就很难有进步和成效。”

唐晓龙常说，厚积才能薄发，只有刻苦、踏实地去钻研，才有可能在学术研究上有所突破。在生活和工作上，唐晓龙的严谨工作态度为学生们树立了好榜样。由于教研工作交流需要，出差频繁，“行程满”是工作常态，为充分利用时间，唐晓龙经常选择最早的航班走，最晚航班回，深夜到家后继续处理学生的邮件和留言信息，学生们也知道他的工作作息习惯，时常是在凌晨收到回复后就立即和老师在线讨论，以便及时解决问题，尽快推动研究工作进展。长期以来，研究团队成员都受到感染，夜晚的办公室总是灯火通明，实验室也人来人往，经常等到楼管来赶人，大家才不得不关闭电脑，或是恋恋不舍地放下手中的实验器材。

进行学术交流

曾经的北京，被严重的雾霾问题困扰，北京的雾霾被戏称为“格外醇厚”，口罩、空气净化器成为常备物品。大气污染防治工作中，工业烟气治理至关重要，这也是唐晓龙团队的研究重点。在唐晓龙的带领下，大气污染控制与资源化学术团队围绕工业烟气净化技术开展系列研究，承担国家重点研发计划大气专项、国家自然科学基金等课题 20 余项。尤其在低温脱硝催化剂方面开展了深入系统的研究，解决了锰基 SCR 催化剂低温活性和抗硫性难以兼顾的难题，催化剂性能达到国际同类研究先进水平，在非电行业烟气脱硝领域具有良好的应用前景，相关研究成果先后被业内顶尖刊物引用累计超 1000 次。为加快该成果工业应用进程，2015 年在京津冀钢铁联盟和迁安市政府支持下建立中试基地，实现了低温脱硝催化剂的规模化制备，并投入邯钢焦化烟气超低排放示范工程等项目进行测试。

2018 年 6 月 5 日，生态环境部发布《中国空气质量改善报告（2013–2018 年）》，与 2013 年相比，2018 年全国可吸入颗粒物（PM10）平均浓度下降 27%，北京 PM2.5 浓度从 89.5 微克 / 立方米下降到 51 微克 / 立方米，降幅达 43%，这一切，凝聚着大气环境领域科学技术人员的不懈努力。为此，唐晓龙将带领北科大气团队继续奋斗。

作为教育工作者，唐晓龙教授时刻以学生为本，潜心治学，立德树人，将青春奉献给教育事业；作为科技工作者，唐晓龙教授以身作则，严谨治学，带领团队为守护蓝天梦想不懈奋斗。2018 年 6 月，国务院发布了《打赢蓝天保卫战三年行动计划》，设立了我国空气污染防治的目标、主要任务和保障措施，并给出了明确的量化指标和完成时限。对于这些，唐晓龙教授表示，“秉承初心，用我们的不懈奋斗守护祖国的蓝天”。我们相信，在习近平生态文明思想的正确领导下，在以唐晓龙教授为典型代表的一批科技工作者的努力下，生态文明建设的伟大目标一定会顺利实现！

从追梦人到引路人的坚守

——北京科技大学第六届“青年五四奖章”获奖者朱立峰

开展实验

朱立峰，男，1985 年 9 月生，中共党员，2010 年至 2015 年就读于北京科技大学材料科学与工程学院。2015 年获得北京科技大学工学博士学位后留校任教，现任无机非金属材料工程专业讲师，主要研究方向为压电陶瓷、纳米材料与能量转换材料。博士期间，在国内外知名期刊发表 SCI 收录论文 14 篇，其中以第一作者身份发表 SCI 收录论文 7 篇，分别被“J. Mater. Chem. C”(IF=6.626)、“Appl. Phys. Lett.”(IF=3.794)、“J. Am. Ceram. Soc.”(IF=2.272) 和“J. Eur Ceram. Soc.”(IF=4.34) 等期刊收录，其中以第一作者身份发表文章的影响因子之和高达 20。

科研道路的追梦人

朱立峰在博士学习期间，认真完成所学课程，各科成绩优秀，积极参与导师负责的国家自然科学基金，教育部博士学科点专项科研基金等科研项目的申请、实施以及结题工作。他博士期间研究的课题是“高性能无铅压电陶瓷的制备及其应用研究”。压电材料由于可以实现机械能与电能相互转化，被广泛应用于电子信息、传感器、超声换能、无损检测和通信技术等领域。然而，目前商用的压电材料主要是铅基压电陶瓷。由于铅的易挥发性和铅离子的水溶性特点，传统的铅基压电陶瓷在生产、使用和废弃处理过程中，都会对环境和人体造成不同程度的铅污染，严重危害生态环境与人类健康。解决压电陶瓷中的铅污染问题成为研究者们迫切需要解决的课题。作为一名博士一年级的学生，他深感责任的重大和知识的匮乏。因此，他阅读大量文献和不断尝试实验，终于在他博士二年级的时候制备出了压电性能优越于铅基压电陶瓷的无铅压电陶瓷材料，该结果发表在国外著名期刊《应用物理快报(Appl. Phys. Lett.)》上，并获得了国内外同行的广泛关注。经过不断的尝试和努力，他取得了一个个优秀的成果，均发表在国内外著名期刊上。在博士期间，他以第一作者身份发表了关于无铅压电材料的SCI收录论文7篇。他的努力和汗水不仅收获了这些优异的成果，也收获了“北京市优秀毕业生”“北京科技大学十佳学术之星”“第九届亚洲铁电会议及亚洲电子陶瓷会议－学生奖”、北京科技大学“优秀三好学生”和北京理工大学材料学院第九届研究生学术论坛“优秀论文奖”等多项荣誉，这些都与他每天十几个小时在实验室里度过的辛苦付出密不可分。

他说：“科学研究需要灵感，但是更需要我们从不断尝试失败中寻找那一丝真谛。”这一路走来，他深刻地体会到，科研没有一帆风顺，常常伴随着“痛苦”。但痛苦意味着精力上的自我挑战，意味着知识理解的加深，意味着学术领悟上的提高，意味着摸索之后光明的到来。做科研就是要站在巨人的肩膀上但要有所超越，至少在某一个小点上如此。而首先需要做到的，就是在知识的深度上有所超越。“当我们为了解决某个问题而搜肠刮肚、冥思苦想时，这都是在不断深化曾经学过的知识。提炼和加工后得到有意义的组合，才有可能解决一个有挑战的问题。”朱立峰说道。在没有方向感，没有道路，每一步都有不确定性的情况下，都要坚持，不断走下去必有光明。朱立峰一直这样激励自己。科学的道路充满未知，唯有努力才能开创一片天地。

学生工作的贴心人

朱立峰除了在科研上有所建树外，也积极参与到实验室的建设中去。2011

年10月至2013年11月期间，朱立峰担任功能陶瓷与器件梯队党支部党支书，他积极带领支部加强理论学习，加强党员队伍和基层服务型党组织建设，推进党支部成员思想政治教育，丰富党内组织生活，最大限度发挥党支部战斗堡垒作用和共产党员先锋模范作用。与此同时，他严格履行党支部第一责任人职责，积极贯彻落实上级部署的有关工作，负责开展和组织的梯队支部活动，如组织生活会、红色"1+1""今日访谈"和"我的梦，中国梦"等系列活动，均取得一定成果，得到上级党组织和老师的认可。在他的努力下，实验室全体同学亲如一家，兄弟姐妹之间共同经历了很多活动，取得了很多集体荣誉。实验室的生活是丰富多彩的，从日常的学术科研到集体活动，都能看到他的身影。这些细节，都给师弟师妹留下了"靠谱师兄"的印象。

作为党支书，他的理念是：培养和增强梯队党支部的凝聚力和战斗力，提升梯队党员的科研能力，替老师分忧，努力为同学营造一个良好的科研环境，并传承实验室尊重师长、勤俭节约、刻苦钻研、极具公德意识的优良传统，他带领梯队同学们多次荣获研究生优秀班级集体等荣誉。

赴美国进行访学交流

教育事业的引路人

朱立峰现任材料学院无机非金属材料工程讲师，主讲“复合材料”课程，主持在研北京市自然科学基金青年基金项目、中国博士后基金面上项目、中央高校基本科研业务专项，进行高居里温度 $BiFeO_3$-$BaTiO_3$ 基无铅压电陶瓷的性能增强及其机理等课题研究。

工作责任感强、热情度高是朱立峰担任材料学院 2017 级本科生班主任的标签，他积极配合辅导员开展走访学生宿舍、参与主题班团日活动、督促班级集体自习、指导班级评奖评优等活动，在期中期末等学生学习的关键时间节点，他认真做好考前辅导督促、考后评价引导工作，将班级学风建设作为工作关键点。结合学院大类招生工作实际，为了长期稳定的支持学生成长成才，他在学生大二学年分专业后继续担任无机非金属材料工程专业班班主任，围绕学生课堂表现、专业水平、实践能力的培养进行精准指导，他作为带队教师将专业认识实习与生产实习作为督促学生专业学习的延续，使学生熟悉材料的工程生产工艺流程，熟悉主要的生产设备，为进一步深造和毕业后从事科研、技术、生产、管理打下基础，培养走向社会所必需的实际工作能力。

三尺讲台呕心沥血，哺育学生勤勤恳恳。朱立峰自治学以来始终坚持“授人以鱼不如授人以渔”的治学作风，在解惑方面尤其注重对学生的引导，充分发挥学生的积极性，激发学生潜能，因此课堂上朱立峰总会与学生形成高效的互动，百问不烦，为学生积极解答心中的疑问。作为一名任课教师，他寄语学生们：“每一代人有每一代人的长征路，在未来的人生道路上，总有这样或那样的坎坷和不如意，当遇到暂时无法跨过的困境时，不如试着去理解它、体验它，找寻它存在的理由，将它当作人生一段别样的体会，因为困难总是会过去。也正是这些经历，磨炼了大家的意志，也正是这些不如意，给了你们砥砺前行的动力和奋发向上的空间。我希望你们能够在以后的人生道路上不忘初心，砥砺前行。”

情怀筑梦，坚定前行一苇以航；科技强国，真心奉献无怨无悔。从科研道路的追梦人、学生工作的贴心人，成长为一名教育事业的引路人，他用真情融入学生、用坚守走近科研，作为站在科研行业领域尖端的青年科学家，他时刻牢记将国家使命作为己任，务实创新、无惧试错、不畏艰难，勇于承担起国家与民族的使命，挺起中国制造的民族脊梁！

科教树人，身正为范

——北京科技大学第六届“青年五四奖章”获奖者刘洋

参加学术会议

刘洋，男，1979年1月生，中共党员。现任土木工程系书记、副主任，国家注册岩土工程师、国家自然科学基金和北京市自然科学基金通讯评委、《岩土工程学报》等国内外多个期刊的独立审稿人。曾荣获中国勘察设计协会优秀设计一等奖、中国冶金矿山协会科技成果一等奖、北京科技大学第26届教育教学成果特等奖、2013年北京科技大学第七届本科教学优秀奖一等奖等多项奖励；荣获2014年北京市委组织部“北京市优秀人才”、2013年“北京市高校青年英才”、2012年教育部“新世纪优秀人才”、2011年教育部“新世纪优秀人才”、北京科技大学2008~2010年度“优秀共产党员”等荣誉称号。近年来，刘洋主持和参与了10余项国家自然科学基金的青年和面上项目、科技部“863”计划、教育部博士点基金、基本科研业务费等课题以及30余项涉及港口码头、公路高铁、矿山边坡稳定性分析与自然环境治理等横向课题，并在国内外重要学术期刊及国际会议上发表各类学术论文50余篇、编写教材3部、著作3部。

立德树人，时代引航

重师德、心向党，刘洋在科研工作硕果累累的同时，把“师德师风”作为自我评价的第一标准，日常工作中切实坚持中国特色社会主义教育发展道路，坚持立德树人的根本宗旨，致力于培养德智体美劳全面发展的社会主义建设者和接班人。他积极参加各级党组织的活动，踏实肯干、兢兢业业，树立“北京科技大学优秀共产党员”的榜样模范意识，不断带领党组织同志共同进步，将党和国家的事业同个人发展相互融合。

才为德之资，德为才之帅。刘洋一直坚持培养德才兼备的有用人才，在增强综合素质上下功夫，把科学精神、思想品德、实践能力和人文素养的培养贯穿于人才培养的全过程。既教育引导学生珍惜学习时光，心无旁骛求知问学，沿着求真理、悟道理、明事理的方向前进；又教育引导学生培养综合能力，培养创新思维。从帮助学生在体育锻炼中享受乐趣、增强体质，健全人格、锤炼意志；到坚持以美育人、以文化人，提高学生审美和人文素养；再到弘扬劳动精神，教育引导学生崇尚劳动、尊重劳动，刘洋始终将培养以德为先、全面发展的多元化人才作为自身工作导向。

指导学生参加第二届全国大学生岩土工程竞赛并获奖（右二）

自 2006 年起，刘洋连续十余年任本科生班主任、班导师。在具体工作中，他深入了解学生学习生活情况与思想动态，组织集体活动、申报优秀班集体，和学生们打成一片。同时发挥自己的专业优势，多次组织同学进实验室参观学习，以自己的科研成果为例培养学生们的专业兴趣和探索精神。刘洋在担任土木工程专业1004班导师期间，督促同学的全面发展，积极与每一位同学展开深入交流，带领整个班集体建立班风、学风。在他四年的指导下，班级在年级综合成绩的前10名中占有6名，同时在毕业时有13名同学前往国内外知名高校继续深造。同学们都爱戴他，亲切地称他为“学业上的领路人，生活中的良师益友”。

教书育人，创新为本

在教学工作中，刘洋慎思笃行，对自己言行举止高标准严要求。学高为师，身正为范，他以身作则为学生们树立榜样。在坚定理想信念上下功夫，在厚植爱国主义情怀上下功夫，教育引导学生树立共产主义远大理想和中国特色社会主义共同理想，增强“四个自信”，肩负时代重任，立志扎根人民、奉献国家，以高远的志向砥砺奋斗精神，在人生道路上刚健有为、自强不息。

与学生在银杏大道合影（第一排中间）

刘洋作为一名授课教师，一直以做“教育改革的奋进者、学生成长的引导者”为己任。在教学过程中不断拓展教学内容、创新教学方法，并取得了优异的成绩。同时将自己的课堂经验总结整理，主持教改项目“基于创新性人才培养的土力学课程建设”项目，取得了独到的成果。刘洋所主讲的本科课程“土力学”被评为“校级优秀课程”和“精品课程”，深受同学们的喜爱。此外，刘洋主编两部“十二五”规划教材，以第二完成人参与研究型教学示范教改项目1项（边坡工程），发表教改文章3篇，指导本科生科技创新北京市课题1项和校级课题2项，国家大学生工程训练项目1项。

除本科教育教学任务外，刘洋还在研究生培养方面取得了一系列突出成绩。主讲研究生专业必修课“高等土力学”和选修课“土动力学”，独立指导硕士研究生20名，博士生4人，协助指导博士生4名，留学研究生5人。2014年，他所在梯队指导的研究生团队获得“北京市优秀集体”，多名学生获得国家奖学金、建龙奖学金等多项奖励、土环学院“十佳学术之星”等多项荣誉称号。

由于教学工作成绩突出，刘洋荣获北京科技大学第26届教育教学成果特等奖、北京科技大学第七届本科教学优秀奖一等奖、北京科技大学青年教师课堂教学评比竞赛二等奖、第七届、第八届北京科技大学青年教师基本功大赛三等奖和优秀教案奖等多项教研有关奖励。

实事求是，严谨创新

治学严谨、勇于创新，刘洋在科学研究中精益求精、大胆实践，以实事求是的态度提高自身的科研水平。在自己的实验探索、论文撰写和学术交流等科研活动中，坚持实事求是，克服主观臆断。在学术交流中不迷信权威，同时也注重多学科交叉和实验团队协作，培养了自己上下求索、自主创新的态度与精神。

近5年来，刘洋主持并参与了20余项纵横向课题，个人负责总经费近500万元。其中负责国家自然科学基金青年基金1项、面上项目3项、教育部新世纪优秀人才资助项目1项、北京市青年英才项目1项、北京市优秀人才项目1项、中央高校基本科研业务费1项。并作为主要参加人参加了国家自然科学基金面上项目1项、“863”项目1项。在参与研究的项目中，有4项通过省部级以上鉴定、3项达到国际先进水平。

在高速公路工地科研现场

与此同时，刘洋在“Acta Geotechnica”“Int J Numer Anal Met.”“Theor. Appl. Mech. Lett.”《岩土工程学报》《岩土力学》《岩石力学与工程学报》《水利学报》等国内外期刊共发表各类学术论文70余篇，第一作者论文中SCI/EI检索论文60余篇。他提出了散粒体各向异性强度理论，开发了砂土系列本构模型，制作了可用于散粒体微细观组构分析评价的砂土颗粒识别系统软件；他提出的快速充填尾矿库静力液化破坏分析方法和程序，可用于矿山尾矿库的安全评价；他研究的土－结构界面离散－连续耦合数值分析方法，可以用于地铁、地下核电站等结构的安全评价，均在实践应用中发挥着重要作用。

立足发展，服务大局

刘洋积极主持和参与学科建设的各项工作，在工程力学北京市重点学科申报组织材料、土木工程一级学科点申报、土木工程博士后流动站申报、北京市城市地下空间重点实验室申报、深地工程技术与资源国家重点实验室调研申报等工作中贡献突出，为学院学科发展和学校双一流建设做出了贡献。同时他积极开展土木工程学科试验室建设，在本科教学修购、土木工程研究平台建设、土工试验室建设等方面提出许多高水平的建议。在今年学院启动的土木工程专业评估过程中，刘洋以自己的耐心细致，牵头负责、承担了大量繁杂的评估工作，最终为评估工作交上了一份圆满的答卷。

作为土木系主管研究生工作的副主任，刘洋报以服务学院、系所同事的态度，对于学校和学院分配的研究生招生、培养、就业等工作认真负责、尽心尽力，获得了领导和同事的一致认可，在研究生间好评不断。

刘洋还多次组织党支部内部建设与校际学术交流活动。在土木系党委组织的玉渡山研讨会、青龙峡研讨会、大连理工大学学科建设交流会、西安4所高校学术交流以及北京市土木工程学科联谊活动中，作为本学院的青年教师代表，彰显除北科大土木人的风采。

与企业交流人才培养和科研合作（中间）

“百年大计，教育为本。教育大计，教师为本。”作为教书育人和科研创新工作中的青年主力军，刘洋真正做到了有理想信念、有道德情操、有扎实知识、有仁爱之心，如今他不只是传授书本知识的教书匠，更是塑造学生品格、品行、品味的“大先生”。

雄关漫道勇实践　筑梦铁路创新篇

——北京科技大学第六届“青年五四奖章”获奖者尹鸿祥

在南非做报告

尹鸿祥，男，1986年3月生，中共党员，2010年至2016年就读于北京科技大学高效轧制国家工程中心攻读博士学位，现任中国铁道科学研究院副研究员。曾获博士研究生国家奖学金、优秀三好研究生、校级优秀学生干部、优秀实践个人等荣誉。在校期间，他投身科研实践，足迹遍布首钢、马钢、太钢、建龙等大型企业；他心系产业发展，参与开发的第三代汽车钢在首钢和马钢实现量产，创造生产产值上千万元。

求真学问，练真本领

博士期间，尹鸿祥将青年梦想扛在肩上，将青春热血播撒在科研沃土之上。他坚信，崇高的理想信念是人生的精神支柱和方向灯塔。只有主动作为、勤恳兢业，才能在时代浪潮和改革洪流中乘风破浪。他积极投身科学研究，以学生负责人身份承担项目 10 余项，发表 SCI 论文 4 篇，EI 论文 11 篇，中文核心 4 篇，授权专利 3 项，获得博士研究生国家奖学金。

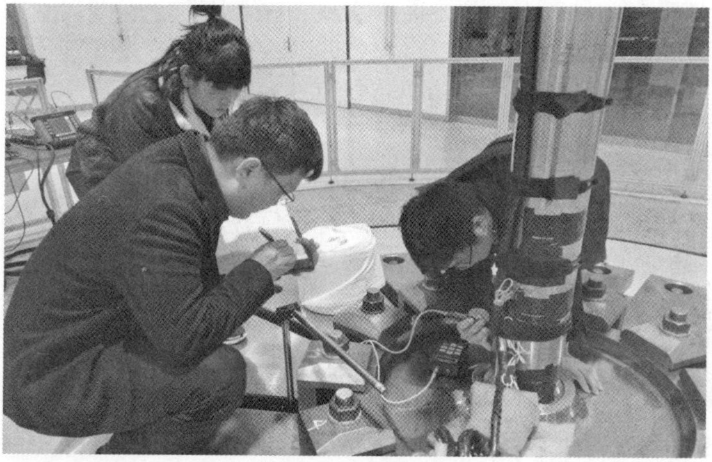

与科研团队进行实验

科研硕果的背后是夜以继日的奋斗与笔耕不辍的恒心。博士期间，尹鸿祥累计撰写各类调研报告、建议书和申请书等共计 50 余万字，一份份报告道不尽他追梦路上的泪与汗。回忆这段过往，他深知自己的苦累，但仍觉得苦中有乐，这段“求真学问、练真本领”的筑梦之路丰富了自己独立思考与解决问题的能力，定将成为人生的一笔重要财富。“一个时代的精神，是青年代表的精神；一个时代的性格，是青年代表的性格”。作为中华民族伟大复兴中国梦的筑梦者和圆梦人，尹鸿祥的奋斗提醒青年们：青春是用来奋斗的，奋斗的青春分外美丽。

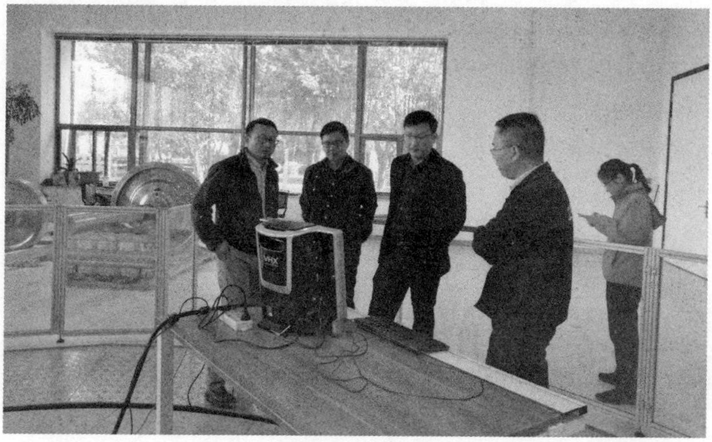

积极投身科学研究

知行合一，硕果终成

“不论是学习还是工作，都要面向实际、深入实践，实践出真知”。作为新时代青年，尹鸿祥深知自己应当经得起实践的磨砺与检验。在理论学习之余，他深入生产一线，用大量时间在现场调研学习，辅助生产。他的足迹遍布首钢、马钢、太钢、建龙等诸多钢企。现场考察、实地办公、深入一线成为他的常态，他用滴滴汗水填满了理论与现场实践之间的鸿沟。

现场工作往往是枯燥的，在一线的忙碌过后往往要连夜带着样品赶回实验室通宵达旦。但尹鸿祥从未退缩，因为他始终坚信，实践是成果的孵化器、是认识社会的桥头堡、是个人成长的催化剂。这就是他的青春，在实践的路上勇往直前是他不渝的使命。

高速发展的汽车产业给我国钢铁行业带来了巨大的发展空间。但我国汽车钢开发较晚，关键生产技术受制于人，尤其一些高品质汽车钢长期依赖进口。尹鸿祥入学伊始，就致力打破国外对先进汽车钢技术的垄断。孜孜不倦的努力和夜以继日的付出，终于使得他参与研制的第三代汽车钢取得重大突破，切实推进了第三代汽车钢的生产和开发进程，创造产值近千万元，从根本上改变了我国长期以来跟踪学习国外汽车钢技术的局面。

进行学术交流

初心不渝，迎难不惧

梦想从学习开始、事业靠本领成就。青年人要着力培育新思维，从新思想中领悟时代精神与脉搏，毕业后他积极投身于国家铁路运输工作。尹鸿祥走出象牙塔、走上工作岗位时，他所面临的是全新的挑战，在他所从事的铁路轮轴开发、认证和失效分析等工作中，他不仅是鉴定准入全路轮轴产品的“智多星”、分析病害轮轴避免安全事故的“及时雨”、也是打破他国技术垄断开发国产轮轴的“急先锋”。如今的他仍长期奋战在现场一线，以现场问题为抓手，着力提高我国轮轴应用中的新技术。参加工作以来，已主持国际项目、国家重大专项子课题和院基金各 1 项，技术负责铁路总公司项目 1 项，协助起草标准 4 项，授权专利 3 项，发表文章 5 篇，获铁科院科学技术特等奖 1 项。

从理论研究到应用实践，从满井校园到巍峨钢厂，他的身影遍布各大钢企、主机厂、路局，他以“鸿”图之志，翱“祥”在应用实践的天地之间。尹鸿祥用自己的实际行动践行“青年是国家的希望，年轻是青年人的本钱，活力是青年人的特色。青年人应当有思想、有担当、有作为，充实自己、不负韶华”。他号召广大青年要勇做时代的弄潮儿，自觉把个人的青春梦融入中国梦的生动实践中，承担起时代赋予青年人的历史使命，不负人民期望，不辱时代使命，让中华民族伟大复兴在我们的奋斗中梦想成真。

担使命十年铸剑，守初心再谱新篇

——北京科技大学第六届“青年五四奖章”获奖团队国家材料服役安全科学中心项目建设指挥部团队

国家科学中心党支部联合土木与环境工程学院安全科学与工程系党支部举办了首届跨学科学术论坛——材料构件与安全

“国家材料服役安全科学中心（以下简称‘国科中心’）”于2008年12月由国家发展改革委员会批复组建，依托于我国“十一五”期间规划建设的十二个重大科技基础设施之一——“重大工程材料服役安全研究评价设施（以下简称‘重大设施’）”，由北京科技大学作为项目法人，中国科学院金属研究所、西北工业大学共建，哈尔滨工业大学参建。国家材料服役安全科学中心项目建设指挥部（以下简称“指挥部”）负责重大设施建设及国科中心的筹建工作。“重大工程材料服役安全研究评价设施”是首个由教育部部属高校承建的国家重大科技基础设施项目。“国家材料服役安全科学中心”是首个由教育部部属高校承建的国家科学中心，也是我国第四个国家科学中心，位于国家自主创新基础能力建设“十一五”规划研究试验体系的最高层。国科中心选址北京市昌平区的中关村国家工程技术创新基地，共占地201亩，建设总投资约13.2亿元，建成后将达到研究人员500人，研究生2000人的规模。

国科中心围绕重大工程结构材料服役安全领域的尺度域、环境域、时间域以及安全评价方法等四大关键科学问题，建设包括多相流环境结构材料试验装置，高温高压水汽环境结构材料试验装置，极端、多因素耦合环境材料试验装置在内的八套具有公共性、通用性，开放共享、世界领先水平的大型工程结构材料服役安全科学研究试验装置，全面提升大尺寸/全尺寸构件及材料的试验研究能力和安全评价技术的整体实力，建立我国自主的工程材料安全服役标准和规范。国科中心的战略目标是在建设世界先进水平的大型工程结构材料服役安全科学研究试验装置的基础上，凝聚一支世界一流的研发团队，建立我国自主的工程材料安全服役标准和规范，最终成为世界一流的、国际化的研究机构。

在建设过程中，重大设施及国科中心获得了党和国家领导人的关心与支持。2010年5月21日，在项目的奠基仪式上，时任中共中央政治局委员、国务委员刘延东同志和时任中共中央政治局委员、北京市委书记刘淇同志分别做出重要指示。刘延东同志指出“重大科技基础设施一定程度上代表着国家的科技水平和综合实力，党和国家高度重视重大科技基础设施建设。希望学校紧紧抓住重大科技基础设施建设的机遇，发挥项目建设的引领带动作用，促进学科的交叉融合，提高高校的科研效率和水平，探索出一条以重大科技基础设施建设带动一流学科和一流大学的建设之路”。刘淇同志要求要充分认识项目建设的重要意义和光荣使命，高效率、高质量、高水平地推进项目建设，努力为国家自主创新战略和首都的科学发展服务。

国家材料服役安全科学中心主楼

不畏艰难担使命，集智创新解难题

“重大工程材料服役安全研究评价设施”的建设在国内无先例可借鉴，相关技术储备薄弱，研发和工程试验任务十分繁重，工程建设的时间非常紧迫。国科中心团队艰苦奋斗、集智创新，在关键技术攻关过程中，一边忘我科研，一边积极引进外籍专家参与指导，联合世界顶级制造厂商的研发力量，开展了长期艰苦的技术攻关。其中，Tetsuo Shoji 教授持续指导亚临界和超临界装置的构建以及检测系统，确保了高温高压环境结构材料试验装置国际一流的设计研制质量；Koichi Yagi 博士在华工作期间，协助优化蠕变试验机的设计参数和试验方案；Hiroshi Honda 教授对多相流环境结构材料试验装置的设计建设及用户拓展做出了突出贡献；Jianjun Shi 教授在指导试验数据建模分析、数据信息融合、安全评价方法等方面提出了有益的建议。

攻关路上的“硬骨头”比比皆是，重大设施项目建设的前沿性、先进性与创新性要求建设团队全体成员必须具备高度的责任感和创新精神，具备打硬仗的能力。以多相流环境结构材料试验装置为例，该装置涉及多相流体力学、腐蚀电化学、金属材料学、断裂力学等多个交叉学科，国内尚无类似经验可供参考，尤其是其中腐蚀环路建设领域，即使国外专家也难以给出完整的方案，没有单位能够承担装置的设计工作。团队成员一方面自主研发、设计攻关技术难点，另一方面广泛开展合作，先后解决气液分离器内部设计、高压试验段抬升装置设计、试验段流型监测等难题，最终圆满完成了多相流环境结构材料试验装置的设计任务。十年来，围绕装置的研制和运行，国科中心团队共获得 83 项专利 / 软件著作权，其中 53 项为国家发明专利，初步形成了以装置为核心的自主专利群。“一种长时连续工作蠕变持久试验机”的研制获得了第十九届“中国专利优秀奖”，为企业新增销售额近亿元。

MSAF 暨 NCMS 奠基仪式

学科交叉促发展，国际合作增实力

在装置设计建设过程中，团队特别重视探索材料服役安全科学这一具有显著交叉学科特点的新兴科学的形成与发展，促进装置建设涉及的材料、安全、土木、机械、控制、计算机、力学等7个一级学科的交叉与融合，以学科交叉研究为引擎，推动关键技术研发，同时用新发现加速跨学科研究的融合，突破了一批先进装备制造工艺技术，建立了一批工程材料服役安全研究试验方法和评价方法，成为我国重大工程材料服役安全领域自主创新的一个有效支撑点。在现有的大尺寸、全尺寸试验装置之外，指挥部团队还参与了工程材料的微观、原位研究装置——高能同步辐射光源验证装置的建设工作，从而构建了从微观到介观到宏观的材料特性和性能实验研究体系。该试验体系的形成，使中心具备了针对多尺度组织结构与材料性能关系开展研究的能力，在发展安全研究评价技术的同时，能够开展相关学科的交叉融合性研究。

“重大工程材料结构服役安全评价试验装置”项目揭牌

在项目建设过程中，国科中心本着“以我为主，按需引进，为我所用”的原则，围绕设施建设任务，开展以我为主的国际合作及科技创新活动。引进中国工程院院士1人，日本工程院院士1人，国家特聘教授4人，聘请北科大荣誉教授4人（法国、瑞典、美国工程院院士），聘请国际高级顾问3人、国际客座教授5人，组建了工程材料服役安全评价和数据建模等多个国际研究团队，国际合作与交流专家人数达到200多人。同时，与世界著名研究机构建立了稳定的合作关系，建立了4个国际联合研究中心/实验室、签订8份与国际著名同行研究机构的国际合作备忘录、组建了3个国际合作基地并成为3个国际合作组织的会员。通过多种形式、广泛的国际合作，提升了国科中心的软实力，为以后成为国际一流的研究机构奠定了基础。

挖掘需求谋服务，开放共享守初心

自项目建设以来，国科中心团队一直牢记使命——建设一流装置、汇聚一流人才、创新一流机制、产出一流成果。经过团结一心的不懈努力，建设了一批达到世界领先或先进水平的、具有自主知识产权的试验装置群；形成了以院士、国家特聘教授领衔的高水平人才团队；搭建了包括高校科研院所、行业龙头企业的国内外合作网络；营造了国际化的创新文化和环境，凸显了多学科交叉，集基础前沿研究和共性关键技术于一体的研发特色。

为发挥直接服务国民经济主战场的优势，国科中心面向国内外科研机构和大型企业拓展用户，通过请进来、走出去、广联络、深交流的方式，与材料安全评价测试国际用户签订合作协议 4 份，与 30 多家国内行业龙头企业和科研院所建立了实质性科研合作与交流机制，装置用户群体初步形成。目前已有的用户中既有服务国家创新发展需求的高水平科研用户，也有助力国民经济持续发展重点企业用户，服务领域涵盖核电火电、能源，高速铁路、道路工程以及有色冶金等多种与国计民生密切相关的行业。

同时，指挥部也实践着一贯积极推进的开放共享的建设和运行的初心。仅 2018 年至 2019 年期间，中心接待政府部门、科研单位和企业参观、访问、调研、交流达 110 余批次，活动人数近 600 人次，有力提升了国科中心的影响力。国科中心首批建设的大型物理和仿真试验装置具有世界一流水平，可同时容纳上百名来自不同学科和高技术领域的科学家、工程师开展科学实验。进入新时代，国科中心团队围绕我国工程材料服役安全领域的科学的技术问题，深入开展理论研究和应用研究，初步形成了从数据、模型、方法到标准的体系，为全国乃至全世界开展材料服役安全的研究者提供开放共享的支撑平台。

入驻暨建设验收推进会

团结一致筑堡垒，同心同行谱新篇

2014年5月，国科中心党总支成立。在"不忘初心、牢记使命"主题教育背景下，国科中心党总支全面学习宣传贯彻党的十九大精神，深入贯彻落实习近平新时代中国特色社会主义思想，认真贯彻落实全国高校思想政治工作会议精神，按照上级党委的统一部署，围绕学校中心工作和党建工作的任务要求，扎实推进"两学一做"学习教育常态化制度化，不断增强党员队伍的生机活力，切实提高工作的科学性、针对性和实效性，为推进国科中心的建设和运行提供坚强的思想政治保证和组织保证。

在党建工作稳步推进的过程中，团队获得了多项荣誉。为进一步服务于中心建设，加强团队成员理想信念教育，提升团队凝聚力、向心力和创造力，国科中心指挥部团队组织了以"交叉、融合——推动项目发展"为主题的"1+X"跨学科联合共建活动，开辟了创新与发展的道路，活动多次受到中共北京市委、市教工委的表彰，先后被评为"北京科技大学标杆党支部""创先争优先进基层党支部""北京高校创先争优先进基层党组织""北京高校基层党支部活动创新案例"一等奖、"学风建设"专项奖、"党建与思想政治教育"专项奖等奖项。

面向新时代发展需求，指挥部团队将继续践行"团结务实、科学管理、专家决策、集智创新"的理念，以尽快完成重大设施项目验收为己任，推进从指挥部向国科中心的转型。下一步，国科中心团队将面向我国能源、电力、交通、市政、海洋等领域基础设施的服役安全需求，研发我国的工程结构及材料安全服役标准和相关新型材料、智能传感、安全评价等技术，突破国外的技术封锁和壁垒，实现对灾难性安全事故的预测、预警和预防，保障我国重大工程和装备的安全服役，为实现中华民族伟大复兴的中国梦而再谱新篇！

教育部关于重大工程材料结构服役安全评价试验装置专家研讨会

不忘初心坚定科研路，牢记使命助力中国梦

——北京科技大学第七届“青年五四奖章”获奖者查俊伟

参加第三届中国国际复合材料科技大会

查俊伟，男，1982 年 4 月生，中共党员，获国家优秀青年科学基金，北京市科技新星计划、香江学者计划、中国电机工程学会青年创新人才等入选者。

查俊伟于 2010 年获得材料科学与工程博士学位，硕博连读期间获国家留学基金委全额资助赴英国南安普顿大学联合培养一年。2011 年入职于北京科技大学化学与生物工程学院，2013 年至 2016 年分别以高级副研究员、香江学者身份在香港城市大学访问。现任北京科技大学教授，博士生导师，致力于教学、科研工作第一线，不断加强自身的政治理论修养，积极进取。他围绕电气科学与工程领域纳米复合电介质电 / 热特性的研究开展工作，现兼职中国电工技术学会工程电介质专业委员会委员、国际 IEEE 纳米电介质技术委员会委员、中国复合材料学会介电高分子复合材

料与应用专业委员会秘书长、中国复合材料学会理事、全国超材料学会理事、香港学者协会会员、香港物理学会会员、“IET Nanodielectrics”杂志副主编等。获得欧盟 Erasmus+ 框架协议，积极推动本领域的国际化交流。

不怀疑不畏难，乐奋斗敢追梦

查俊伟作为一名年仅 37 岁的青年教授，从事科研工作以来，共发表 SCI 收录论文百余篇，SCI 论文他引 3600 多次，H 因子 31，申请中国发明专利 15 项，其中授权 8 项。承担国家自然科学基金、科技部“973”子课题及“863”项目等 31 项，其中作为项目负责人 23 项。主要从事纳米复合电介质电 / 热特性的研究工作，围绕多层级结构实现纳米复合电介质宏观性能协同调控的科学问题，在国家、省部级等项目支持下，对多种类型的纳米复合电介质的设计、结构和性能调控进行了深入的研究，揭示了纳米复合电介质组成、结构与电、热性能的关联，研究成果得到国内外专家学者关注和好评。他的科研之路创新诠释了纳微多层级结构调控复合电介质介电性能的物理机制，获得一类具有优异柔韧性的高介电常数聚偏氟乙烯基纳米复合电介质，发现了基于高介电常数特性改善纳米复合电介质高压电气性能的物理机制，发展了一种新型耐高温耐电晕聚酰亚胺纳米复合电介质。他提出的基于双逾渗理论发展高性能正温度系数效应纳米复合材料，获得了具有显著高温正温度系数效应的炭 / 双聚合物基新型复合材料，是一类新型的自控温加热功能材料。他构建的基于纳微共填充理论提高纳米复合电介质导热特性的普适框架，获得了一类新颖的高导热聚合物基纳米复合绝缘材料，这一路走来，他披荆斩棘、创新进取。

与毕业学生合影（左一）

谈起自己取得的成绩，查俊伟十分淡然地将一切成果与收获都归功于坚持。他说自己天生资质并非出众领先，但是一旦确定了自己对科研产生的浓厚兴趣，他就从未怀疑过自己的选择。刚来北科大工作时，处于起步阶段的他也曾经历过艰难的探索之旅，但无论何时、无论何地、无论何种困难，他的人生里都未出现过“放弃”这一选择项，不怀疑、不放弃、不畏难、勇敢追，成就了今日的查俊伟。

不敷衍不守旧，勤创新重融入

教学上，他始终坚持实现教学实践与课程建设相结合，基本形成了以介电高分子材料为重点研究方向、以其他相关高分子科学分支为支撑的较为完整的教学与科研体系。他为本科生教授“高分子材料结构与性能”课程，为研究生开设“电介质物理”课程，在教学过程中他注重理论联系实际，不断进行教学方法和教学内容的更新与改革，多次得到了教学督导组及学生们的一致好评。本着培养增强学生创新能力的教学理念，查俊伟充分发挥其主观能动性、拓宽知识视野、提升创新能力，积极鼓励学生发散思维、勤于提问、乐于创新，使学生成为具有较强创新能力的学术型或应用型人才。他培养的研究生中多人次获得研究生国家奖学金及北京市、北京科技大学优秀毕业生荣誉称号，多名学生获得学术会议优秀论文奖等。为了实现“培养具有国际化视野的社会主义建设者和接班人”的培养目标，他积极推荐多名学生赴法国、英国等地深造，加强与境内外知名专家、科研团队的学术交流与合作，进一步培养和提升学生科研视野的开放性与国际化。

关于教师的品质，他谈到，作为一名人民教师，立德树人是他的使命，也是他的初心。每堂课精心备课，上课前认真推演，课堂上和学生积极互动，课后关心学生每堂课的知识接收程度，这些看起来好像是作为一个教师最基本的素养，但却在很多时候往往会被忽略，他始终坚持完成全链条每一环节的把关。作为一名研究生导师，为学生“传道授业解惑”之余，查俊伟非常关注自己学生的成长成才，除了专业学习的答疑解惑之外，他还会结合自身的实践经验和阅历积累，给予学生们人生、科研、规划等多维度全方位的指导，以“导”促学，以“导”促成长。他能真正走进学生们的心里，同时他也愿意敞开心扉让学生能走进自己的心里，成为学生们真正的良师益友。

不独行不冒进，重合作牢基础

在团队建设方面，查俊伟建立了较为完备的科研实验室以及相应的管理机制，注重保持团队成员积极进取的优良作风，形成浓厚的科研氛围，使得实验室安全、有序发展，保证了团队扎实、有效地开展工作。

查俊伟注重加强境内外学术交流与合作，多次受邀在国际国内会议上做报告主讲人、担任分会场主席等；与希腊帕特雷大学纳米电介质领域知名教授合作，获得欧盟 Erasmus+ 框架为期三年的项目资助；获得教育部直属高校外籍文教专家 2015 年度重点引智项目的资助，为本领域的国际化交流起了积极推动作用。他邀请英国、加拿大、法国、希腊、澳大利亚以及香港等境内外知名院校和科研机构知名专家来校进行介电高分子材料领域的学术交流，有效拓展了研究生对该领域的了解与深入，极大增强了团队青年教师与国际知名专家的交流与合作机会。

查俊伟说：“科研路上注定不是一个人在奔跑，有一路同行的伙伴，才是科研路上最好的风景。”他在科研路上奔跑的每一步，都是脚踏实地、问心无愧的，这一路，他的团队伙伴们与他一路同心、同向、同行，共同走出属于他们的科研“美景”。

参加科研会议

谈星空踏实地，守初心勇担当

纳米复合电介质是电气工程、电子信息技术等领域的一类重要的绝缘材料，对我国输变电技术的发展起着至关重要的作用。查俊伟一直从事先进电工材料应用基础研究工作，在材料制备工艺、结构性能关系和性能调控等方面基本解决了储能密度低（介电常数提高与击穿场强下降的矛盾）、效率及可靠性低（温度与电性能响应敏感度低）、使用寿命短（长期工作电场中引发的热致失效）等相关问题。这些性能的改进无不与新型电介质的研究和发展密切相关，推动着电工和电子信息领域的发展。查俊伟从“微观－介观－宏观”尺度出发，优化聚合物基纳米复合电介质的组成与结构的设计，完善制备工艺，深入探索影响纳米复合电介质的电学、热学性能的关键因素及其本质，形成具有优异高介电常数、高击穿场强、高热导率等新型纳米复合电介质。

查俊伟坦言，看到自己的研究成果在相关领域得到推广，自己的心里还是非常激动的，他希望通过自己的坚持和努力，能实现推动我国相关行业大跨步发展的目标。

查俊伟给所有人的印象永远是那么谦逊，彬彬有礼。他敬畏职业，满怀师者仁心；他敬畏科研，脚踏实地，不敢有丝毫懈怠。他说自己的使命与担当，既有作为师者“传道授业解惑”的职业责任，更有作为青年科技工作者为国家富强、民族复兴而奋斗的时代责任！

师韵兰香，育人无倦

——北京科技大学第七届“青年五四奖章”获奖者马胜强

赴波士顿大学政治学系学术交流

马胜强，男，1983年9月生，中共党员。2007~2009年就读于北京科技大学文法学院，现任北京科技大学文法学院公共管理系副教授，曾获2015~2016学年北京科技大学优秀本科生导师、2016年首都高校思想政治理论课学生社会实践优秀指导教师、2016年全国大学生“三下乡”社会实践活动优秀个人、2017年全国“镜头中的三下乡”优秀指导教师、2018~2019学年北京科技大学优秀本科生班导师，第十八届、第二十届“我爱我师”专业课优秀教师等荣誉称号。

不断求索，学科前沿做研究

在北科求学的两年时光，是马胜强一生中非常宝贵的求学经历，在导师吴群芳教授的指导下顺利完成学业，并从一个学术爱好者向一个学术研究者慢慢转型，不仅受到了严格的学术训练，也开阔了学术视野，为进一步的深造打下了较为坚实的基础。

马胜强醉心学术，不断求索，在他主要研究的“中国共产党与当代中国政治发展”“利益表达与抗争政治”“公共政策分析”三个领域多有建树。发表《政策输入的政治逻辑：我国政策内输入机制分析》《论替代性利益表达：基于结构功能主义的分析视角》《当代中国利益表达机制的结构转型——基于国家与社会关系的理论视域》等多篇核心期刊论文。在文法学院对外交流的研讨会上，他作《关于当代中国改革启动的议程装置和政策制定》的学术报告，通过七个方面表达自己的观点，并以安徽凤阳灾后恢复的例子印证政治在现代生活中的重要作用。

同时，他主持、参加多项科研项目，包括中国博士后科学基金“国家与社会关系视角下我国利益表达机制的结构转型研究”和国家社会科学基金青年项目“环境群体性事件中公众非制度化利益表达及其治理逻辑研究”，不断求索，大踏步地在奋进在学科前沿。

2018 年，中共中央总书记、国家主席、中央军委主席习近平曾给莫斯科大学的中国留学生回信，勉励他们胸怀大志、刻苦学习、早日成才，并向所有海外学子致以节日问候。当时正在哥伦比亚大学访学的马胜强说，直观感受世界一流大学的教学建设、科研水平，特别是与世界级学者的沟通与交流，既看到了我国学术发展的明显进步和巨大潜力，同时也深刻认识到我国人文社会科学建设所存在的差距和不足。一流大学、一流学科的建设和发展，不仅需要在学校层面进行宏观整合和布局，更需要每一位高校教师的投入和参与。在未来的教学科研日子里，海外访学的经历和收获将激励他以更加积极的学术热情，投入到公共管理学科的建设和发展中。

“马叔”上线，走近学生展温情

在北京科技大学文法学院，有这么一位老师，学生们不称呼他为“老师”，而是亲切的称呼“马叔”。这就是马胜强。自 2015 年秋季学期开始，马胜强担任行政管理专业 1501 班和 1502 班本科生班导师，随后几年陆续担任行政管理专业各年级导师，2017 年开始，文法学院实行大类招生，2018 年，学校实施本科生全程导师制，他担任部分同学的本科生导师。

马胜强在新生见面会暨主题班会上进行以“大学与梦想”为主题的讲座，通过一个多小时的时间从大学学习、生活、实践、人际关系等诸多方面向初来北科的新生详细介绍了大学期间本科生需要把握的重点，收到了学生的积极反馈，得到了辅导员和学生的认同。他积极参加自己班级的团日活动和主题班会，以朋友的角色与同学一起活动的同时，增进了彼此间的了解，促进了相互间的沟通。努力的消除自己与学生之间的代沟，成为学生的知心朋友。在了解到学生对毕业后如何选择感到迷茫后，主动联系往年保研、考研和考取公务员成功的同学，举办相应的交流会。提前向学生讲述保研过程中的诸多注意事项，以此进一步提升行政管理专业的保研成功率。就考研复习情况等内容为本科生进行讲解，加强学生的学习热情。邀请公务员考试成功的研究生为2015级、2016级本科生进行公务员考试的复习等方面的讲解工作，为本专业学生公务员考试提供认识方面的建议和帮助。对保研、考研部分心理出现明显波动的学生进行辅导，并与相关学生的家长进行了沟通。对准备出国留学的同学进行专业学校推荐，结合自己的留学经验，完成部分学生的留学专业认识指导。与此同时，他主动利用午休等空余时间，对本专业保研的同学进行专业辅导，进行专业面试内容的介绍，以提高学生面试的应对能力。在了解到部分考研的同学在学习上遇到困难后，无偿为本专业考研同学进行公共政治课的辅导，利用自己的休息时间进行主观题答题技巧的讲授。

赴哥伦比亚大学政治学系进行学术交流

2017年9月至2018年9月，他远赴美国哥伦比亚大学政治学系进行学术交流，大洋分割了陆地和时间，却分割不了师生之间深厚的情谊。在外交流期间，马胜强主动与班级同学保持密切联系，利用视频电话、微信等多种工具为同学们解答考研、出国等多方面问题。他的付出，学生都看在眼里，感悟在心里。2018年元旦，远在美国的他收到了多条学生们从大洋彼岸发来的祝福，同学们亲切的称呼他为

“马叔”，就像称呼家中的一位亲人一样。祝福中不乏一些对老师个人的关心，希望他注意身体、尽量不要熬夜，也有人与他分享中午的菜肴、拉家常，同时还有人祝愿老师早日找到自己人生中的另一半，幸福圆满，甚至还有从未与他谋面，只能从同学们口中了解他的交流生都发来祝福。话语虽然朴素，但字里行间却充满着对老师的感激之情。在他精心的呵护下，行政管理专业的同学组成了一个温馨、团结的大家庭，而他就是这个家庭的大家长，管理着每一位成员，关心着每一位成员，守护着每一位成员。

荣誉加身，谦逊如常授学问

在北京科技大学，他为本科生开设“比较政治制度”“当代中国政府与政治”“社会科学研究导论”等课程，为硕士开设“政治学前沿”“中国政治专题”等课程。同时，由他担任指导老师的多支团队，在学校社会实践、摇篮杯竞赛、SRTP 竞赛、人文知识竞赛等多个平台不断斩获佳绩。他曾获得 2015~2016 学年北京科技大学优秀本科生导师、2016 年首都高校思想政治理论课学生社会实践优秀指导教师、2016 年全国大学生“三下乡”社会实践活动优秀个人、2017 年北京科技大学第十八届“我爱我师”专业课优秀教师、2017 年北京科技大学青年五四奖章、2017 年全国“镜头中的三下乡”优秀指导教师、2018~2019 学年北京科技大学优秀本科生班导师、2019 年第二十届“我爱我师”专业课优秀教师等多项荣誉。

在暑期实践工作启动会发言

三尺讲台，三寸舌，三寸笔，三千桃李；

十年树木，十载风，十载雨，十万栋梁。

面对接踵而来的荣誉，马胜强并没有骄傲自满，而是比以往更加认真、更加谦逊地站在讲台上的一方天地，传道、授业、解惑。师韵兰香、育人无倦，他不仅是教课的教师，更是学生的教育者、生活的导师和道德的引路人。

2018 年 9 月 10 日，习近平在全国教育大会上发表重要讲话："教师是人类灵魂的工程师，是人类文明的传承者，承载着传播知识、传播思想、传播真理，塑造灵魂、塑造生命、塑造新人的时代重任。"总书记的讲话不断激励着马胜强，使他更加坚定的将全部身心投入到他热爱的教育事业中。他是每一节课最早出现在教室里的授课教师、是每一次班会语重心长殷切叮嘱的班导师、是为系所发展事必躬亲的优秀党员、是上下求索不断钻研的学术研究者。这，就是马胜强，就是学生心中亲切的"马叔"！

汗洒三尺，情筑讲台

——北京科技大学第七届“青年五四奖章”获奖者李娜

进行经验分享

李娜，女，1980 年 11 月生，中共党员。现任北京科技大学数理学院特聘副教授、高级讲师。2001 年本科毕业后李娜留校担任北京科技大学应用数学学院辅导员，为母校的立德树人事业贡献自己的青春力量。2006 年 4 月起，李娜任职北京科技大学数理学院讲师，教授“概率论与数理统计”“线性代数”等课程，受到学生的普遍欢迎和校内外同行专家的一致好评。2015 年，李娜获得北京高校第九届青年教师教学基本功比赛一等奖，2016 年她代表北京市参加第三届全国青年教师教学基本功比赛，取得了理科组全国第一名的优异成绩。

言传身教育英才，春风和煦换真心

2001 年 7 月，李娜以“北京市优秀毕业生”的身份从北京科技大学毕业。毕业后，李娜并没有急于工作或读研，而是选择留校担任一名本科生辅导员，为母校的立德树人事业贡献一己之力。在担任辅导员的4年里，她就像象牙塔中抬头可见的启明星，在学生赶赴未来的长夜里，所见之处，总有方向。她用真情、真心、真诚拉近与学生的距离，滋润学生的心田，使自己成为学生的好朋友和贴心人。她把自己的温暖和热情倾注到每一个学生身上，用欣赏增强学生的信心，让每一个学生都健康成长。她帮助学生制定目标、锻炼能力，解决了许多学生遇到的烦心事，在看到学生因付出收获成功时，李娜打心眼里为他们高兴。

李娜带过的学生给我们讲述了这样一个故事：几个同学一直在救济一个流浪的老奶奶，每天固定时间去给老奶奶送饭。可在2003年非典暴发期间，老奶奶因为发烧被医院隔离观察，这些同学也因和老奶奶有过接触而被隔离观察。在那段时间，这几位同学心里很害怕。李娜第一时间察觉到同学们的内心变化，主动靠上去，走进病房耐心倾听学生心中的想法，用商量的语气、引导的口吻和自己的亲身体会帮助学生把压抑的情绪释放出来，安心度过观察期。学生说，“那时候李老师的眼神是慈爱、友善、温情的，透着智慧、透着真情”。

十年耕耘结硕果，潜心课堂显匠心

2016年是李娜从教的第十个年头，这一年她代表北京市参加了第三届全国高校青年教师教学竞赛决赛，凭借扎实的教学功底，丰富的教学经验荣获理科组一等奖第一名的优异成绩。

所在团队获评北京科技大学“十大新闻人物”称号

全国青教赛的办赛理念是“上好一门课”，比赛要求教师提前准备一门不少于32学时的课程，从中选出20个教学节段，完成它们的教学设计。在确认李娜将代表北京市参赛时，距离比赛开幕仅剩一个月，留给她准备教学设计的时间仅有半个月。面对紧张的赛程安排，李娜充满自信，这种自信源于北京科技大学数理学院数学学科一直以来努力营造的“传帮带”教学氛围——一代代优秀的教师将教学中的经验、技巧毫无保留地传授给年轻教师，源远流长，生生不息。数学学科有一支优秀的教学队伍，在一批经验丰富的老教师的指导下，数学学科的青年教师已经连续四届获得北京市青年教师教学基本功比赛一等奖，特别是与李娜同梯队的赵鲁涛老师曾代表北京市参加过第二届青教赛，并取得了全国一等奖的好成绩。在备赛、比赛过程中，他们是李娜的智囊团和强心剂，正是这样亦师亦友的陪伴，给了李娜披荆斩棘的底气。在激动人心的比赛日，提前 1 小时抽签，20 分钟教学展示，45 分钟教学反思，李娜凭借生动的案例、形象的讲解、清晰的脉络获得了评委的一致好评。

代表北京市参加第三届全国高校青年教师教学竞赛决赛（左四）

能在青教赛中脱颖而出，源于李娜平日里对教学基本功的不断积累。从教十余年来，李娜以高度的责任感和事业心担负起本科生“概率论与数理统计”“线性代数”等 6 门基础课和专业课的教学任务，近年来年均课堂教学更是达到 300 余学时。李娜深知“为了使学生获得一点知识的亮光，教师应吸进整个光的海洋”。她始终坚持三句话：“把功夫用在课前，充分备课；把精力用在课上，全心投入；把反思留在课后，归纳总结。”在课堂上她善于结合学生的专业特点设计一些具有时效性和针对性的案例，利用现代化的教学手段，达到既能够吸引学生的注意力，又能够激发学生主动性的效果。学生们常说：“听李娜老师讲课，总会不自觉地就投入到课堂学习中。”

2016 年 9 月，鉴于她在教育教学方面取得的突出成果，李娜被学校聘为特聘副教授。该职位是学校为激励在教学、科研等方面做出突出贡献的教师而设立的，面向具有明显学术优势、取得突出业绩并有较大发展潜力的中青年学者。这一聘任，肯定了李娜多年来的潜心教学，坚守岗位。

因材施教重启迪，撒播真知引路人

陶行知先生说过，教师是“千教万教，教人求真”，学生是“千学万学，学做真人”。在教学过程中，李娜坚持“学以致用，以用促学”的教学理念，着重培养学生的数学思维能力，使学生在课堂上不仅获得知识，更能提升能力、学会创造。

李娜课堂上的学生一致评价“李老师人美，气质佳，声音甜”，但总不忘补一句“她总是从我们的角度思考问题，引领我们走进数学的王国，启发我们思辨生活的道理”。李娜常说，“我们要告诉学生数学是无处不在的，若干年后数学的理论学生或许会忘记，但是这样严谨、全面、深刻地思考问题的习惯，是可以让学生受益终身的”。

数学课堂上

数学科目多、难度大，许多学生一听到数学就叫苦不迭。如何激发学生主观能动性，让更多的学生喜欢并主动学习数学一直是李娜留给自己的一道必答题。在课堂上有些学生对于学习功利心太强，认为数学知识以后用不到，花大量精力去学习很不划算。李娜总是潜心开导学生，不管是哪一门学科，只要它的发展遇到瓶颈，总是因为和数学有关的问题没有解决。此外，李娜努力让数学课堂生活化，让同学们感受到数学的实用性。她经常通过一些日常生活中的小例子来加深学生对数学概念的理解，比如用贝叶斯公式来解释银行对每个人的诚信管理、保险公司的险种设计依据，以及直觉与理性思维的碰撞等。这样不仅将数学与生活紧密联系在一起，还可以引导学生主动去思考数学问题，培养数学思维。

正是因为李娜这种因材施教、孜孜不倦、潜心育人、十几年如一日的无私奉献精神，赢得了学生的爱戴和尊敬。扎实的知识功底、过硬的教学能力、勤勉的教学态度、科学的教学方法让李娜赢得了一个又一个沉甸甸、金灿灿的荣誉。

2018 年李娜荣获“全国五一劳动奖章”，这是北京科技大学历史上第一个因教学突出而获得的全国五一劳动奖章。近年来，在李娜的影响和激励下，学校各个岗位上涌现出一大批潜心育人、深钻教学的优秀教师。在第四届全国高校青年教师教学竞赛中,我校数理学院青年教师又一次取得理科组一等奖第一名的优异成绩。

一个人遇到好老师是人生的幸运,一个学校拥有好老师是学校的光荣，一个民族源源不断涌现出一批又一批好老师则是民族的希望。作为一名教师，李娜深知自己肩负的职责使命，在甘为人梯的道路上，她用实际行动践行了“四有好老师”“四个引路人”的理想和信念。正如李娜获评五四奖章时的颁奖词所说：线性代数、概率论、随机过程，一门课程有着万千学问，一本教材播撒数理真知，三尺讲台舞出最美青春。十载耕耘孕育桃李芬芳，春风化雨创新教学梦想，她彰显着北科青年教师治学严谨、精益求精的风采。她真正做到了从言到行地对学生、对教师职业的无私奉献。国将兴，必尊师而重傅。正是因为有了像李娜这样汗洒三尺、情筑讲台的“筑梦人”，才打造出未来实现中华民族伟大复兴中国梦的“梦之队”。

科研学习虽清苦，吹尽黄沙始到金

——北京科技大学第七届“青年五四奖章”获奖者蒋虽合

欧洲材料大会分会报告 讲述三维原子探针测试原理和方法

蒋虽合，男，1989年10月生，2014年至2018年就读于北京科技大学新金属材料国家重点实验室。现任新金属材料国家重点实验室青年教师，他主要研究金属材料中的纳米不均匀性与力学性能的优化。

蒋虽合自研究生入学以来，刻苦学习、潜心钻研，不断提升自身的理论功底和科学素养，积极投身传统金属材料的研究工作中。近年来，他围绕钢铁材料性能极限化的研究难点，通过创新合金设计理念，与所在科研团队合作成功开发出新一代超高强马氏体时效钢。这一原创成果不仅推动了高性能钢铁材料的技术研发，新的合金设计理念也可推广应用到其他合金体系的高性能化研究中。相关研究成果已在国际顶级期刊“Nature”（第一作者）上发表并入选2017年度“中国科学十大进展”、SCI收录论文2篇，EI收录2篇，发明专利1项。研究生在读期间曾获北京科技大学硕士研究生国家奖学金、北京科技大学青年五四奖章、校长奖章、“十佳学术之星”、优秀三好研究生等多项奖励及荣誉称号。

潜心科研，求学求真求新

蒋虽合一直从事金属材料的研发工作，曾参与科技部高技术研究与发展 (863) 计划子项目，研究 Fe-6.5Si 高硅钢织构及有序 - 无序转变行为，建立了结构转变和软磁性能之间的关系，并发表多篇论文。在超高强度钢的研究工作中，提出了基于低错配低能界面设计强有序析出增强超高强度钢的创新思想，开发出新一代低成本，综合性能优异的超高强马氏体时效钢。基于 Fe-Ni-Al 基新型合金的研究，提出在高缺陷浓度基体上实现高密纳米析出的控制机理，并为解决同类型合金所面临的易脆性及低塑韧性的共性问题提供新的思路。

材料科学是一门相对交叉，集物理、化学、冶金学等于一体的学科。本科以来，他便努力学习专业知识，部分核心课程甚至取得了满分的成绩。因许多专业书籍是翻译版，他便阅读外文原著，争取做到知根知底。材料学科是一门发展迅速、日新月异的专业，他在本科阶段就经常上网浏览国际知名专家个人网站，关注学科前沿知识……他还常常与学者交流学术思想，积极参加国内外知名学术会议，听取专家的学术讲座，与不同专业背景的科学家交流，以此来创新想法和理念，为他获得 2017 年度十大科技进展的研究项目奠定了坚实的基础。

与学生们进行课题讨论

在材料科学领域，石墨烯、二维材料是当今新材料研究的“大热门”，相比之下，钢铁作为传统材料显得就有些“冷门”了，想要突破就需要付出更多的努力。在航空航天、新能源、先进装备制造、国防安全和高速列车等先进交通运输行业，超高强韧钢是实现轻型化设计、节能减排的关键材料之一，但其关键技术及专利长期被国外垄断。蒋虽合自博士入学以来，便主动选择了研究超高强度钢铁材料这一难题。传统超高强度钢自1960年发明以来，其设计思想沿用至今，到目前仍无突破性进展。针对材料性能极限化的研究难点，他结合自己所学，阅读大量文献，总结出了现有强化机制及其不可避免的缺陷，发现半共格粒子强化的本质是其产生的强畸变场与位错的交互作用恶化了材料塑性，而且畸变场越强，增强相分布愈加不均匀，这些都不利于材料整体性能的改善。如何设计既能避免传统思路的弊端又能制备性能优异的新型合金呢？他另辟蹊径，提出了通过最小化畸变效应，促进具有不同强化机制的颗粒超高密度析出，在优化组织的基础上保证高强度。

不说漂亮话，只做漂亮事

他博士期间一直从事金属结构材料的研发工作，曾参与科技部高技术研究与发展(863)计划，研究金属材料中有序－无序结构转变和磁、力性能之间关联，提出了强有序析出强韧化金属材料的新思想。

在超高强度钢的研究工作中，通过最小化错配度新思路调控获得超高密度、小尺寸纳米析出相在高浓度位错缺陷基体上的弥散分布，开发出新一代低成本，综合性能优异的超高强马氏体时效钢，相关研究工作发表于“Nature”，并入选2017年“中国科学十大进展”，新华社、新浪、网易、科技日报等主流媒体都进行过广泛报道。

相关合金设计思想在提出后短期内受到广泛关注和跟踪研究，并应用于如高熵合金、双相钢、不锈钢、Ti合金、Al合金等其他材料的高性能化研究，获得了常规方法难以达到的性能，为开启材料性能提升的新维度注入新的血液。美国工程院院士Morris教授在Nature Materials专题评述：以完美的马氏体钢设计思想，为研发具有优异强度、塑性和成本相结合的结构材料提供了新途径。美国工程院院士C. T. Liu教授认为该工作引领了新型纳米结构钢的发展。

他针对强有序强化的塑韧化机制尚不清楚等问题，申请一项国家自然科学基金面上项目，并获得了2018年博士后创新人才支撑计划资助，开展此方面的研究工作。通过研究发现，将强有序结构同其他缺陷有机复合可以解决单独某一类缺陷不可避免的强度和塑性倒置关系，比如新型超高强度钢中结合“应变软化”的强有序析出和“应变硬化”的高密度位错获得了可持续的加工硬化，阐明其强韧化的物理机制并初步建立了共格有序微结构强韧化的学术思想。在博后期间，与所在课题组进一步研究其普适性，以强有序结构解决超高温难溶高熵合金难以通过常规方法韧化的脆性问题。通过合金化氧在高熵合金凝固过程中原位形成氧的间隙共格有序结构，调控基体短程有序结构类型，以强有序效应协同间隙强化效应，形成新的应变硬化机制，同时成倍提升其强度和塑性，研发出超强韧的高温高熵合金，为解决难溶高熵合金室温脆性问题提供了新的思路并丰富了多尺度缺陷协同强韧化理论。相关结果作为参与人发表于“Nature”。

（位错：一维的不规则的晶体原子排列形态发生了错乱，位错密度越大，金属抵抗变形的能力就越强——编者注）。

求实为基博新作翼，道阻且长未来可期

作为科研战线上的一名新青年，他认为，扎实的基础知识和实事求是的精神是他科研创新的基石；勤于思考、善于交流是激发他科研创新的源泉；面对挑战，勇于探索是他走向学术前沿的法宝。

不可否认，科研的道路不会是一帆风顺的。新理念的实现和高性能材料的开发光想可是不够的！一个合金的尝试或者单一元素的影响需要考虑方方面面，从合金的熔炼、铸造、热轧、冷轧、热处理，到后序的分析测试，每一步都极其重要。在此期间，他积极与导师交流讨论，思考下一步的走向，同时又不断学习新的知识来充实自己。和很多人的科研一样，他的课题也经历过不少低谷，但是对于未知探索的渴望以及长期坚持学习新知识的习惯总在推动着他不断砥砺前行。他常说，做科研与其说是对学识和创新思维的检验，不如说是对意志和品格的考验。

正是具备这种迎难而上、坚忍不拔的品格，他和他所在的课题组最终成功开发出完全具有我国自主知识产权的超高强度钢，实现了设计思想和性能的极大突破。

他常说：“没有比人更高的山，没有比脚更长的路。”今天，当代的中国，比历史上任何时期，都更接近实现中华民族伟大复兴。作为一名优秀青年，他也将以更加自信的状态，更加严格地要求自己，以饱满的热情投入到科研创新之中，用实际行动谱写新时代青年为国强、为民富、为民族复兴而奋斗的华彩篇章！

为国筑基，青年当歌

——北京科技大学第八届“青年五四奖章”获奖者任英

参加学术会议

任英，男，1989年6月生，中共党员。现为北京科技大学冶金与生态工程学院副教授，于2007年考入北京科技大学第一届理科实验班，2011年本科毕业保送北京科技大学冶金工程专业本科直博学习，博士学习师从张立峰教授，其间以联合培养博士生的身份到美国卡内基梅隆大学学习一年。2017年博士毕业后为北京科技大学博士后，导师谢建新院士，同年破格晋升为副教授。2018年11月开始以访问学者的身份去往日本东北大学多元物质科学研究所北村研进教授处进行访问学习。他对于在钢中非金属夹杂物问题有深入的理论及工艺研究，并完善了钢中夹杂物控制集成创新技术，其成果应用于宝武和首钢等多家钢铁公司并产生了良好的经济效益。发表第一/通讯作者SCI/EI论文50余篇、中文核心6篇，专利成果10项。多次参加国内外学术会议并做邀请报告或担任分会主持。曾入选中国科协青年人才托举工程项目、人社部博士后创新人才支持计划、教育部全国高校黄大年式教师团队，获得排名第一的中国产学研合作创新成果奖、全国高校冶金院长奖、全国冶金教育系统年度杰出人物奖。

钢铁雄心，国之基石

钢铁工业是国民经济的重要基础产业，是国之基石。当前，我国钢铁行业面临着产品质量不稳定、部分关键高端特殊钢材品种还需依赖进口等问题。任英励精图治、刻苦钻研，多年来一直专心从事钢中非金属夹杂物相关理论及工艺研究，致力于通过提升钢的洁净化提升特殊钢的使用性能。在数年的专业研究与探索中，任英终于在钢中非金属夹杂物相关理论上取得重要突破。一方面，他完善了实际钢种中非金属夹杂物控制热力学，实现了根据钢成分对最终钢中非金属夹杂物的成分和种类有效预测。另一方面，他根据动力学理论结合多元反应耦合计算方法，为实现高品质钢中夹杂物控制的智能制造奠定理论基础。此外，任英还确定了加热过程固态钢中非金属夹杂物的转变机理，为最终钢产品中夹杂物的控制提供了新思路。这些都为中国钢铁行业高精尖技术的发展做出了理论上的指导。

钢铁企业工业实践

任英的研究已经形成了一套完整的高品质钢全流程中夹杂物控制集成创新技术。将成果应用于宝钢和首钢等我国先进钢铁企业，应用的品种涉及不锈钢、硅钢等多个钢种。解决了高表面质量奥氏体不锈钢表面线磷缺陷、抛光缺陷和剥片缺陷、硅钢窄成分控制等行业难题，累计产生经济效益逾两亿元。生产的BA板可完全替代进口产品，成功开发表面质量要求极高的手机和平板电脑的logo用钢，提升了我国企业不锈钢产品美誉度和影响力。项目成果经鉴定达到国际先进水平，获得2018年中国产学研创新成果奖（排名第一），对我国企业不锈钢产品制造能力与质量水平的整体提升做出了良好贡献。

青年才俊，独领风骚

任英目前已经在国内外发表第一 / 通讯作者 SCI/EI 学术论文 50 余篇。在 SCI 和 EI 数据库检索系统收录的近五年（2015 年 1 月至 2019 年 3 月）文章中检索题目关键词 steel 和 inclusion，检索到 30 岁的任英的文章数量排名世界第二。可以说，他在学术领域的成果颇为丰厚。数据表明，与国外同领域的教授和青年学者相比，任英的科研工作是优秀的且具有发展潜力的。

任英能在其专业领域取得如此多的成就，和他一直以来奋勇争先、刻苦钻研的学习态度是分不开的。在博士学习期间，任英揽获各项研究生奖励和称号：北京科技大学优秀博士论文、北京科技大学第十二届研究生“十佳学术之星”、北京科技大学博士研究生“校长奖学金”、宝钢优秀学生特等奖、博士研究生“国家奖学金”、北京科技大学优秀毕业研究生、两次获得北京科技大学优秀三好研究生。

正是因为任英身为青年便为专业领域做出了如此突出的贡献，所以他获得众多科研称号和奖励也不足为奇。任英曾入选 2017 年中国科协青年人才托举工程项目、入选 2017 年人社部和博管会“博士后创新人才支持计划”，获得 2018 年中国产学研合作创新成果奖（排名第一），入选 2018 年教育部全国高校黄大年式教师团队“冶金工程教师团队”，2014 年中国产学研合作创新成果奖（省部级排名第四）、2018 年国家自然科学基金委工材一处举办的全国高校冶金院长奖、2018 年国家自然科学基金委工材一处举办的冶金与材料学科发展战略讨论会优秀报告奖、2015 年中国金属学会冶金青年创新创意大赛一等奖、2015 年全国冶金教育系统年度杰出人物奖、2018 年冶金与生态工程学院教学工作标兵、本科教学审核评估暨学科建设职员服务标兵荣誉。

获得北京科技大学博士学位后

赴美国卡耐基梅隆大学学习

赴日本东北大学学习

中流砥柱，青年自强

任英的研究领域聚焦国家前沿，工作两年间主持的多个项目获得了国家、部委和行业的支持。他事必躬亲，专业细心，主持了中国科协青年人才托举工程项目、博士后创新人才支持计划、国家自然科学基金面上项目、国家自然科学基金青年基金项目，北京市优秀人才培养资助青年骨干个人项目，北京市科委国际人才交流工作任务，中国博士后基金面上项目，中央高校基本科研业务费项目等。还作为主要参与人参加国家自然科学基金杰出青年科学基金项目和重点基金项目。同时，任英积极推动与我国钢铁企业的产学研合作，主持并参与了宝武集团、首钢集团和河钢集团企业项目共计 19 项。近三年负责科研经费到账 400 余万元。他将理论与实践相联系，实现了理论与应用成果的有效转化，真正地将自己的研究融入国家建设中，学有所用，大力推动了我国钢铁产业的发展。

此外，任英还积极参与组织和参加国内外学术会议，担任第六届国际炼钢大会（ICS2015）会议技术委员会委员、第一届可持续发展炼钢技术国际研讨会(CSST2018) 编委会成员，两次担任学术会议会场主席，四次在学术会议上做邀请报告。担任冶金高水平期刊任冶金国际期刊“Metall. Mater. Trans. A”“Metall. Mater. Trans. B”“Steel Res. Int.”“Chemical Engineering Journal”“International Journal of Heat and Mass Transfer”等近 20 个期刊稿人。受建龙集团唐山新宝泰钢铁公司邀请聘用为外部专家。曾先后至美国 US steel、宝武集团、首钢集团、河钢集团等五十多家钢铁公司进行学术交流和应用实践。

任英不仅在自己的专业领域做到了精益求精，屡屡取得令人钦慕的成绩，将科研推入现实，切实地提高社会钢铁产业的经济效益，而且在学术交流方面也卓有成效，继承前人优良的求职探索精神，真正做到了终身学习、立德树人。任英不仅是科研的引航者，知识的传播者，智慧的启迪者，更是精神的熏陶者，人格的影响者，美德的体现者。他为祖国高品质钢的研发做出了突出贡献，同时也为后辈学者树立了优秀榜样。

坚持不懈之路

——北京科技大学第八届“青年五四奖章”获奖者雷智锋

在学校表彰大会上发言

雷智锋，男，1989 年 5 月生，中共党员，2012 年至 2019 年就读于北京科技大学新金属材料国家重点实验室，现于德国马普所从事博士后研究工作。曾获北京市三好学生，北京市普通高等学校优秀毕业生，北京科技大学优秀三好研究生，北京科技大学第 14 届研究生十佳学术之星，北京科技大学第十三届“校长奖章”，北京科技大学优秀博士学位论文，北京科技大学“中信 –CBMM 吴宝榕铌钢奖学金”一等奖，新金属材料国家重点实验室突出科研成果奖。以第一作者身份发表 SCI 文章 3 篇。其中，一项研究成果发表在国际顶尖学术期刊“Nature”上，是中国大陆学者首次在国际顶尖期刊上发表关于高熵合金的研究论文。另外两项成果发表在“Scripta Materialia”上。迄今为止，已获得授权发明专利三项。

磨炼意志，打开幸运之门

从决定考研的那一刻，雷智锋就想着以后要从事科研工作，并对自己的未来进行了规划。根据自己的本科专业，基于专业优势和就业优势的考虑，他最终选择了北京科技大学材料科学与工程专业。备考期间，他平常心对待，尽自己最大努力实现这个目标。考研的生活节奏非常单调，宿舍—教室—食堂三点一线，雷智锋始终专注于学业，朝着北科大的目标奔跑着。功夫不负有心人，2012 年，雷智锋以 383 分的高分幸运地投入吕昭平教授团队。自进入北京科技大学学习以来，他积极上进，严格要求自己，研读硕士的前两年努力学习专业知识，并取得了较为优异的成绩。雷智锋也有着自己的小目标——继续读博士并争取发表一些高水平的文章，学好研究生的课程，多看科研文献，多下实验室，多找老师同学们讨论，为以后的科研工作打下基础。

北京科技大学毕业典礼后

在努力学习专业知识的同时，雷智锋积极开展学科研究，努力提升自己的科研技能和科研素养。经过两年的硕士阶段学习，受益匪浅的他，不仅专业知识得到了很大的扩充和提高，更培养了自己对科研的热情和兴趣，更加坚定了早日投身于科研项目中的想法，早日融入科研团队。2014 年，雷智锋顺利通过硕博连读考核，并继续师从吕昭平教授从事科学研究。“确定硕博连读更多的是水到渠成，有机会就果断出手了。选择硕博连读就是想做科研。”因为热爱和对科研的兴趣，雷智锋抓住时机，把握成果。自进入博士阶段，他越来越主动地寻找科学问题，越来越享受科研带来的快乐，身份变化的同时，他也愈发喜欢科研这一行业，立志为课题组做出自己的贡献。

博士毕业答辩

稳中求进，勇攀科研之峰

在北科读研期间，雷智锋在吕昭平教授团队中潜心研究专攻科研项目。提到科研论文，雷智锋讲："这是对自己博士阶段学习的一个检验和肯定吧。自己做出的成果能发表在高水平杂志上，大大提高了自己的信心，更加坚信自己能做好很多事情。"刊登在"Nature"上的文章所研究的现象于2014年6月发现，当时正处于硕士二年级的他已顺利取得硕博连读资格。在导师的帮助和指导下，他很快找到了项目切入点，发现在TiZrHfNb难熔高熵合金中添加间隙原子，特别是适量的氧原子，其拉伸强度和塑性均有提高。这一现象打破了人们对传统间隙强化的认知，即一般认为间隙强化，强度虽可以大幅提高，但同时塑性也会大幅降低。于是最终研究的问题和难点归结到为什么在这个合金里间隙强化塑性反而提高？针对这个问题雷智锋随即开始深入研究其微观变形机理。

首先怀疑的是，合金中是否存在相变诱导塑性（TRIP）或孪晶诱导塑性（TWIP）效应，因为同时提高合金强度和塑性大都是由于TRIP或TWIP效应的存在。针对这个假设，团队开始做了大量的原位和非原位的表征。实验结果表明，合金中并不存在这两大效应。"会不会是一种全新的应变硬化机制呢？如果是的话，那我们研究工作的意义就更加重要了，这将会为后续的科研工作者设计高强度高塑性金属材料提供另外一条切实可行的强韧化途径。"紧接着，通过大量的扫描电镜和透射电镜表征，查阅大量文献，并经过反复的讨论和思考，他开始怀疑，塑性的来源会不会来自氧原子与位错产生了交互作用，改变了位错的滑移方式，从而致使塑性变形均匀化呢？为验证猜想，他又开始进行扫描透射电镜表征，通过分析表征结果知道加氧改变了合金中的位错滑移方式是其塑性提高的来源后，他并不满足于此，希望更进一步，弄清楚为什么添加氧原子后位错的滑移方式会发生改变？时间紧，任务重，在文章投稿的前一周，他将所研究合金的原子尺度的结构及变形机理表征出来。

经过课题组的反复讨论，雷智锋和团队一致认为可能发现了一种新的间隙原子的存在形式，即有序间隙原子复合体，并且发现添加氧的合金变形的过程中存在着大量的位错钉扎的现象，这说明位错交滑移来源于某种“粒子”对位错的钉扎作用。通过进一步深入研究钉扎点处原子尺度的结构，发现钉扎点均存在有序间隙氧原子，而远离钉扎点的区域却并没有有序间隙氧原子的存在。这就证明对位错起到钉扎作用的就是所发现的有序间隙原子复合体。至此，通过不懈努力，雷智锋和团队从原子尺度上理解了添加氧原子合金强度和塑性同时提高的结构起源及变形机理。

电弧熔炼实验中

整篇论文的难点在于机理的研究以及对文章意义的思考。回顾整个科研工作的意义时雷智锋总结道：“主要有两项：一是发现了间隙原子新的存在状态并提出了一种新的应变硬化机制；二是新的应变硬化机制能够同时提高合金的强度和塑性，为设计高强度高塑性金属材料提供了新途径。”

在找到了研究工作的意义所在后，团队就开始着手撰写文章。2016 年 11 月初稿完成，经过两年左右的雕琢，历经前前后后一百多次的修改，终于在 2018 年 3 月确定了论文的最终版本并开始进入投稿阶段。经过了二轮提交和再一次修改校订格式和文字阶段，“改版主要是对文章进行了更为细致的精炼，以期望能使更多的人能够看懂我们的论文。这个过程主要是与编辑来回修改。编辑从非专业的角度入手，与我们沟通，以期望将我们的文章修改到更加精炼和通俗易懂。”9月14日收到最终接收邮件的那一刻，雷智锋知道，自己和团队终于可以松一口气了，因为他们成功了。

回顾整个实验，写作，投稿和回复意见的全过程，雷智锋感慨良多：“科研容不得半点虚假，只有一步一个脚印，踏踏实实地完成每一项工作才能把科研工作做好。”通过科研，他认为最大的收获是对自己科研素质以及性格的磨炼，让自己对待科研更加严谨认真了，戒躁、沉着、冷静，也更加清楚以后的人生路、科研路该怎么走，通过对知识的沉淀和打磨，稳中求进，勇攀高峰。

赴美国菲尼克斯参加TMS会议并做口头报告

不忘初心，开拓人生新征程

在北京科技大学度过七年时光的雷智锋，现在已经在德国马普所从事博士后研究工作了。对于毕业后的改变，他讲道：“博士毕业后，角色不一样了，现在已经不是学生了，要更加独立了。现在需要自己独立地寻找想法、完成项目。同样在生活上也变得更加独立了，需要面对周围的人和事，不断地适应新的角色，承担起家庭的责任。”出国工作，也是雷智锋进一步提高自己的科研素质和能力的原因之一。做项目离不开沟通和交流，回顾自己的大学生涯，雷智锋说：“北科的七年锻打，我用拼搏和汗水谱写了无比自豪的研究生生活，除了科研和学习，学生工作也十分重要。不仅可以培养自己的团队意识，也能磨砺自己的性格，提升自己待人接物的能力，这对今后的工作可以打下很好的基础。”在校担任学生梯队党支部书记的他，在沟通、交流、团队建立和组织上，能够清晰表达自己的想法，倾听他人的想法并展开讨论，商量出最为合适的方案。“大家都是一个集体，做任何事情的时候尽量要照顾到团队，团队的利益高于个人。”导师细致入微的亲力指导，团队队员的互帮互助，学生工作的尽职尽责，不论是科研道路还是工作生活，都使得他不忘初心，勇于开拓自己人生的新征程。

研究生的美好时光稍纵即逝，对于雷智锋自己来说，他始终相信成功不仅需要幸运，更需要稳扎稳打、积极进取、坚持不懈的决心。“宝剑锋从磨砺出，梅花香自苦寒来。确定好人生的奋斗方向，坚定不移地尽自己最大努力去实现它。奋斗的过程较之结果更重要更值得回味，也是自己人生的一笔财富。低调做人，高调做事。无论何时保持一颗谦卑的心，人外有人，山外有山，脚踏实地地做事，切勿好高骛远。”雷智锋也期待在未来的科研生活中，能够为伟大祖国的复兴事业添砖加瓦：“今后我也将不忘初心，继续一如既往地积极进取，争取为祖国的科研事业做出更多更好的贡献。”

虚心若渴，求知若愚

——北京科技大学第八届“青年五四奖章”获奖者翟昊

在索奥科技中心大例会上发言

翟昊，男，1998 年 4 月生，中共党员，2016 年至今就读于北京科技大学自动化学院智能科学与技术专业，现已保研至中国科学院大学继续深造。曾获北京市三好学生、优秀三好学生等荣誉称号。曾获北京科技大学国家奖学金、新生人民特等奖学金、宝钢奖学金、冠之奖学金。曾获美国大学生数学建模全国一等奖、全国大学生英语竞赛 C 类二等奖、高教社杯全国大学生数学建模竞赛本科组二等奖、蓝桥杯全国软件和信息技术专业人才大赛北京赛区 C/C++ 程序设计大学 A 组一等奖。曾带领项目组“Intellevators 智能高流量电梯”斩获科技创新奖项 6 项，包括 iCAN 国际创新创业大赛中国总决赛三等奖等。曾任自动化学院索奥科技中心主席，指导成立宣传部、机器学习小组，创办“索奥创新创业论坛”，举办“第八届单片机应用大赛”“第四届传感器创新大赛”，致力于搭建更广阔的科技创新实践平台。

以梦为马，不负韶华

优秀永远不是目的，终点是不断追求卓越。刚上大一的他像许多同学一样，迷茫无助，找不到适合自己的学习方法，高数期中考试很不理想，让他感觉到了挫败，但更重要的是他意识到了考前整理总结的重要性。之后的每一次闭卷考试，他都会认真整理知识点、经典例题等，还会分享给同学们。功夫不负有心人，经过大一学年的努力，加权成绩高达93.49，稳居专业第一。正是因为找到了正确的学习方法，在校ACM/ICPC队集训停课近一个月的情况下，仍可以自学课程，保住专业第一。优秀成绩的取得正是源于他上课认真听讲、下课勤于钻研，考前能够坚持整理考试内容的好习惯。同时他还会将自己整理的笔记和同学分享，共同进步，截至目前，他已经整理了41门课超过200页的内容，基本涵盖了所有考试的科目。翟昊自己也说道："其实到了后面支撑我整理下去的动力就是那句'赠人玫瑰，手有余香'"。他向我们诠释了"学者功夫，宁下而勿高，宁沉而勿浮。"

除此之外，他还善于钻研基础学科的各项知识、积极参与各类学术研究和学科竞赛，曾获得美国大学生数学建模全国一等奖、全国大学生数学建模二等奖等奖项。并且在课余时间选修了包括运筹学、博弈论、组合数学等一系列课程，熟练掌握Matlab、SPSS、Lingo等软件的使用方法，了解各种数据挖掘、趋势预测算法，提升其专业素质。他将自己的大学生活时间利用到极致，不愿浪费任何边角时间，也正是因为他如此自律，才取得一项又一项优异的成绩。

在英语技能方面，除了一次性高分通过四六级外，他还获得全国大学生英语竞赛C类二等奖。

这些荣誉不仅没有使他骄傲自满，反而成为他不断激励自己前进的动力，努力让自己成为一个德智体全面发展，热爱读书、善于思考的人。他还总说："没有明确的目标也没关系，只要去学习就好，像个饥饿者、像个愚钝者那般汲取知识，最终方向一定会渐渐明晰的。"他的上进精神和对于生活的态度值得我们大家去学习，与其在大好的年华里迷茫，不如着手去做使自己变优秀的事情。

磨砺心性，跬步千里

早在大一时，他便加入索奥科技中心，他的初衷就是能希望在大学多参加科技竞赛，把自己的专业知识运用到科技创新实践中去。通过面试成为软件部的一员，他积极参加索奥科技中心举办的"C语言培训""单片机培训""Java/Android培训"等活动，在动手能力和科技竞赛技术水平方面得到了很大提升。

乘着索奥的这股春风，他顺利参加了自动化学院主办的“单片机应用大赛”并在一天天的艰苦奋斗中，提高了解决问题，克服困难的能力，最终斩获三等奖。虽然离最高奖项仍有距离，但他在科技竞赛不断失败、不断改进的过程中收获颇丰。

升入大二以后，他愈加热衷于各类科技竞赛，在孵化了一年之后，他所带领的“Intellevators 智能高流量电梯”项目在第十二届 iCAN 国际创新创业大赛中过关斩将，从校赛到市赛、国赛，最终斩获全国总决赛三等奖的成绩，还获得过“清华同方杯”北京科技大学第三届传感器创新大赛一等奖等三项校内赛奖项。不仅如此，他还牵头研究有关苏拉卡尔塔棋计算机博弈算法的“本科生 SRTP 项目”，最终还升级为市级项目。其实说起智能电梯这个项目，它的最初设计想法也是一次巧合，仅仅是源于一次在经管楼乘坐电梯的经历，那时恰逢人多，身边一位女生小声嘟囔“要是谁能重新设计一下就好了，这电梯太慢了”。正是这一句抱怨让他突然意识到，电梯运行过程中，的确有很多无意义的开关门，如果能准确知道电梯内外的实际人数，那就能更合理的调度电梯了。由此，他和他的团队开启了设计传感器、设计算法的科技创新之旅。这次竞赛经历，也是他用实际行动告诉我们，其实不论多么优秀的项目都是源于生活的，关键是要有善于捕捉的眼睛和想要改变现状的勇气。

生活中他还是个热衷于程序设计、算法比赛的同学，曾为 ACM/ICPC 校队成员，在队期间代表学校参与多项赛事，在第九届蓝桥杯全国软件和信息技术专业人才大赛北京赛区 C/C++ 程序设计大赛中获得 A 组一等奖、“中国高校计算机大赛－团体程序设计天梯赛”北京市“珠峰争顶”组三等奖，还获得了全国软件行业人才证书和 IBM Academic Initiative 的高级软件工程师认定。

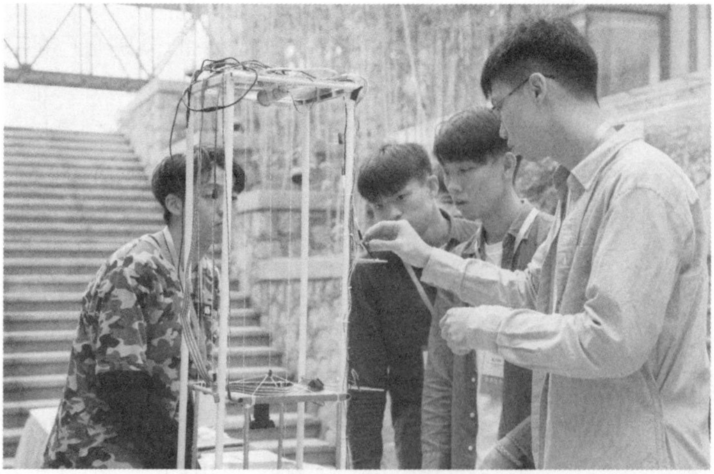

参加 iCAN 科技创新比赛

默默奉献，不计得失

索奥科技中心对翟昊来说，就是成长的营地。大一的时候，经由索奥的宣传，他投身于各类科技竞赛之中，第一次感受到科技创新的魅力与磨炼；大二的时候，他加入了索奥讲师团，成为软件部 C 语言、Java/Android 培训讲师，将自己的经验分享给学弟学妹们；大三的时候，扛起索奥主席的重担，承办单片机应用大赛、传感器创新大赛这些校级比赛，为同学们搭建平台。一路走来，身份的变换见证了他个人的成长。

在社团里，他在担任软件部部员期间，甘于奉献、积极参与各项工作；2018 年 5 月，他被任命为索奥科技中心主席，策划自动化学院索奥科技中心举办的各类培训、比赛，为搭建一个更广阔的科技平台而持续努力。除了不断完善、改进索奥科技中心的“焊工培训”“单片机培训”“C 语言培训”“Java/Android 培训”“网页前后端培训”以外，他还带领其他六位部长，为索奥科技中心新创立了“宣传部”“机器学习小组”，为适应新时代下的各项科技学生工作迈出坚实一步。此外，还策划了“索奥创新创业论坛”，举办了“单片机应用大赛”“传感器创新大赛”等各项活动，丰富了本院乃至全校学生的第二课堂，增进了他们的科技实践水平。

就任索奥科技中心主席时发言

在学生工作中，他作为宿舍的宿舍长，协调宿舍中的各项事务，宿舍同学之间相处十分融洽。作为班级的科技委员，他总能及时提醒班级内同学各项科技竞赛的信息动态，解答同学们的疑问，并鼓励同学积极参与，激励同学们的竞赛热情，对同学们丰富课余生活起了莫大的帮助。

在志愿服务方面，他积极参与学校每年的迎新活动，成为自动化学院的迎新志愿者，并把科技作品、语音识别、单片机技术融入迎新的过程中，旨在为新生们展示自动化学院的科技氛围和专业特色。他还领队了“索奥智能应急救护共享系统”社会实践团，积极为社会热点问题提出自己的解决思路，并用“手机APP+蓝牙+导航”的新颖方式加以实现，产生了一定的社会影响力，被评为北京科技大学社会实践银奖团队。

学习和工作的各类事务虽然繁多，但是他却干劲满满、砥砺前行，尽自己所能把青年时代的汗水挥洒在大学这片肥沃土壤中，发挥自己的光和热服务并激励着身边的每一个人。

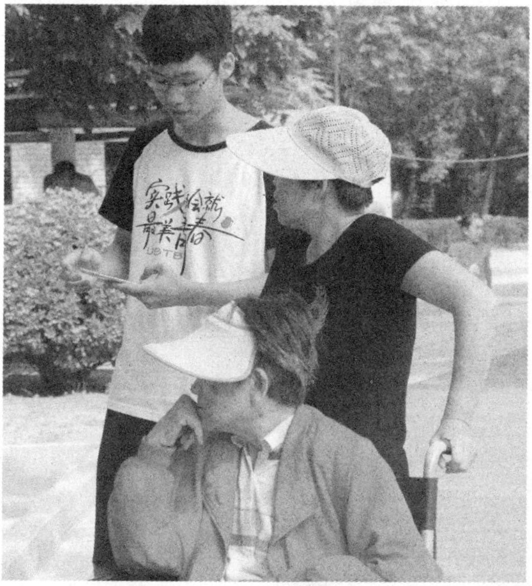

社会实践中向社区老人介绍APP使用方法

在自动化学院19级新生典礼上，他作为优秀学长，给新生说了这么一段话：“有了‘勇气’‘能力’‘视野’，你们就能将大学过的精彩。”回顾他的大学三年，正是因为他有拼搏向上的勇气，克服困难能力，长远的视野，他才将大学生活过得丰富而多彩。就像习总书记说的那样，新时代中国青年要树立远大理想。他便是这样的一个人，有一分热，就发一分热，虚心若渴，求知若愚。

守护绿水青山，传承青年风采

——北京科技大学第八届“青年五四奖章”获奖团队节能减排团队

第十届节能减排获奖合影

全国大学生节能减排社会实践与科技竞赛由教育部高等教育司主办，是教育部落实国家“节能减排全民行动计划”的重要举措。竞赛结合国家重大需求，紧密围绕“节能减排、绿色能源”的主题，现已成功举办十二届，成为一项具有深受青年喜爱、具有较大社会影响的国家级大学生竞赛。自2008年第一届全国大学生节能减排社会实践与科技竞赛成功举办以来，北京科技大学历届节能减排团队共完成科技创新项目100多项，荣获国家级荣誉近百项，其中包括国家级特等奖四项。在参赛过程中，北科大学子扎根专业知识，不断砥砺创新，用科技报国之志守护绿水青山，展现求实鼎新的北科风采。

精心筹划，各方通力合作

北京科技大学节能减排团队的成功离不开学校的大力支持，从每年10月的校内宣讲会开始，历经校内选拔赛、国赛初赛，再到次年8月的国赛决赛，长达十个月的“节能减排周期”内，教务处、资产管理处、校团委、能源与环境工程学院等单位通力合作，整合各方资源，为参赛团队提供场地支持、资金保障、技术指导，使各项工作有条不紊顺利开展，为节能减排团队屡创佳绩建立坚实保障。

为了确保参赛同学充分发挥聪明才智，利用好各自优势，节能减排团队鼓励参赛学生跨专业、跨学科组队，并邀请能源与环境工程学院教师担任指导老师，充分发挥专业力量。通过校内赛选拔的参赛团队将在能源与环境工程学院冯妍卉教授及夏德宏教授指导下，按照研究生培养模式开展科研工作，每周汇报科研进度及未来计划。每周的例会上，冯妍卉教授及夏德宏教授在百忙之中为各参赛团队提出意见，把控整体方向，各团队指导老师也参与其中。第十二届节能减排竞赛全国二等奖团队成员金楷茹说：“在参赛过程中，我们得到了指导老师张欣茹老师的悉心指导。从提供实验场地，到完善装置设计思路，再到修改设计说明书与申报书，张欣茹老师为我们实现节能减排理念带来了很大帮助。我清楚记得，在多次修改设计说明书但仍不理想的紧要时刻，是张老师帮助我们谋篇布局，将设计说明书和申报书写得条理清晰，最终提交了一份规范、完善的设计说明书。可以说，张老师是我们的节能减排小分队的坚强后盾，我们非常感谢张老师的谆谆教诲。”在节能减排团队精心的筹划组织下，各参赛团队相互学习，共同探讨，克服一个又一个困难，取得一项又一项突破。

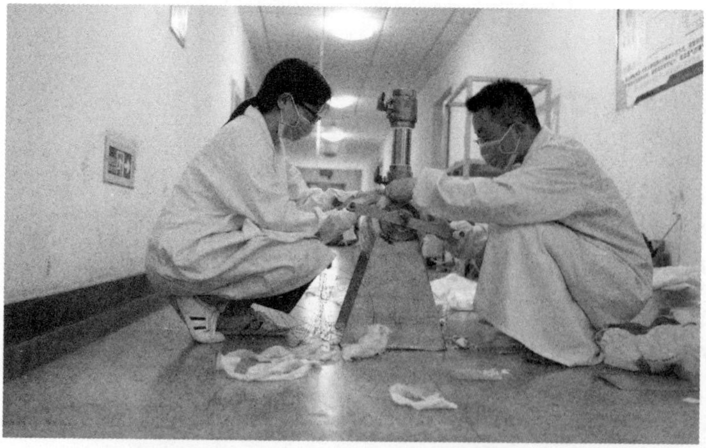

第十届国赛实验设备安装

做足细节，守护绿水青山

秉承“求实鼎新”的校训，节能减排团队鼓励参赛学生扎根专业，在身边发现创新点。俗话说：“民以食为天”，食物是每个人生活中必不可少的一部分，但绝大多数人都不会关心吃剩下的饭菜及食物残渣将会何去何从。殊不知，这些食物残渣在泔水桶里发酵后，臭气熏天，既不便于处理，也不利于人们的健康与卫生。当前以生物法为主的处理方式需要很长的处理时间，导致全国大多数省市对于湿垃圾的处理能力明显不足。第十二届节能减排竞赛全国特等奖团队——餐厨垃圾油炸干化制取固体燃料的装置“垃圾炸锅”团队便着眼于这一似乎微不足道的问题开展研究。“垃圾炸锅”的创意起源于生活上的一件小事：一位细心的队员过年在家炸丸子的时候发现，湿湿的丸子进到炸锅里，不一会就变干了。一个创意在他脑海中一闪而过，他第一时间和其他队员分享了自己的想法。在指导老师的引导下，“垃圾炸锅”团队将脑海中的创意付诸行动，成员充分发挥自身的优势和特长，积极完成各项安排工作，从装置结构的初步确立，到具体尺寸的设计，最后到整体运行的优化，专门用于处于湿垃圾的“垃圾炸锅”就此诞生。“垃圾炸锅”可以实现高含固有机垃圾的减量化和资源化，装置采用减压油炸方式，降低油温，避免高热导致油料氧化分解，实现废油循环使用，有效解决了传统脱水干化工艺中占地面积大、脱水效率低、干化效果差等问题，具有快速干化、高效产出、装置一体化等优势，可放置于居民区、餐饮区等，实现垃圾就地干化处理，具有广阔应用前景。这样细枝末节现创意、点滴之处做研究的例子还有很多，很多参赛团队都是针对细节问题不断研究，最终取得优异成绩。微不足道的小问题中，仍然有大文章可做，节能减排团队把细节功夫做到极致，践行节能减排和可持续发展的理念。

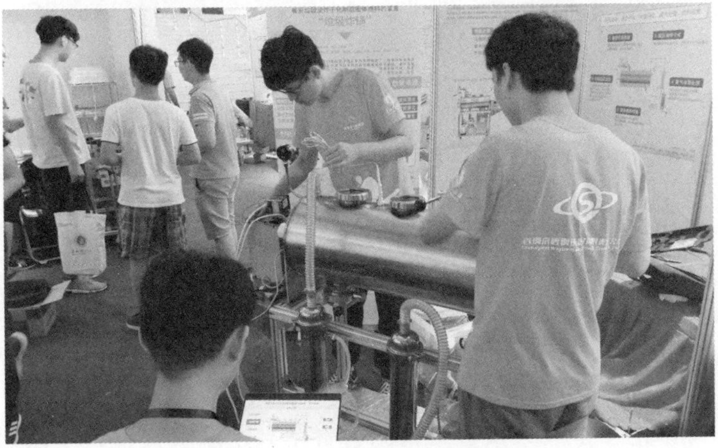

第十二届国赛现场布置展台

汗水浇灌，接力不断前行

诚然，科研是一项枯燥而辛苦的工作，尤其是对于并无任何科研经历的参赛同学来说，更是充满了挑战。尽管存在缺乏专业背景、缺乏相关经验等问题，还有繁重的课程和实习安排等诸多困难挑战，各参赛团队还是毫不畏惧，以“初生牛犊不怕虎”的精神“啃硬骨头”。庞大沉重的参赛装置往往使参赛队员们满头大汗，但是从未有人轻言放弃。透过汗水，我们能看到钢小伙、铁姑娘们的果敢坚毅；而在比赛现场，参赛队员自信流畅地展示创新成果，我们能看到钢小伙、铁姑娘们的意气风发，科大学子的风采展现得淋漓尽致。

节能减排团队的系列付出收获了回报，北京科技大学节能减排团队在近三届“全国大学生节能减排社会实践与科技竞赛”决赛中均取得了优异的成绩。2017年获得一等奖3项，二等奖1项，三等奖6项；2018年获得一等奖4项，三等奖3项；2019年获得特等奖1项，一等奖1项，二等奖2项，优秀奖8项，并连续12年获得优秀组织奖。截至今年，节能减排团队累计获得国家级特等奖4项，一等奖31项，二等奖16项，三等奖45项。诸多荣誉，令人赞叹，使人钦佩。他们代表着一批又一批科研团队的辛勤努力，意味着一个又一个日夜颠倒换来的心血付出，更诉说着一届又一届北科学子对母校深沉的情感。

第十一届节能减排获奖合影

习近平总书记在十九大报告中指出，青年兴则国家兴，青年强则国家强。青年一代有理想、有本领、有担当，国家就有前途，民族就有希望。中华民族伟大复兴的中国梦终将在一代代青年的接力奋斗中变为现实。历史责任不断接力，奋斗精神一直传承。传承，这样一个厚重而又充满责任感的名词，代表着节能减排团队一直以来的坚守和付出。每年的节能减排宣讲会都座无虚席，往届获奖团队成员代表都会为前来听讲的同学传授经验。每年的参赛同学中都不乏已经参加过一届比赛并取得良好成绩的同学，这些同学则将成为传承的种子，将节能减排团队的荣耀永续传递。

如今，第十二届全国大学生节能减排社会实践与科技竞赛刚刚落下帷幕，新的“节能减排周期”也已经开始。节能减排团队每一名成员的努力铸就了团队的辉煌，节能减排团队的成就也鼓舞着团队的每一名成员。一个个艰苦奋斗的足迹，一批批优秀作品的涌现，一代代创新精神的传承，无不展现着北科学子热情洋溢的青春。点滴精彩汇聚成河，凝结成北科节能减排团队光辉的过往；而团队的未来，也将由每一位深爱北科、热衷科研的优秀学子发展延续，连同他们高昂的热情一起，在赛场上继续绽放。

第十二届节能减排获奖合影

凝心

文化铸魂篇

灵魂唱响红歌，红歌演绎生活

——北京科技大学第一届“青年五四奖章”获奖者刘少蓉

参加红歌会

刘少蓉，女，1984年6月生，中共党员，2002年至2008年就读于北京科技大学文法学院行政管理专业。曾获第二届红歌会“全国十强”，2007年，在“庆祝十七大·放歌井冈山”的红歌坊里，她受到了时任中共中央政治局常委李长春的亲切接见。

一曲唱响红歌会

她，身材娇小，嗓音却高昂嘹亮；她，生于80后，面对红歌，却激情飞扬；她，一位来自内蒙古鄂尔多斯的姑娘，有着草原上月亮般的温婉，也有着疾风般的奔放。2007年，一场弘扬主旋律、唱响红色经典的浪潮席卷全国。嘉兴南湖的红色航船，八一南昌的炮火连天，井冈山上的星星之火，雪山草地的赤胆忠心……对那段特殊年代的再现和缅怀吸引了超过1亿观众。

在这个舞台上，来自北京科技大学的刘少蓉吸引了众人的目光。娇小可爱、优雅灵秀的她有着高亢激昂、气势恢宏的嗓音，让人回味无穷。从《山丹丹花开红艳艳》到《青藏高原》，从《月亮之上》到《小河淌水》……无论是传统风格还是流行前线，每一个音符，每一段高音，每一曲旋律，都在她的个性演绎下成为跳动的精灵。每当她站在舞台上，就算没有刻意的浓妆华服，只要有一束灯光打在她身上，她的声音连同她的热情，就如同烟花般绽放，闪亮、耀眼，动人心弦。

参加红歌会，并不是偶然，而是源自刘少蓉自幼年起就埋在心里的红歌情结。她的母亲是一位演员，刘少蓉很小的时候，就跟在母亲身边，经常看母亲演出，耳濡目染，学会了很多那个年代的歌曲，还总是时不时地哼两句。长大之后，随着阅历和学识的增长，她渐渐明白了这些令人心潮澎湃的歌曲背后所蕴含的时代精神，对于红歌的喜爱更加深入骨髓，只有红歌最能触动她心底的那根弦。正如她所说的："喜欢红歌，胜过其他的流行歌曲，因为只有红歌才会让我流泪。红歌中蕴含着那个特定年代的艰辛和甜蜜，它赞美国家、社会、友情、爱情，歌颂和谐，虽然仿佛已经随岁月流逝，却是可以触摸，可以唱出真心的最好表达。"

命若琴弦注定的旋律

如果你听过刘少蓉的歌，那你一定不会相信，她在上大学以前从未接受过任何的专业训练和指导。她与音乐结缘，只因一次偶然。而正是这次小小的机缘，让她开始重新认识自己的潜能，规划自己的人生。

那是高中时，她作为优秀学生干部代表被派往大连，参加一次学生干部培训的夏令营。在一次联欢中，大家纷纷怂恿她："草原上来的百灵鸟，怎么不为大家唱支歌啊？"刘少蓉犯难了，虽然从小就喜欢音乐，喜欢那些经典的红歌，但是却从未在人前表演过，总觉得害羞、胆怯。但是禁不住大家的一再请求，她只好拿起了话筒，唱了那首经典的民族歌曲《青藏高原》。

"是谁日夜遥望着蓝天？是谁渴望永久的梦幻？难道说还有赞美的歌，还是那仿佛不能改变的庄严……"她那如未经雕琢过的璞玉一般自然纯美的声音震撼了全场。刘少蓉自己也惊讶不已：原来我也会唱歌啊！一曲唱毕，掌声雷动。大家纷纷惊叹道："唱得太好了！你是不是职业歌手啊？"刘少蓉笑着坦言，自己从未接受过任何相关的指导或者训练，是第一次当众唱歌。大家更惊讶了。从那以后，大家都亲昵地叫她"金嗓子"。也正是从那一刻起，在少蓉的心里，梦想的种子开始悄悄地萌芽。时至今日，唱歌已经成为她生活中不可缺少的一部分，出色的表演更为她赢得了大大小小诸多奖项，现在，更带领着她站在了红歌会的璀璨舞台上。的确，我们每个人体内都蕴藏着巨大的潜能，它如同一座休眠的火山酣睡着，一旦被激发出来，喷涌的炽热岩浆将令乾坤震颤！只要我们能抓住每一次机会，不断挖掘自身潜能，就一定会让自己的人生更加绚烂辉煌！

参加青歌赛

剥落光华背后的执着

如果说音乐天赋是上天的赏赐，那么少蓉的努力就是成功的阶梯。宝剑锋从磨砺出，梅花香自苦寒来。耀眼的光环背后，凝聚的是少蓉艰辛的汗水、隐忍的付出以及年复一年持之以恒的艰苦训练。

2002 年，刘少蓉以艺术特长生考入北科大后，十分珍惜每一次排练的机会，用心揣摩老师给她的每一次指导、每一个建议，私下也勤奋练习，精益求精。虽然她的乐感、悟性和对音乐的理解能力已经出类拔萃，但为了练好一首歌，她总是要反复听上无数遍，不断地揣摩对比，不允许自己的音乐里出现一点点瑕疵。第二次再见老师的时候，总能带给老师们惊喜。有时，因为无法习惯北京的干燥气候，加之长时间的排练，嗓子都练哑了。有人说她太要强了，但这就是少蓉做事的一贯原则："要么干脆不做，要做就一定做好！"

这种坚持和执着的性格从小就融在骨子里。小时候，有一次妈妈让小少蓉清洗水壶，她很听话地洗干净了水壶拿给妈妈看。妈妈却批评她粗心大意，没有洗干净。小少蓉又委屈又不服气，明明自己已经用水冲了好几遍啊！她仔细一看，才发现原来水壶上凹凸不平的花纹里还藏着不少污垢！于是她拿来一根缝衣针，一点一点地剔除污垢，直到把水壶冲洗得清爽干净、焕然一新。这虽然只是童年生活中微不足道的一件小事，却给少蓉留下了深刻的印象。从那时起，她明白了，做事情一定要用心，尽己所能做到最好。在音乐道路上，即使遇到再大的困难，她也从没退缩过。娇小可人的少蓉却有着高亢嘹亮的嗓音，也许正是源自骨子里的这份坚强和执着吧！这样的素养和情怀穿透心灵，感动着每一位听众……

贝壳里的百灵鸟

刘少蓉说："北科大，是我起飞的力量和永远的归宿。"

2003年，非典的突然降临使北京的各个高校都不得不减少了各种活动。刘少蓉说那时候学校里的课外活动太匮乏了，大家需要丰富一点的生活，而她们的演出在那时可能是最好的一种方式。那段时间里，刘少蓉随艺术团一起为同学和教职工慰问演出，16栋、36斋、校医院……经常会看到她的身影，听到她的歌声。谈到自己的安全问题，刘少蓉又一次显露出她骨子里的那种直率和纯真，她说："当时根本没有想那么多，只是觉得那时候应该那么做就去做了"，说完她俏皮地做了个鬼脸，再次露出那天真善良的微笑。

2006年的7月，像往年一样，北科大的校园里总是会有三三两两的毕业生拿着相机留下在这里生活和奋斗的印记。不过，与往年不同的是，刘少蓉的歌声让这一届毕业生又多了一份独有的美好回忆。那一年，刘少蓉为毕业的同学们演唱了原创的《银杏叶片》，一首属于北科人的毕业歌曲。和着那明媚阳光中夹杂的点点感伤，带着回眸那条银杏树小道的不舍与留恋，这首充满着对母校的爱，对大学生活的留恋以及对将要离别的同学的祝福的歌曲，也在北科大的校园中流传开来，成为那届毕业生对北科最后的回忆。

和同学们的合影（前一）

2007年4月22日是北京科技大学55岁生日，为了给学校献上自己的礼物和祝福，在校庆晚会上刘少蓉不仅向全校师生再一次展示了她歌声的魅力，也让大家看到了她另一方面的才能：她参与编排并演出了小品《今日北科大》，至今都还有人说：表演小品的女生太有才了！

多年学生干部工作的经验已经让她把团队精神内化为了一种习惯。她的开朗热情和顽强的毅力也感动着整个团队。大家开始互相帮忙、彼此鼓劲，最终全部胜利到达目的地。当站在山顶时，回首那绵延的道路，少蓉的心里充满了无尽的自豪与喜悦。大家晚上一头就扎在了床铺上，甚至都顾不得洗漱就沉沉地睡去了。可是，刚进入梦乡，就被紧急集合的尖锐哨声惊醒。蒙胧中的少蓉从床上一跃而起，迅速整装前去集合。刘少蓉对北科大、对合唱团有着特别的情感。来到北科大的刘少蓉，为自己的音乐道路画上了一条崭新的起跑线，而在北科大的日子里，她也为母校的文艺工作贡献着自己的力量。刘少蓉说："在合唱团和团委的这几年是我成长最多的一段时光，也是我最快乐的时光。"

2007年12月20日，共青团北京科技大学委员会授予刘少蓉"青年五四奖章"，在颁奖典礼上刘少蓉说："我骄傲自己是一名红歌手，作为新一代青年唱响主旋律，我也骄傲我是北科人！"如今，当别人谈到她过去的辉煌时，她只是淡淡地说："一切成绩只代表过去。"我们祝福她，相信她的明天一定更美好！

传扬传统文化，展示青年风采

——北京科技大学第三届“青年五四奖章”获奖团队北京科技大学学生民乐团

赴希腊参加第12届世界民俗舞蹈艺术节

弓弦顿挫谱名曲，丝竹清雅奏华章。北京科技大学学生民乐团成立于1995年，致力于传承中华优秀传统文化，丰富师生校园文化生活。历经二十余年的发展，现已经成为我校校园文化建设的一支重要力量，培养了一批热爱民族艺术、弘扬民族精神的优秀人才，在全国高校艺术团体中颇具影响力。民乐团现有成员五十余人，长期受邀参加各类演出活动，凭借着高质量的业务水平和专业素养获得社会各界广泛认可。

源于美，始于责

随着经济的快速发展和西方文化的输入，人民生活节奏越来越快，对西方艺术的了解越来越多，对民族文化的认识却越来越浅。从街头巷尾到高雅殿堂，人们更加青睐西方古典音乐，民族音乐反而被贴上了“土里土气”的标签。

1995 年，一群具有民乐特长与兴趣的学生心怀发扬民族文化的初心和使命，组建了一支民乐演奏队伍，立志于让更多的年轻人能真正认识属于我们民族文化的瑰宝，让民乐的美在校园中绽放。

建制容易，发扬困难，民乐的美还仅仅限于一小波人群。很多人不常欣赏民乐，也对民乐报以误解。为了普及民族乐曲，传承和发扬传统文化，更好地向老师同学展示民乐，民乐团的同学们在高强度的学业压力之余，每周抽出时间凑在一起排练。练得成熟的曲子，就到各个学生组织、活动现场去演奏，抓住一切可以向大家展示的机会，让更多的同学能听得到、听得进、听得懂民族的乐曲。

为了增加民乐可观赏性和亲民度，民乐团在保留传统民乐作品基础上，尝试探索创作新式民乐作品，一遍遍练习、磨合，反复修改、调整，终于在合奏形式及内容上实现了创新和突破，赢得师生认可和称赞。

精于勤，美于心

2002 年，民乐团划归校团委管理，学校开始正式招收艺术特长生，为民乐团注入了稳定的力量。随着学校艺术团队伍建设逐步加强，民乐团步入快速发展的黄金时期。

2005 年，乐团聘请韩学周老师担纲常任指挥。此外，乐团还聘请了中国广播民族乐团二胡首席张方鸣，中央民族乐团青年唢呐演奏家林富国，国家一级演奏员、著名大提琴演奏家胡国尧等多位专业老师担任各声部指导教师。各位指导教师以其丰富的经验、广阔的眼界和的高标准艺术水平，为民乐团的建设发展指引方向、保驾护航。

民乐团在多年的建设发展过程中，从一个兴趣社团成长为我校艺术教育的重要力量。一届届民乐人秉承传承民乐文化的使命，深耕不辍，初心不改，积累了一批独具特色的演奏曲目和宝贵的建设经验。《节庆欢舞》明快热烈，把观众带到了熙熙攘攘、锣鼓喧天的街头；《茶马古道行》驼铃阵阵，仿佛置身于西域辽阔的沙漠中；《蓝色畅想》激情澎湃，奏响了新时代的浩乐风华；《乔家大院》风云变幻，带领我们穿越历史的长廊；《茉莉花》淡雅清香，《天下黄河》气势磅礴……

台上的完美演奏离不开台下日复一日的刻苦练习，离不开这支团队的共同付出。专业导师悉心指导，坚持每周排练、假期集训，民乐团用最大的努力，建好这支队伍，肩负起校园文化建设、传统文化传承的重要使命。在工作中，民乐团积累了将工作做“常”、做“深”、做“细”的管理模式。乐团在指导老师及指挥带领下，于每周三晚进行大乐队合排，每周日晚进行各声部分排。为保证团员业务水平的平衡性，声部长会组织加练与教学，针对性地对排练中遇到的问题各个击破。寒来暑往，每周三与周日的排练成了属于乐团人独特的“生物钟”；每逢重大比赛、演出前，有针对性地进行短期集训，研究调整乐曲中的每一段乐句、每一个音符，将平日排练的成果在短时间内最大化；在演出比赛前，指导老师和团长会对乐曲的选择、乐曲的处理、团队的情绪调整进行细致的指导，乐团团员也形成了相互关心照顾，相互学习提醒的好习惯。

立于行，成于志

为了普及民族乐曲，传承和发扬传统文化，乐团成员承担了各新生团支部文艺主题团日活动，大家从舞台走向讲台，担任起了民乐小讲师，为发扬传承中华文化瑰宝、全面提升青年学子艺术修养做出了突出贡献。每年一场高水平音乐会，吸引了一大批年轻一代喜爱民乐、欣赏民乐。绚丽的曲目在民族乐器的演绎下，校园生活耳目一新。在学风严谨，崇尚实践的北科大校园中，民乐团温润的艺术气息为理工科为主的校园增添了一抹靓丽的色彩。

除了在校园内演出，民乐团每年暑假还会组建一支社会实践团队，走向社会，深入基层，前往基层社区开展民乐演出、民乐普及调研和民乐知识宣讲，丰富当地群众的艺术文化生活，让更多的群众走近民乐、了解民乐、欣赏民乐，激发根植于中国人内心的传统文化。

从文艺团日活动的讲台，到学校重要活动的现场，从乡村社区的民俗舞台，到国家级艺术殿堂，处处都能看到民乐团的身影，听到拨动心弦的美妙演奏。2006 年元旦，民乐团在国家图书馆音乐厅奏响了新年音乐会；2011 年末赴意大利参加中意青少年艺术联欢节；2012 年举办“和乐韵诚”北京科技大学民乐团专场音乐会；2014 年 5 月在中山音乐堂举办“风雅音华”北京科技大学民乐团专场音乐会；2014 年 12 月在国家大剧院举办“流音·雅乐”北京科技大学合唱民乐音乐会暨 2015 北京大学生新年音乐会；2015 年在北京音乐厅举办“北京科技大学民乐团 20 周年专场音乐会”；2016 年赴希腊参加第十二届世界民俗舞蹈艺术节，中华民乐在越来越多的人们心中生根发芽。

二十多年来，民乐团团员带着对音乐的热爱，凭借着高质量的业务水平和专业素养在北京市乃至全国各所高校中享有盛誉，并屡次受邀参加各种演出活动，获得社会各界广泛认可。乐团于 2009 年获得全国第二届大学生艺术展演器乐类一等奖，2010 年获得第三届北京大学生艺术展演器乐类一等奖，2012 年获得“北京市大学生艺术团”称号，2013 年获得第四届北京市大学生艺术展演一等奖，

2016年获世界民俗舞蹈艺术节最受观众欢迎的演出国家银奖，2016年、2018年先后两次获得北京市大学生音乐节金奖。

国家大剧院艺术团联合专场演出

中山音乐堂民乐团专场音乐会

唢呐、中阮、琵琶、锣鼓、木琴、扬琴、二胡、笛子……这些设计精妙的乐器在民乐团人的手中口中，演奏出一支支叩击心灵的曲调，带着听众穿越千年时光，感受中华文化的恢宏和中华民族的气质。

“一把琵琶就能弹出悲壮的垓下之围；一架古筝就能奏出连海之春江潮水；一只古埙就能吹出千古兴衰之幽思。”民乐是有灵魂的生命，回首二十余载发展历程，民乐团为传承与发扬民族艺术默默奉献。新的征程上，民乐团将牢记初心和使命，用春风化雨、滴水穿石的坚持，将民乐的精神扎根于青年学子的心中，为这灵动的生命注入源源不断的力量。

北京大学生音乐节民乐合奏金奖

北京大学生音乐节民乐室内乐团银奖

奏青年之志，谱北科华章

——北京科技大学第四届“青年五四奖章”获奖团队
北京科技大学学生管乐团

“青春之歌”管乐团专场音乐会

北京科技大学管乐团成立于1989年，前身为学生军乐团。2007年，特聘指挥李思成老师担纲管乐团常任指挥，乐团取得了跨越式发展。近年来，管乐团在学术研讨会、外宾来访等重要活动以及校园艺术节、音乐节等校园文化活动中发挥重要作用，已经成为向外界展示学校精神风貌的艺术名片和校内文化建设的重要力量。

勤以练技，彰显北科精神

管乐团成立于1989年，前身是学生军乐团。乐团初建时基础薄弱、条件简陋、编制不全，同学们凭借着一腔热情坚持训练。2019年是管乐团建团30周年，经过三十年的发展壮大，管乐团目前已经成为一支拥有十二个声部、五十余名团员的专业乐团。管乐团以其专业化的演奏水准、“精致细腻”的音乐风格获得业内外人士的一致称赞，在促进学校文化建设和艺术教育中的作用也愈发凸显。

台上一分钟，台下十年功。舞台上管乐团动人心弦、恢宏大气的鸣奏，归功于台下寒来暑往、披星戴月的训练。每周固定的分练、合练，比赛前不间断的特训，是保证乐团高质量演奏的基础，也是每一个乐团人的难忘回忆。晚上下课后和周末休息时，大家便来到排练厅，从一声声试音到演奏一曲连贯动人的乐曲，这其中凝聚了乐团人的时光和汗水，也造就了一支勤奋刻苦、严谨求实的艺术团队。

作为一支学生艺术团，科大管乐团始终秉持“团结奋进、追求卓越”的理念，经过多年的探索和实践，建立了一套系统的、规范的、团员之间相互帮助、相互影响的团队管理体系，实现了团队的长久发展。管乐团以高标准的艺术要求和精益求精的处事风格，培养了一届又一届优秀的学子，形成了强大的团队凝聚力和归属感，成为北科大一面高高飘扬的艺术旗帜。

情以动心，打造北科文化

在北科，有彰显艺术的舞台，就有管乐团的身影；有管乐团的地方，就有被打动的心灵。

2006 年，在信息学院师生艺术节上，观演师生为管乐魅力所折服；2007 年，在校运动会上，开幕式在激昂的演奏声中推向高潮；2008 年，在“重奏艺术沙龙”上，为观众展现重奏的精彩，用激情点燃奥运，用文艺唱响生活；2009 年 5 月，在与丹麦爵士乐团交流演出中，搭起了不同语言、不同民族心灵沟通的桥梁；2009 年 6 月，在庆祝建团 20 周年的音乐会上，全场观众沉浸于艺术的海洋；2010 年 6 月，萨克斯声部与打击乐声部举办专场音乐沙龙，把艺术带入同学们的日常生活；2011 年 8 月，在名园小学支教，孩子们第一次走进管乐的世界；2012 年 4 月，“祈·舞荣归　光荣绽放——北京科技大学学生管乐团专场音乐会”，献礼北科大建校 60 周年；2013 年 9 月，国音堂的“铸梦青春——北京科技大学管乐团专场音乐会”，为观众们带来一场视听盛宴；2013 年 12 月，在国家大剧院举办的“北科华章专场音乐会”，首登大剧院舞台华丽绽放；2016 年 6 月，“经典与辉煌——北京科技大学管乐团专场音乐会”，庆祝建党 95 周年，不忘历史开创未来；2016 年 12 月，“世界音乐之旅——北科大管乐团室内乐音乐会”，在忙碌的期末为同学们舒缓一下紧张的心情；2017 年 2 月，在全国学校共青团 2017 学术年会上，为与会嘉宾带来美妙的听觉盛宴；2017 年 7 月，“歌唱祖国”专场音乐会向伟大的党献上诚挚的祝福，向香港回归 20 周年献上美好的祝愿；2018 年 6 月，在国图艺术中心的“征程——北京科技大学纪念改革开放 40 周年音乐会”，为纪念改革开放唱响了嘹亮的颂歌。2018 年 12 月，室内乐音乐会“艺响之夜”，台下座无虚席掌声雷动。2019 年 4 月，“青春之歌”纪念五四运动

100 周年音乐会在教职工礼堂上彰显了科大乐团人的青春活力。2019 年 7 月，全国青少年高校科学营演奏的《歌唱祖国》，传递了北科学子的爱国情怀……

举办“北科华章”国家大剧院青少年新年系列音乐会北京科技大学专场

管乐团专场音乐会——征程

在开学典礼、毕业晚会的舞台上，管乐团伴随着学生一起成长；在会议现场、音乐殿堂，管乐团演奏出了北科大的文化徽章。管乐团用心打造的艺术名片，成为北科大文化艺术的一道亮丽风景。

乐以动人，满载北科勋章

三十年声声不息，三十年砥砺奋进，管乐团一代又一代人不懈努力，换回了今天的荣誉勋章。

2005 年，管乐团参加第一届北京市大学生艺术展演，获得管乐组二等奖。同年，赴美国、加拿大、韩国、日本等国家及中国台湾地区与专业乐团进行联谊交流。2007 年，在第二届北京市大学生艺术展演中，管乐团再获管乐组展演二等奖。

在各位专业老师的指导下，经过多年潜心排练，北科大管乐团的演奏水准有了质的飞跃。2011 年大家带着《耶利哥》《七夕》两首悠然动听的乐曲，充满自信地登上了第三届北京大学生艺术展演的舞台。《七夕》用温婉动听的旋律诉说着古老的传说，深深打动聆听者的心；《耶利哥》荡然阔气、震撼全场，恢宏的音响，触碰着每位听众的神经。凭借荡人心魄的演奏，管乐团一举摘下了首个北京赛管乐合奏（普通 A 组）一等奖。在北京赛脱颖而出后，管乐团的团员们热血沸腾，向着更高的目标迈进，大家一鼓作气，继续向全国赛进军。

想在更高的舞台上展现风采，就意味着要更加地努力。一次次的艰苦训练、精益求精的要求磨炼着团员们的意志与品质。优秀的北科管乐人毅然地坚持了下来，在汗水与拼搏中，一曲《祈·舞》横空出世。刻苦的排练换来的是细腻成熟的演奏，最终，在全国最高的展演舞台上，管乐团将这首乐曲演绎得近乎完美，在众多高校中脱颖而出，夺得了全国大学生艺术展演（甲组）一等奖，创造了科大管乐团的历史。北科大管乐团《祈·舞》，荣归！

2013 年，北科大管乐团在清华大学新清华学堂音乐厅帅气亮相，参加第四届北京市大学生艺术展演。凭借大气磅礴的演奏音响和细腻感人的音乐诠释赢得了现场评委与观众们的热烈掌声。一曲《康定情歌》，乐团用细腻丰富的音色变化表达乐曲主题，出色地演绎了此曲的浪漫与情怀。《诺亚方舟》则为听众带来一波新的震撼，四段音乐的演奏自然流畅、气势恢宏。乐团的综合表现精彩绝伦、堪称完美，荣获北京大学生艺术展演一等奖。寒假期间，北科大管乐团出征天津，在天津师范大学音乐厅参加全国第四届大学生艺术展演。管乐团的团员们放弃了寒假的休息时间，春节后就返校排练。正是这种“团结奋进，追求卓越”的管乐团精神，才成就了展演中《Aerial Fantasy》（天空幻想曲）的完美演奏。《Aerial Fantasy》（天空幻想曲）是一首极具技术难度、节奏对位复杂、饱含丰富情感的管乐作品。经过指挥认真排练与调整，乐团在展演舞台上已经可以熟练驾驭演奏、完美表现音乐，最终强势卫冕，夺得全国第四届大艺展一等奖。

2016 年，第五届北京大学生艺术展演拉开帷幕。虽已连折两桂，但管乐团没有丝毫松懈，认真备战，全力以赴。乐团成员不仅追求音乐上的卓越，更要在展演现场一展北科学子的艺术风采。经过精心的排练，大家带着《幸福的格物》和《Celebrations》登上北京大艺展的舞台。《幸福的格物》曲如其名，音符间洋溢着幸福，不仅有甜美消享，更有困境中的蜕变，平淡间的柔情，轻抚听者的心灵。《Celebrations》更如管乐团的凯歌，全曲满载喜悦。两曲难度颇高，但优秀的北科大管乐团成功驾驭了它们，奏出了水平，奏出了风采，再夺金奖，实现了北京大学生艺术展演三连冠。2017 年 11 月 8 日，北科大管乐团作为全国大学生艺术展演、北京市大学生艺术展演的五连冠团队，在全国第五届大学生艺术展演北京预选赛（甲组）中脱颖而出，再次晋级全国赛，并在全国赛中荣获二等奖。

2018 北京市大学生艺术节中，北科大管乐团演奏了经典曲目《征程》，以及高难度的国外曲目《Symphonies of Gaia》，再续荣耀，勇夺金奖。同时，团内 4 名单簧管声部同学参加了北京市大学生艺术节中的西乐室内乐比赛，荣获银奖（金奖空缺），迈出了北科大管乐团跨越性的一步。

北京大学生音乐节管乐合奏金奖

第四届北京市艺术展演管乐团

回首三十年，从默默无闻到满载荣誉，是乐团人的坚持不懈、细致严谨、接力奋斗，造就了北科大管乐团的精神、文化和荣光。管乐团不仅是一面艺术旗帜、一道亮丽风景，更是一个育人摇篮、一批青年榜样。乐团的精神深深浸入每个乐团人的心中，是北科大青年牢记“团结奋进，追求卓越”使命的完美诠释，奏青春之章，创时代辉煌。

满井话剧，一直在路上

——北京科技大学第六届“青年五四奖章”获奖团队 北京科技大学话剧团

“片刻好戏”话剧团专场合影

北京科技大学话剧团成立于2006年，致力于弘扬高雅艺术，挖掘校园文化，普及艺术教育。成立十余年来，在学校领导的关心和大力支持下，话剧团上下齐心协力，取得一次次优异的成绩，成为北京科技大学的王牌社团，在全国高校戏剧的舞台上成功登顶艺术巅峰。近年来，学校聘请了专业指导教师，指导话剧团精心打造《满井故事》原创话剧三部曲《燃烧》《绽放》《奔流》；其中，首部校史剧《燃烧》荣获第三届中国校园戏剧节“优秀剧目奖”；原创音乐话剧《绽放》获第四届中国校园戏剧节最高奖“校园戏剧奖”，女主角荣获“校园戏剧之星”称号。2016年，原创戏剧《奔流》在学校首演，2017年以此改编的短剧《奔流》荣获“北京大学生戏剧节金奖”。

燃青春力量，绽科大梦想

2014 年 12 月我校话剧团凭借大型原创音乐话剧《绽放》，斩获第四届中国校园戏剧节最高奖——“中国戏剧奖·校园戏剧奖”，主演唐敬同学荣获“校园戏剧之星”称号。同时我校还荣获“优秀组织奖”称号，这已经是我校第二次获得此殊荣。

作为新中国成立以来的首个国家级校园戏剧节，中国校园戏剧节已经在上海成功举办了四届。2012 年，正值我校建校 60 周年，校话剧团创作了首部原创文献史诗剧《燃烧》。全剧展现了老一代北科人成长、求学、报国的拼搏奋斗故事和历程，以我校的魏寿昆、肖纪美、柯俊、吴自良、邹世昌、柯伟、李依依、张兴钤等院士为人物原型，塑造出一代北科人爱国奉献，追求真理的生动形象，展现了在时代剧变下，北科人不变的钢铁意志和泉涌豪情。该剧在校内连演两场，赢得了广大师生的一致好评。同年我校话剧团携《燃烧》首次参加中国校园戏剧节，并一举夺得“优秀剧目奖”，“优秀组织奖”，“校园戏剧之星”三项大奖。除此之外，《勇者无畏》荣获 2009 年第二届北京市大学生艺术展演短剧组一等奖；《钢魂》获 2010 年第三届北京市大学生艺术展演短剧组二等奖；《你好！打劫》获 2011 年第三届北京大学生戏剧节“优秀组织奖”。

2013 年 11 月 30 日，继《燃烧》之后又一部新的原创话剧作品《绽放》在北京科技大学教职工礼堂隆重上演，《绽放》同样讲述了北科学子在科大的人文关怀下崇尚科学，追求梦想的故事。作品创作的源泉来自科大这片宁静的沃土，它像美丽的银杏树一样深深扎根于科大每一位追梦的赤子心中，它象征着青春、梦想与信念。《绽放》在剧本创作、舞台艺术设计、音乐词曲编写、舞蹈创作、演唱表演等方面，充分展现了话剧团及创作团队的精益求精的原创精神和高超的艺术水平。三场演出给同学们带来视听盛宴的同时更是点燃了北科学子追逐梦想的激情。演出结束后，同学们也纷纷表示 72 分钟的精彩演出传递着震撼和感动，使他们身临其境，深刻感受北科求实鼎新的校训精神。张欣欣校长更是激动不已，潸然泪下，他由衷赞叹道：“感谢同学们为我们带来这么精彩的演出，它让我看到我校的学生是如此的优秀。”

2014 年 5 月，应广大师生的强烈要求，《绽放》以毕业大戏的形式在教职工礼堂连演三场，剧中台词“梦想有两种，一种是我实现了我的梦想，还有一种是梦想通过我得以实现”深入人心，作为一针强心剂，《绽放》推动着新一届的毕业生建设祖国，为实现中国梦终生奋斗。2014 年 11 月，话剧团再次登上中国校园戏剧的最高舞台，在上海马兰花剧场绚丽绽放，并首次获得校园戏剧奖。2018 年，话剧团复排《绽放》，再次为毕业季增添款款深情，成为一代北科人难以忘怀的记忆。

2014《绽放》剧照

2016 年，第三部原创话剧《奔流》登上北科舞台，并在 2017 年献礼毕业季。同年，《奔流》以短剧的形式荣获北京市大学生戏剧节短剧金奖。

2017 短剧《奔流》剧照

至此，《满井故事》三部曲告一段落，以真实的人物为原型，通过不断的创作，将北科精神传承下来，同时也让更多的后辈，感受那份绵绵不断的满井深情。

除了《燃烧》《绽放》《奔流》三部曲，话剧团在日常的表演中也为全校师生呈现了许多喜闻乐见的篇章，先后在教工礼堂向全校师生献演了《暗恋桃花源》《油漆未干》《你好！打劫》《孝子爱日》及《奥赛罗》等或令人忍俊不禁捧腹大笑，或发人深省令人回味无穷的大型专场演出。一代代的满井人，传递着北科翱翔苍穹的梦想，演绎着科技殿堂的一幕幕壮丽影像，用柔顺的艺术表演为钢铁摇篮不断淬炼。

2018《绽放》剧照

博观而约取，厚积而薄发

对于话剧团的团员来说，所谓的奖项也仅仅是他们辛苦付出的一个缩影而已，风光背后不是沧桑，就是硬抗。话剧团一路走来，留下一路汗水，盛开一路阳光。他们是一群永远不会向着现实屈服、怀揣荣耀的剑客。看起来可能普普通通的他们，但是当他们认真地睁开眼睛睥睨整个世界时，你便看得出他们眼底里——飞鹰的影子。

那些被坚持与奋斗遮盖的岁月是艰苦的，话剧团成立初期，没有排练场地，但是他们没有向困难低头。运动场、家属楼的空地，承载了他们心中对艺术的追逐，而运动场上健身的同学，家属楼下闲聊的老教师成了他们最忠实的观众。他们是在铁铸摇篮中沉睡的婴儿，是在无尽黑暗里高举火把的旅人。艰苦的条件，让他们坚定地凝聚在一起，心中的艺术殿堂成为他们最终的荣耀。这样的队伍是坚毅的，这也注定了之后的岁月里，他们的勇往直前，沐浴一场场精彩的“战斗”和一次次凯旋的荣光。

自2005年，朱耀彬等第一届话剧人成功改革了自建校初期就已有的满井话剧团，学校对话剧团工作的肯定支持也为话剧团造梦的旅程加了一双强有力的翅膀。2010年中央戏剧学院的郭震老师开始指导同学们进行训练，自此，毛尔南、郭峰、姬沛、石良业等越来越多的校外专业老师团队向话剧团提供了更为专业与系统的交流指导。在一场场思想的碰撞，演技的提升中，他们更加坚定了对戏剧的热爱，对表演的热爱，对人生的热爱。艺术殿堂的神圣让我们更加沉醉于舞台上的“刀光剑影”。随着更多的热情汇聚到这里，希望的火苗愈发的茁壮，话剧团展开了一场华丽的蜕变，走向了它正规化、专业化的道路，缤纷绽放的舞台序幕就此拉开。

踏破青山志在，风景彼岸独好

话剧团的成长，是由话剧团成员用最灿烂的青春，最动人的情怀，最震撼的奇思，最真挚的热情挥发、凝结而成的。在学校领导的关怀与支持下，在北科学子不计回报的奉献下，话剧团仿佛一名流浪的剑客，在漫长历练与成长后，终于找到了它值得守卫的荣光和为之奋斗的方向，还有一个只为它写就的英雄传说。坚持与攀登，让话剧演绎人生最华美的梦境；理解与支持，便是我们赐予话剧人尘世最大的荣膺。

“燃青春梦想，绽科大华章”。话剧团将朝着伟大的目标坚定不移地向前奋进。展现当代大学生的青春风采，为校园文化建设增添活力。山阻石拦，大江毕竟东流去；雪辱霜欺，梅花依旧向阳开。满井话剧人将永远不忘初心，砥砺前行。

乐丰富韶华，合唱碰触梦想

——北京科技大学第六届“青年五四奖章”获奖团队北京科技大学学生合唱团

第五届北京国际青少年艺术周音乐会

当音符环绕在校园的各个角落，当旋律回荡在青春的每个环节，都会使人想起，那个与改革开放同龄的艺术团——北京科技大学学生合唱团。这是一支拥有悠久历史和光荣传统、年轻而充满活力的学生文艺团体，演唱过大量中外古今经典合唱曲目。目前，合唱团由贺佳老师担任指挥，石苇老师担任声乐指导，由四十余名优秀的、具有较好的音乐修养与表演素质的艺术爱好者组成，他们与合唱团同经历、共奋进。北科大合唱团除了混声乐团之外，还有 Mr.Youngs 阿卡贝拉男声乐团和心韵纯女声乐团。合唱团在全国、北京市大学生艺术展演比赛中屡次夺得一等奖，多次在国家大剧院、国图音乐厅等大型音乐厅举办专场音乐会，赢得社会各界一致好评。种种经历，让合唱艺术结出丰硕的果实，为北科的校园文化建设添上浓墨重彩的一笔。

用音乐谱写北科的旋律

合唱团是一支历史悠久，充满活力与凝聚力的队伍，建团四十余年，留下无数精彩的作品，丰富了校园文化，谱写了北科韵章。北科学子熟知的校歌、毕业歌等，均由合唱团创作与演唱。同样，每年合唱团会为学校输送大量优秀的校园歌手，在校园歌手大赛、各类晚会节目、校外演出等，都有他们出色的表现。

Mr.Youngs 阿卡贝拉男声乐团和心韵纯女声乐团分别成立于 2008 年和 2002 年，是两支具有极高水平的清唱团体，各有团员十余人，打造了许多经典作品。

近十年来，合唱团的同学们坚持不懈，用自己的努力创造属于北科的艺术成就，参与了许多大小赛事并荣获佳绩：在市级的比赛中，他们叱咤风云——合唱团集体在北京大学生艺术展演中获得了五次一等奖，一次二等奖，女小合、男小合表现也极为出彩，在大学生艺术展演比赛中共获得四次一等与四次二等的荣誉；在国家级的比赛中，他们勤奋加练——奋力夺得一等奖，不负期望亦不负韶华；对待外国文化，他们开放视角与胸怀——合唱团于 2009 年获得新加坡华文合唱比赛金奖；他们活跃于媒体平台，是聚光灯下最靓丽的风景。

合唱团也积极参加校内外的各类活动，校内小型演出不计其数，校外小型演出邀约不断，同时又经常参与许多大型活动的演出，这都是对合唱团的认可与磨砺。最荣幸莫过于 2009 年合唱团在人民大会堂参加纪念了《黄河大合唱》70 周年冼星海合唱作品音乐会；最温暖莫过于 2011 年男声小合唱团参加了北京青年艺术节公益专场演出。

他们用实际行动践行党的光辉与伟大——参加中央电视台庆祝中国共产党建党 90 周年十集电视文艺专题片《红歌九十年》特别节目的录制、参加学校举办的纪念长征胜利 80 周年文艺晚会；用自己独特的方式为母校庆生——录制 60 周年校庆纪念专辑，参与北京科技大学 60 周年校庆文艺晚会。

不仅如此，合唱团还举办过多次专场音乐会，不论是 2013 年的“唱享青春梦”合唱团专场音乐会；2014 年在国家大剧院举办的“流音雅乐”专场音乐会；或是 2018 年在国图音乐厅举办的庆祝改革开放四十周年暨合唱团成立四十周年专场音乐会；还是 2019 年举办的“向 young 而声”男声小合唱团成立十周年专场音乐会……一次次的专场音乐会，都是这个集体一次次的凝聚与成长。

他们也活跃在最前沿的新媒平台，2013 年，男、女生小合唱受邀参加优酷牛人盛典；2016 年，合唱团还参与了北京电视台首都科技盛典科技人物公典礼节目的录制。

2019 年注定是合唱团难忘的高光一年，他们在五月鲜花开放的季节，参与央视军事频道“军歌进校园”快闪活动录制；他们在金秋十月奉献青春，成为新中国成立七十周年国庆阅兵广场合唱主力队员。

庆祝改革开放 40 周年专场音乐会

Mr.Youngs 男声小合唱团十周年专场音乐会

他们用对音乐坚持不懈的热爱，和对艺术崇高的敬意，无止境的追求，为北科的艺术育人工作献出一份力，也为祖国青年成就未来提供更多可能性。

北京市大学生展演

注重人才培养，理工生的艺术范

在合唱团的指导老师、指挥、特长生同学和每位团员的不懈努力下，在共同合作，循序渐进、有针对性的训练下，团员们用和谐、优美、具有感染力的声音演绎各类艺术作品、传统作品或各种形式的音乐。

考虑到合唱对团员的艺术要求较高，需要团员在热爱音乐的前提下具备一定的乐理基础。所以在选拔队员时，成员大多需要满足：学习成绩优异，声音条件良好，音域符合声部需求，音准较好，听辨能力强，乐感优秀，有一定音乐鉴赏力等条件。但是随着艺术特长生越来越少，艺术普及教育越来越广泛，合唱团开始招收没有专业基础的普通同学。虽然他们没有基础，但是在专业指挥和指导老师的帮助下，团员之间互相学习，取长补短，共同进步，打造出一支拥有较高艺术修养青年大学生的艺术团。

在日常训练中，他们也会进行专业的呼吸训练和发声训练，为合唱夯实基础。气息是发声的动力，只有掌握正确的呼吸方法，才能发出理想的声音。在团员们对气息的控制逐渐熟络后，大家的演唱更加有质感，声音运行更加流畅自如，对声音的控制也更容易。同样重要的还有发声训练，在发声训练中注意结合咬字吐字进行练习，可以让大家的声音更加立体、有穿透力、感染力。

在进入合唱训练时，他们由浅入深，通过简单的合唱歌曲进行练习，首先要求音准和节奏，演唱时不急于填词，先唱谱，掌握旋律，进行分声部排练和识谱，然后再填词、合唱。有了对歌曲的基本认识后，更重要的是表达好它的内容，这时指挥就会对合唱团员进行艺术处理，使声部内声音整齐、统一，声部间声音和谐、融洽，并让合唱团全体按照作品规定的速度、力度、表情进行歌唱，最终实现一部作品的完美演绎。

为了使声音响而不燥、轻而不虚、高而不挤、低而不压，他们在练习中对每一个细节都进行严格的训练。从情感表达、面部呈现到唱歌姿势、发声方式，甚至精确到呼吸节奏，每一个细节他们都用心对待、精益求精。身体保持松弛自然而立，双脚微微分开重心稳住，头部端正、双眼平视、表情自然，提眉亮眼抬笑肌，用感受花香、模仿动物等简单通俗的方式逐渐学会运用呼吸方法发声、护嗓。一遍遍进行体态训练、技能提升的同时，团员们更要学会用心用情去演唱，去体会歌曲想表达的感情，才能真正达到融入其中、打动人心的效果。

携有少年心，唱出爱国情

在校团委的坚实领导下，合唱团的工作一直有条不紊，有秩序、高效率地进行，他们每年都会制订全年计划和短期计划，设计排练目标和曲目要求，且确保有成型曲目，以备应急，随时演出。同步进行的还有代表学校参加各种比赛项目和汇报表演，服务于校园文化的丰富，使团队能力得到最大化发挥。

在准备比赛和大型演出时，他们一直贯彻积极主动、迎难而上、不轻言放弃、不怕苦不怕累的精神，只要团组织、党组织有需求，合唱团就一定走在前列。利用所有课余时间进行排练，快速使新团员进入状态，对每一个团员的能力和素质都是极大的考验。

回顾合唱团的这些年，每一次的任务他们都精心准备，做到了恪尽职守，牺牲了自己的休息时间，换来的是成长、喜悦和感动，在长时间的磨合中，团员们对这个团体有了深切的感情，彼此之间有了独有的默契，也许是一个前奏，也许是一段熟悉的旋律，只要有人提起，大家就会带着欢声笑语演绎彼此熟悉的歌曲，那份默契和配合是大家一分一秒磨炼出来的，团员深爱着合唱团，合唱团也深爱着每个人。

合唱团会继续坚定发展方向，在团委的引领和指导下，坚守文化自信。相信通过他们的努力和积极参与，五四精神将创造新的生命篇章。他们将踏着时代的步伐，携手共进，继往开来创造新辉煌，必将会使校园艺术文化更加繁荣昌盛，为北科精神注入新的力量！

参加新中国成立 70 周年庆祝活动

奔流赤子情怀，演绎满井芬芳

——北京科技大学第七届“青年五四奖章”获奖团队校庆六十五周年演职团队

校庆晚会演职人员大合影

2017年恰逢北京科技大学建校65周年。4月22日晚，“熔铸春华·科创未来”北京科技大学65周年校庆文艺晚会在学校奥运体育馆隆重上演。精心搭建的主舞台华灯灿烂、美轮美奂，三千余名嘉宾、校友与师生欢聚一堂，共庆母校65周年华诞。

整场晚会大气恢宏，感情真挚饱满，韵味温柔细腻，充分展现了北科大建校65年以来取得的丰硕成果。这些充满激情、真情的演出凝结着了500余名晚会演职团队的辛勤付出。他们之中有白发苍苍的老院士，有投笔从戎、矢志报国的国防生代表，有苍穹一星、默默闪耀的后勤团队代表。他们将对北科大的真情凝结在舞台上，生动诠释了一代代北科大人熔铸青春、为国奉献的使命情怀，谱写出一曲动人心弦的岁月之歌。

熔冶理想，淬炼担当

2017 年 2 月 16 日，北京依旧寒风刺骨，来自不同省市、不同年级的 513 名北科学子紧急集合，为筹备校庆 65 周年演出进行高强度集训，至此开始了为 65 周年文艺晚会的精彩呈现而共同努力的日子。

65 周年校庆的演职人员全部来自北京科技大学的学生、校友、教师和亲属。大家带着对北科大深深的爱和祝福参与到演出排练中，但是也因为没有基础、团队人员分散等原因，遇到了诸多困难。凑不到一起合练的时间，就趁晚上下课、周末休息时排练；舞台表现力不足，就请节目导演一个表情一个动作地带着练。为打磨出最精彩的文稿、视频，工作团队常常加班加点、披星戴月；来自科大附小的小演员们，每天早早写完作业就加入排练中，暮色沉沉时打着哈欠被爸爸妈妈接走；来自离退休合唱团、模特队的老教师们，放下家里大大小小的事情，全身心投入排演。

五百余名科大人带着为母校庆生的美好愿望、促母校发展的使命担当，不畏困难、热情饱满，用 65 天日日夜夜的紧张排练，化作 10 个精彩绝伦大型节目，一首首高昂的歌曲，点亮了大学的梦想；一个个曼妙的舞姿，刻画着文化的火种；一次次无悔的付出，奏响起青春的华章。他们以唯美的艺术形式讲述一代代北科大学子追梦、逐梦的故事，用激情与梦想、用无私的奉献书写着北科人的情怀，用最完美的姿态诠释新一代“钢小伙、铁姑娘”的担当。

充满激情与梦想的北科人“钢小伙”

弘德育人，师韵兰香

“65 年了，我送走了培养我的恩师，送别了一批批的毕业生，和我的同班同学也分别了几十年，我想念你们了，无论何时你们想家了，就回来看看，母校的大门永远为你们敞开，北科大永远是我们共同的家园……”校庆晚会的璀璨舞台上，一位白发苍苍的老人目光坚定、语调饱满。他就是北科大首届学子、中国工程院院士胡正寰。他充满深情的话语拉开了由北京科技大学离退休教师合唱团、离退休教师模特队、教师合唱团、附小合唱团带来的合唱《相信爱》的序幕，展现了一代代北科人矢志报国的家国情怀和一代代北科大教师弘德育人、师韵兰香的高尚品质。

胡正寰院士是我校校友的杰出代表，我国著名的零件轧制技术专家、中国工程院院士。出生于战乱年代的胡正寰在 1952 年参加高考选报学校和专业时，怀揣“科技救国，科教兴国”“钢铁强则工业强，工业强则国家强”的信念，毅然选择了刚刚成立的北京钢铁工业学院，成为北京科技大学第一批学生。在大学学习中，“严谨求实”的校园文化氛围和教学氛围深深影响了他，为其后来从事科研事业“求是创新”的精神奠定了基础。胡正寰于 1956 年毕业后留校，一直从事教学与科研工作。他在北科大的 65 个春秋里，从一名青年学生到青年高校教师再到一位学术卓著的中国工程院院士，见证了国家技术腾飞和学校快速发展，培养了一批批优秀学子，为中国轴类零件轧制技术处于国际先进水平做出重要贡献。胡正寰喜欢将自己研发和推广斜轧钢球技术的故事总结为“敢想敢干的一百天和苦干实干的十五年”。为了早日攻克技术难关，胡正寰和他的团队一起在一百天多天的时间内敢于尝试、昼夜不停，终于赶在国庆之前完成了实验轧机的设计和生产，为祖国生日献礼；为了突破国外对于轴类零件生产的技术封锁，他们不畏艰苦，实干十五年。我国轴类零件轧制技术处于国际领先地位的背后，是胡正寰院士一生奉献给零件轧制技术的科研之路。他所从事的零件轧制技术推广工作已经实现在全国 24 个省市投产 200 余条生产线，开发投产的零件达 500 余种，已累计生产 500 多万吨零件，分别应用于汽车、拖拉机、发动机等领域。我国的轴类零件轧制技术，特别是工业应用方面，已经进入世界先进行列。

离退休教师模特队表演

胡正寰院士身上浸染着北科大“学风严谨，崇尚实践”的优良传统，内心深藏着为国奉献、培养青年的使命责任。舞台上，和胡正寰院士一样的一代代北科大人，在《相信爱》中找到了深深的共鸣。

胡正寰院士深情朗诵

陶铸摇篮 满载芬芳

母校的集结号响起，散落在世界各个角落的贝壳汇聚在一起，绽放出北科大最耀眼的光芒，这一刻，这无尽的青春活力于舞台上绽放。

80余名国防生用手电筒组成气势十足的人墙，手电光变成倒计时板，最终汇聚成为母校校徽和阿拉伯数字“65”字样。

由学校民乐团、管乐团、十大歌手等演绎的器乐联奏与歌曲串烧《声声不息》极具创意地用乐器模拟各类金属加工实验中的声音，并逐渐将无规则的声音演奏为各类创意乐曲，于浇筑锻造和千锤万凿中交织成最美华章，扛鼎着生生不息的强国梦想。

舞蹈《使命》运用活力四射的现代舞蹈展示科技魅力，灵动的身体如机械般律动，犹如激昂挥洒的校园青春，腾空的无人机将全场观众带向了充满科技感的未来世界。

歌舞综艺《春华秋实》由勾勒北科大校园四季的四个节目交织而成，早春的舞蹈轻盈飘动，仲夏的社会实践承载着每一名北科学子的记忆，浓秋的舞蹈银杏叶片留下最美的容颜，寒冬中的激情舞步续写着“钢院舞会”的故事，点亮青春。

情景短剧《满井故事》以微电影的形式刻画了校园中保洁、保安、宿管、厨师等“最可爱的人”，他们将青春韶华镌刻在这座美丽的校园，正如同那口满井不损不溢，浸润着北科大土地的每一个角落。

情景朗诵《遇见》和《不忘初心》以生动的表演形式和丰富的精神内涵展现了不同时代的北科大学子“入学遇见母校”及“毕业离校不忘初心”的画面，他们以各自视角阐述对母校北科大的印象和期许，讲述了一代代北科大人以报国强国为使命、创造出新中国无数个“第一”的动人故事，彰显出北科大在建校 65 年的征程中为祖国工业化建设做出的卓越贡献。历史交错，时空穿梭，他们又在毕业时相聚，畅想“我愿青春献祖国”的志愿，勾勒出北科大这座育人的沃土。

校庆 65 周年演职团队，这支因北科大而相聚、为北科大而拼搏的团队，展现着北科大人乐于奉献、善于创新，特别能吃苦、特别能战斗的精神品质，用心、用情、用力，为所有牵挂北科大的人奉上一场文化盛宴。

陶铸摇篮，满载芬芳

砥砺

勇担使命篇

年轻，没有什么不可以

——北京科技大学第一届“青年五四奖章”获奖者谢芳

工作后一如既往地关心科大体育事业（右一）

谢芳，女，1983 年 8 月生，中共党员，2003 年至 2010 年就读于北京科技大学经济管理学院。2008 年奥运会前夕，她在第六届全国城运会上以 15′03″95 的成绩突破北京奥运会女子 5000 米 A 标，以 31′21″25 的成绩突破北京奥运会女子 10000 米 A 标，三天两破奥运 A 标。

三天两破奥运 A 标

2007 年 10 月 25 日至 11 月 3 日，我国第六届全国城运会在武汉隆重举行。这次城运会是我国历史上规模最大的一次城运会，是对竞技体育后备人才的大检验，也是北京奥运会前的一次大练兵，举国上下，万众瞩目。10 月 31 日晚，女子 5000 米决赛现场，一场激烈的大战即将上演，这场决赛是本届城运会最大的看点。赛场上弥漫着紧张而热烈的气氛。起跑线上的选手们大多是来自国家队和各省市专业队的优秀运动员，她们个个目光坚定，自信中略带一丝兴奋和紧张。

更吸引观众眼球的是一名娇小而清秀的选手，她头发向后梳成马尾，一双大眼睛扑闪着可爱与质朴。普通平凡的外表让人感觉她的实力和其他选手相差甚远，更难将她与体育健将这样的荣誉联系起来。可这个貌似柔弱的女孩，却是一名连续三年打破北京高校长跑纪录的优秀大学生运动员，是赛场上唯一的大学生业余运动员，是这场即将上演的激烈大战的冠军的有力争夺者。她怀揣着奥运梦想一路拼搏在田径场上，她在祖国的大地上创造了一个又一个赛场奇迹，她就是来自北京科技大学的 2003 级学生谢芳。“砰——”随着裁判员的一声枪响，选手们如离弦之箭冲出起跑线，全场凝固的空气在这一刻如火山爆发。比赛异常激烈，所有观众都屏气凝神，心跳随着选手的奔跑而加速，谁也没有想到，队伍中的小个子运动员谢芳很快就脱颖而出进入了第一集团。作为赛场上唯一的大学生业余运动员的她没有并肩作战的队友，一路孤军奋战屡屡受到对手的包围，最后一圈，她凭借超常的意志力和爆发力突出重围竭力追赶第六名，第五名……第二名，最后，她仅以 1 秒之差屈居亚军。但 15′03″95 的成绩让她与其他 3 名选手一起，打破了还没有中国运动员突破 2008 北京奥运 A 标的尴尬局面。两天后同一个赛场上的女子 10000 米决赛中，谢芳又以 31′21″25 的优异成绩击败诸多专业高手，荣获亚军，她与海口运动员张莹莹一同打破了北京奥运会女子 10000 米 A 标。

“世上从来就没有天生的运动健将，也从来没有天生的体育冠军。我够坚强，肯拼搏，没有人比我更有意志力，所以我一定能赢！只要一天没有离开赛场，没有离开跑道，夺冠就是我的目标！”就是这样一位在校大学生业余运动员，三天之内两破奥运 A 标，小个子的长跑健将谢芳迅速被人们所熟知。结缘长跑，她懂得了“更坚强”。

“回首走过的路，我经常鼓励自己：不管在什么时候开始，重要的是开始以后不要停止；不管在什么时候结束，重要的是结束以后不要后悔。真的，我从小就做到了。”从小学起，体育课上的谢芳就能让班上的所有男生刮目相看，一次校运动会上，小谢芳在 1500 米长跑比赛中超过了校运动队的所有队员。引起了学校体育部的关注，被推荐到了校田径队，经常参加各种校内外的比赛，跑步最重要的是凝神，只想着一个字“冲”即可，那时也是这一点让我超过了同学，以前可是没人看好我的。就这样，她与长跑结下了不解之缘。

不幸的是，谢芳小时候就患有膝关节关节炎，这对于一名普通人来说，也许并不是那么可怕，可如果它发生在一名长跑运动员身上，那几乎就是一道难以逾越的槛，而这偏偏发生在了谢芳身上。也正因为如此，使她差点与长跑擦肩而过。这从一开始就为她日后走上田径赛场并获得成功增加了许多常人所无法想象的坎坷和艰辛。当时的小谢芳每次训练完之后都要忍受钻心的疼痛，吃不下饭，睡不着觉。爱女心切的父母实在无法忍受让女儿受这种痛苦，坚决劝她退出校队，专心学习文化课。小谢芳只能泪在心里流，“吃饭时，疼得想哭，只能端起碗，让泪水偷偷地流在碗里，否则父母的反对声会更强烈”。身体上的疼痛、父母的反对再加上枯燥、单调、乏味的长跑训练，十二岁的小谢芳孤军奋战，“从那时起，我懂得了什么叫坚强。”也是从那时开始，小谢芳开始尝试与疼痛做斗争。有泪也只往心里流，谢芳说：“这一点我更像父亲，再苦再累，只要是自己追求的就不能哭泣。”

北京高校系统运动会（第一排左二）

期待赛场上倾注一切的绽放

“我喜欢别人叫我‘冠军’的感觉，似乎天生就是为夺冠而生。只要一天没有离开赛场，没有离开跑道，夺冠就是我的目标！”——谢芳

谢芳自豪地说：“从大一站在冠军领奖台上的那瞬间，我就喜欢上了那种感觉，平日训练的伤痛、苦累，在一瞬间都全部化为乌有。无数次荣誉之后，就给了自己“冠军”的角色定位，把“夺冠”当成了一种责任，一种使命，为自己，为学校，为父母，没有了退路，只能不停地奔跑。”从2003年到2009年，谢芳凭借雄厚的实力，连续7年荣获北京高校田径运动会长跑5000米、10000米冠军，其他大大小小的奖项更是数不胜数，并屡破北京高校纪录。一时间，众多期待的眼神，关切的目光齐聚一身，大家都习惯地叫她——“冠军”。

世界上有很多事情有时候觉得与我们相距甚远，而其实却触手可及，有很多事情，也许完全在意料之外，但是却幸运地发生在了我们身上。一次次夺冠，一次次打破纪录，都是谢芳在超越自我挑战极限的过程中不断奋进、不断追逐的结果，她总是在努力让自己做到最好，因而也幸运地得到了更多回报，“我是一个幸运儿，因为我的付出得到了回报；我是一个幸运儿，有那么多人支撑着我的目

标。”谢芳清楚地知道，荣誉只能属于过去，未来的一切要靠自己去创造。怀着一颗感恩的心，谢芳从容地拼搏着……

参加北京高校系统运动会获得 800 米冠军（左二）

社区是继续驰骋的赛场

重阳节慰问社区百岁老人——学校建校元老章守华（左一为谢芳）

2010 年毕业后，谢芳留校工作，成为一名社区工作者。入职以来，谢芳几乎负责过所有类别工作，从党支部副书记到后勤工会委员，从组织居委会换届选举到办公服务大厅的管理，从人民调解到接诉即办，从计划生育到劳动保障，从组织文体活动到青少年教育，从科普工作到后勤工作，从卫生防疫到残疾人工作，从社区统计到财务工作……谢芳将长跑中的韧劲和坚定完美地融入工作中。作为学校职工和社区资深工作者的双重身份，她一直对学校和社区工作有着深厚的感情，工作时间越长，对自己的要求也就越高。顾全大局，爱岗敬业，从不计较个人得失，同时也收获了同事的友谊和社区居民的信任。今年通过第十届居委会换届选举，她以高票当选为社区居委会副主任，这一切都要感谢大家的支持和居民们的认可。社区工作无小事，作为党支部副书记和居委会副主任，在今后的工作中，她将以党员的身份严格要求自己，倍加珍惜大家的信任，努力地学习工作，不断完善自我，脚踏实地，锐意创新，为居民的幸福生活不懈努力，为美丽社区的建设贡献自己的一分力量。

绳锯木断，水滴石穿

——北京科技大学第二届“青年五四奖章”获奖者王丽莉

在第三期全国中学团委书记培训班上

王丽莉，女，1985年10月生，中共党员。2003年至2010年分别就读于北京科技大学会计专业和科技史专业。曾任校团委实践部副部长、部长，冶金与生态工程学院辅导员、研工组组长、党委秘书、党委委员等，现任全国学校共青团研究中心办公室主任。

在校团委工作期间，为我校社会实践成功申报国家精品课程做出突出贡献，参与撰写的论文《大学生社会实践“一促三”模式的探索与实践》获第23届“北京科技大学教育教学成果奖”一等奖，为我校及全国高校的社会实践开展开辟新道路。青年是最积极、最活跃、最有朝气的社会力量。王丽莉无论是在学生干部时期，还是辅导员任职期间，都亲身践行，谱写新时代青春之歌。

青年担当，实践中硕果累累

在校期间，她为科大的实践活动倾注心血，一直潜心奉献，亲力亲为。本科期间担任校团委实践部副部长、部长，为社会实践成功申报国家精品课程做出突出贡献。她用辛勤和努力，帮助同学们在实践中“受教育、长才干、做贡献”，她用智慧和拼搏，为获得社会实践的殊荣做出突出贡献。她从我校社会实践的实际情况入手，结合各大高校的成功经验，参与编写了多部书籍及多篇论文。《大学生社会实践教程》成为各大高校争先学习研究的经典；论文《大学生社会实践‘一促三’模式的探索与实践》获第23届“北京科技大学教育教学成果奖”一等奖；《社会实践课程化的探索与实践》一文被收录到了北京科技大学学报（社会科学版），得到了相关专家的一致认可。2008年6月，作为主要成员全程参与了大学生社会实践国家精品课程申报的准备工作，最终为北京科技大学赢得了社会实践国家精品课程。

在实践中积累，在实践中创作。她结合我校社会实践的实际情况，成功实现了社会实践成果转化。她带领团队编写了《寻铁记》一书，三年磨一剑，全书1560000字，将2009年全国挑战杯二等奖作品进行了整理修改，汇总学生实践心得，记录了中国古代大型铁质文物学生实践团2007年、2008年30支分团、228名同学从项目选题、团队组建、实地调研、资料整理、成果总结等方面的实践情况，由冶金工业出版社出版。

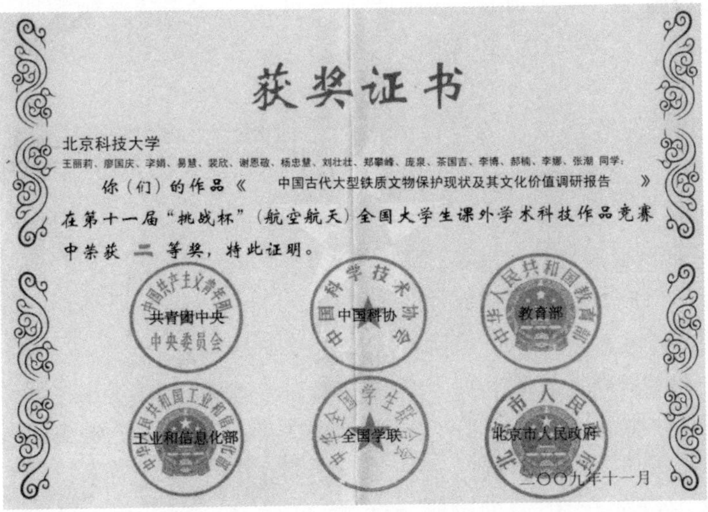
获奖证书

北京科技大学
王丽莉、廖国庆、李娟、易慧、裴欣、谢恩磁、杨忠慧、刘壮壮、郑攀峰、庞泉、茶国吉、李博、郝楠、李娜、张潮 同学：
你（们）的作品《 中国古代大型铁质文物保护现状及其文化价值调研报告 》
在第十一届“挑战杯”（航空航天）全国大学生课外学术科技作品竞赛中荣获 二 等奖，特此证明。

共青团中央 中国科协 教育部
工业和信息化部 全国学联 北京市人民政府

二〇〇九年十一月

2009年王丽莉等人完成的作品获得了第十一届“挑战杯”
全国大学生课外学术科技作品竞赛二等奖

担任导员，学教中坚守本色

2010年的暑假，初入辅导员岗位的王丽莉为做好迎接研究生的准备放弃了休息的机会，制定并更新以生涯教育为主线的研究生入学后的日程安排。研一，“我的科大生活”为主题；研二，“寻找我的核心竞争力”为主题；研三，“我的就业准备”为主题。王丽莉借助班委、支委、院研会以及校友等资源开展了诸如篮球赛、羽毛球赛、讲座、讨论、模拟招聘会、参观大钟寺、参加国博学术讲座等活动，极大丰富了学生的生活。“学长领航”与“摇篮讲堂”两大品牌活动，帮助学生发现自身不足，探讨专业学习困惑，寻找自我成长动力，逐渐改变了冶金学子羞于表达自我的状态，营造主动大胆、团结乐观的年级氛围。在她的带领下，冶研10–1班、冶研10–2班荣获北京科技大学优秀班集体称号，冶研10–3班荣获北京科技大学团结合作标兵班集体称号，冶研10–4班荣获党团工作标兵班集体。

她身体力行，严抓学风建设。研究生的主要任务是开展科研学习，王丽莉一方面开辟集体自习室、建立学习小组等帮助研究生牢固树立科研学习意识，另一方面加强学术规范和科学精神的宣传。在她的努力下，学风建设取得了突出成就，2010级冶金学院硕士研究生中有22人顺利读博，5人获得特种奖学金、34人获北京科技大学三好研究生、12人获优秀三好研究生、11人获优秀研究生干部、8人获优秀共青团干部等荣誉称号。2011年约有3000人次参与学院组织的学术报告31场，参与学术外出交流活动15场。

辅导员要服务于学生成长，更要做好学生的思想引领。她参加每一个班级、支部的班会、民主生活会，积极参与会议互动，了解学生需求，四个班级、党支部的工作都十分扎实，冶研10–4党支部更是以“九宫图”构建党建工作体系，以此开展系列的党建活动，效果显著。她还积极推动四个党支部和本科党支部开展“1+1”互助活动，帮助本科生更好地规划职业生涯。同时她还注重时事政治与专业相结合，2011年日本发生地震后，王丽莉立即在班级中开展主题讨论活动，利用素质拓展游戏、小组讨论、主题发言等形式，与学生共同探讨日本地震的政府救援、钢铁产业影响、国内钢铁产业发展的契机、核辐射等话题，提高了学生的爱国热情、逻辑思考能力、创新能力、学习意识。

作为一名就业指导教师，她一方面要备课，承担一定的教学任务；另一方面还需要做好就业服务的日常工作，辅助开展活动帮助学生了解更多的资讯，学会对自我清晰的认知，学会自我鼓励。为满足学生的个性化需求，有针对性地开展出国、考研、保研、工作系列讲座，针对就业实务、就业手续两方面对学生进行培训，简化就业手续办理流程，提高办事效率。为了及时向学生传递企业的招聘需求，她还专门开拓了就业信息发布渠道，坚持对就业信息做到一日一更，一事一更，从未中断。王丽莉在负责学院就业工作期间，共发布招聘信息 918 条，提供岗位约 4000 余个。2011 年 10 月，她带领 28 位应届毕业生和材料学院受邀参观山西建邦集团，与集团总经理张锐进行座谈，最终山西建邦集团同意在我校冶金、材料两个学院设立奖学金，共计 50 万元；在此次参观中，还有 3 名应届生顺利与集团签约。

采访钟掘院士（左一）

鹰隼试翼，研究中心积淀新力量

自从担任全国学校共青团研究中心办公室主任后，在第二课堂成绩单制度建设及系统运营、高校共青团研究和中学共青团研究等工作中都能看到她积极忙碌的身影。

研究中心建立以来，遵循中国特色新型智库的建设规律，围绕学校共青团新型智库建设目标，打造研究体系、成果体系、队伍体系、活动体系、信息系统五大核心工作体系，聚焦主责主业、服务基层建设，为科学推进学校共青团改革攻坚、从严治团提供智力支持。作为个人，王丽莉按照从严治团的要求，注重提升政策理论水平、学术研究能力、改革创新本领、主动服务意识，改进提升工作作风。面对研究工作，她始终坚持研究的客观性、专业性和开放性，坚持研究的前瞻性、战略性和应用性，坚持研究的学术性、创新性和公共性，坚持研究的引领性、示范性和扶持性，为学校共青团的研究工作挥洒汗水、燃烧激情。

“绳锯木断、水滴石穿”，是她始终坚持的信念。无论是学生时代的实践开拓，还是专职工作之后的鞠躬尽瘁，她柔弱的身躯里蕴含着巨大的能量。她用智慧和拼搏，为荣获社会实践的殊荣立下汗马功劳；她用辛勤和努力，帮助同学们“受教育、长才干、做贡献”；她用创新和坚守，团结凝聚学校共青团相关领域的实践和理论工作者们。她奋发有为，展现锐意进取的精神风貌，她鼓荡青春正能量，奏出了时代强音！

实践先锋，奉献青春

——北京科技大学第二届“青年五四奖章”获奖者马海

在民办高校学生工作创新论坛介绍“到梦空间”项目

马海，男，1984 年 4 月生，中共党员。2002 年至 2010 年就读于北京科技大学材料科学与工程学院。现任团中央全国学校共青团研究中心活动部部长，到梦空间项目创始人，曾任校团委书记助理、社会实践部部长。在校期间曾获北京科技大学首届社会实践十佳标兵、首都高校社会实践先进工作者等荣誉。

他参与制定了社会实践制度体系，编写全国第一本大学生社会实践专用教材《大学生社会实践教程》，组织开发社会实践专题网页和团队申报系统，为社会实践事业的发展打下坚实基础，被誉为北科大社会实践的开拓先锋。他组织承担全国“挑战杯”科技创新作品大赛一等奖“京杭大运河暑期调研项目”的策划实施工作，揭开了实践项目化、品牌化发展的新篇章。他用行动与坚持诠释“学风严谨、崇尚实践”的光荣传统，他用智慧与执着奉献在北科大社会实践的新天地。

统筹规划，搭建实践顶层设计

“大学生社会实践”工作在新时期承载着北科大“崇尚实践”的优良传统。而大学生社会实践课程则是整个社会实践工作的重要依托。2006 年，马海担任北京科技大学校团委实践部部长，并全程参与社会实践从组织动员到成果转化的各项工作，特别是“大学生社会实践”课程的教辅和管理工作。

统筹规划课程教学，创新实践选题思路。马海坚持落实团中央《全国大中专学生志愿者暑期文化、科技、卫生“三下乡”社会实践活动》文件要求，统筹设计、指导规划北京科技大学“大学生社会实践”专项工作；策划暑期实践“一大主题、十大专题”。2005 年，北科大在全国率先将社会实践作为全校本科生的一门必修课程纳入教学计划。这之后的 2 年马海一直从事“大学生社会实践”教学及管理的具体实施执行工作。他进一步完善课程教学大纲，探索出“理论讲授为辅，团队实践为主，社会教育与学校教育互动互融”的新型教学模式和“领导重视、教师督导、学生主动、社会支持‘四位一体’”的课程运行模式，2008 年，“大学生社会实践”荣获“国家级精品课程”，书写了大学生社会实践工作新的篇章。

搭建成果转化机制，推进成果引领实践。在马海的努力下，社会实践工作机制得到更科学合理的设计和落实。把握时代脉搏，每年不同的实践主题引导着广大学生参与到社会实践中。马海还致力于拓展成果转化和展示平台育人辐射范围，推动社会实践成果向创新创业、学术论文、微电影作品等方向转化，借助校内校外竞赛平台，使实践成果走出学校，走向首都、走向全国，近年来学校连续被评为“首都社会实践先进单位”，涌现出一大批取得广泛社会影响的实践成果和先进榜样，表明“大学生社会实践”课程正在并且继续发挥着极强的育人功效。

编写实践指导教材，全面推广工作经验。马海在任实践部部长期间，聚焦案例研讨，着力突破难点，参与编写《大学生社会实践教程》作为普通高等学校大学生社会实践的理论授课教材。该书以试点推进、总结经验、全面推广为工作路径，在试点单位开展工作验证实效，随后在全国高校实践育人工作中推广应用，在为大学生社会实践的科学性、系统性、规范性的指导和参考方面发挥了积极作用。在他与编写团队成员的共同努力下，教材以现实活动事件为依据，以实践案例为依托，将案例与理论相结合，介绍课程开设经验及优秀理论成果，拓展学生视野与思路，促进教师教学研讨与思考，使全书在注重思想性、理论性、原创性的同时兼具可读性、实用性和规范性。

策划组织北京科技大学社会实践创新成果展（第三排左九）

成果转化，组织京杭运河调研

2006 年，为推行社会实践项目化，为支持京杭大运河申报世界文化遗产，了解京杭大运河的现状，马海设计开发了京杭大运河学生调研社会实践项目，该项目吸引 621 名同学报名，最终 15 人组成服务小分队留北京作为服务保障，144 名同学组建 13 支调研小分队，分段奔赴京杭大运河沿岸 6 个省市、18 个城市开展统一调研。该调研项目共发放运河知识宣传材料 15700 份，调查问卷 2487 份，开展“保护运河、支持申遗”万人签名活动，活动辐射人数近百万。

实践完成后，对该项目进行成果转化，其中调研成果荣获第十届“挑战杯”全国大学生课外学术科技作品竞赛一等奖。

与调研团负责人探讨成果转化（左二）

初心不改，“第二课堂”助梦青年

马海现任团中央全国高校共青团研究中心活动部部长，作为“到梦空间”项目的创始人，主要负责“第二课堂成绩单”系统即“到梦空间”的产品研发和使用推广。“第二课堂成绩单”制度是学校共青团深化改革的一项重要举措，旨在通过对高校第二课堂的管理来提高共青团育人的科学性。它借鉴第一课堂的“教学计划”，对课程化了的第二课堂项目和活动进行合理安排和科学设计，形成学生的第二课堂“课程表”，实现健康全面的成长。

“到梦空间”作为互联网产品可以实现第二课堂活动从报名到结束的全程线上管理以及对学生参加活动的客观记录和科学评价，为广大青年学子课外实践塑造了一个崭新的量化平台。在马海所在团队的共同努力下，目前全国已有 800 所高校入驻“到梦空间”，累计学生用户 600 万人，累计发布活动 100 万场，每天日使用人数 100 万人，累计形成学生成长记录 8000 万条，形成基于大数据的智能学生管理系统。

马海曾说，广大青年学子正值青春最美年华，要牢记习总书记的嘱托，爱国、励志、求真、力行，树立远大理想，丰富知识技能，开拓心胸眼界。立足本职、埋头苦干，从自身做起，从点滴做起，用勤劳的双手、一流的业绩成就属于自己的人生精彩。

作为学校团代表参加共青团北京市第十二次代表大会（左一）

决胜奥运，“双线作战”

——北京科技大学第二届“青年五四奖章”获奖者高海娜

参加2018年中非合作论坛北京峰会新闻中心志愿者组织管理工作

高海娜，女，1984年5月出生，中共党员，2003年至2009年就读于北京科技大学文法学院。现任团市委办公室副主任，曾任海淀区万寿路街道大学生社区工作者、石景山区苹果园街道公务员，也先后在团市委大学部、青农部、宣传部、办公室工作。在学期间，曾担任校求是学会副会长、校团委组织部部长，北京奥组委交通部运动员团队志愿者工作副主任，曾获北京市优秀毕业生、北京市奥运会残奥会优秀志愿者等荣誉称号。

学在北科，精益求精自成才

高海娜六年的北科生活，“学风严谨、崇尚实践”的口号激励着她，奋发学习，徜徉在知识的海洋；“宽容与和谐，学习与研究”的文法学院院训指引着她，锤炼自身，锻炼了出色的综合素质。她不仅学习成绩优异，在团学工作中表现更为突出。从担任校求是学会副会长开始，她不断磨砺自己的理论功底和实践能力，迅速成长为一名优秀的学生团干部。她曾任校团委组织部副部长、部长，入选首都大学生新世纪英才学校干部班，继承和开拓了十佳评优、主题团日、干部团校等一系列品牌性团学活动，为我校共青团工作的基础建设做出了很大贡献。

建校 55 周年时，学校迎来了本科教学评估，学生党员以实际行动在评估工作中起到了模范和表率作用。高海娜更是表现突出，当时她正处于大四这一特殊的时期，就业、考研、学习各方面都带来了压力，本科教学评估难免给他们的生活带来一些困难，在这个特殊时期，高海娜协助辅导员老师认真做好协调工作，及时与老师同学沟通，寻求解决办法。她认为，其实解决这些矛盾冲突并不难，只要有集体荣誉感，肯为集体考虑，就可以做到。谈及在评估期间具体是怎么做的时，高海娜从班级，宿舍、自身行为等方面做了介绍，她曾经说："'我为评估做贡献'，其实是每个同学的义务，是我们应该做到的。大家换位思考一下，其实评估为我们每个同学带来了很多，学校在硬件、软件设施等各方面的变化、完善，学校声誉的提高，最终受益的是学生。'以评促建、以评促改、以评促管、评建结合、重在建设'这短短的一句话告诉大家，教学评估的目的就是希望可以深化教学改革，使我们的教学质量、教学水平更上一个台阶。我们每个人都希望学校好，我们自己也会因此感到自豪。"同年三月，"树立社会主义荣辱观，为和谐社会贡献力量"论坛在北京大学英杰交流中心举行。时任求是学会副会长的高海娜带领求是学会作为北科大学生代表参加了此次论坛，并从"修养、诚信"的角度畅谈成长经历、阐述树立正确成才观的重要意义，诠释了大学生提高自身修养的重要性。

参加 2008 年首都大学生新世纪英才学校学习锻炼（右三）

这样的例子不胜枚举，高海娜赋予“大学”两个字深刻的意义，“大”意味着大爱、大胸怀、大视野、大志向、大舞台；“学”代表着学会知识方法，学会做人做事，学会知错就改，学会谦卑上进，学会勇于担当。高海娜珍惜着大学里的每一步成长，从始至终激励着高海娜的信念便是“要做一个值得相信的人”，强烈的事业热忱，积极的工作心态，高昂的工作斗志，真心的服务态度，这一切的塑造得益于学校的培养、团学生活的感染和团学工作的锤炼。高海娜鼓励每个人在不优秀不完美中享受努力的过程，从中找到自己的幸福感。

决胜奥运，双线作战自从容

百年奥运，梦圆北京。2008 年 4 月奥运会各项准备工作进入最后倒计时，当时正在读研一的高海娜在校团委组织部任部长，同时也正准备投入到我校志愿者平方服务队的相关工作中。由于我校有 450 名志愿者服务于奥组委交通部运动员团队，北京团市委决定从我校抽调一人到团队负责志愿者的组织工作，高海娜平日里表现出色，工作能力突出，自然被学校选择推荐。她至今还觉得机会来得很突然，听起来只是简单的工作借调，背后却意味着无数的困难和艰辛，她下定决心一定要对得起学校的信任。

机遇总是与挑战并存，在奥组委交通部运动员团队工作的同时，她还在学校担任奥运会、残奥会赛会志愿者大团副团长，带领学校交通志愿者办公室所有人完成各项后勤保障工作，是真正意义上的“双线作战”。

在奥组委，她所领导的团队，共拥有 1234 名志愿者，奥运期间，共运送运动员 509991 人次，出车 15729 辆，累计行驶 1164927.9 公里。在服务奥运第一线的八十余天时间内，她连续多日每天只睡三个小时。繁重的工作量让她疲惫不堪，但是在困难面前她没有退缩。高海娜每天背着笔记本电脑，早出晚归，天不亮就要赶一个多小时的公交地铁去办公。一忙就是一整天，晚上回到学校还要到学生活动中心与部员们一起完成组织部和我校志愿者的相关工作。“那时确实累，有时感觉身体都不是自己的了”，高海娜说，“当时很需要关心和鼓励。我每天不停地自我激励，有一次无意中听到五月天的《小太阳》，觉得特别温暖，特别有力量，于是告诉自己，我要将志愿者作为自己的小太阳，为了那一个个小太阳全心投入，让所有人感觉到无限的光明与温暖。”就这样，她出色地完成了前期的准备工作，做到了尽善尽美。

“召之即来，来之能战，战之能胜”成了她的座右铭。每日乘坐晚班车深夜回到学校时，她经常不自觉地睡着，一次次被司机师傅叫醒。在巨大的压力面前，海娜有时也会委屈和无助。但她依然微笑着站在志愿者面前，执着而坚强的为他们服务。高海娜说，奥运带给她难得的宝贵经历，耐心回味，总是带来新的启发、激励，她以全新的姿态迎接挑战，开始新的征程。她对“一直坚定、一点轻快”的惊叹号精神有着深刻的理解。作为我校志愿者文化，它精炼了全体志愿者的青春风貌。对自己而言，高海娜觉得这是对助人为乐的形象化比喻和价值观的回归，成为奥运志愿者不是一种特权或荣誉，只是一种参与奥运、服务奥运的方式。对服务的过程要坚定，对获得的荣誉要轻快。志愿服务的幸福感在于真心参与，通过自己的付出给别人带来便利，同时享受到自我价值体现的快乐和满足感。

谈到出色的工作业绩时，海娜只是淡然地说：“我参与、我奉献、我快乐，小小的我有幸参与大大的奥运。服务奥运的经历是特殊的，考验和困难是从未有过的，人生中能有这样的凝练，对我而言是一笔宝贵的财富。”志愿者的爱心、勇气和信念汇聚为强大的凝聚力，激励高海娜在前行的路上不断践行着无私而执着的志愿精神，不断阐释着坚毅而昂扬的风采。经过奥运的洗礼，海娜在之后的工作上，不断写下惊叹号。

参加2008年北京奥组委交通部运动员团队志愿者组织管理工作（第一排右七）

不忘初心，继续前行自昂扬

奥运会赋予了志愿者激情与活力，残奥会让志愿者们学会了感动与鼓励。两个奥运，同样精彩，这既是中国对世界的承诺，更是每个志愿者的目标。懂得感恩，懂得宽容谦卑，做一个让别人和自己都快乐的人，这些是高海娜的感受，也是奥运带给她的成长，走进奥运的日子仿佛就在昨日，高海娜不禁感叹时间如白驹过隙，稍纵即逝，她坚定地为了志愿者付出全身心的感情和精力，付出全部的热忱和关爱，相信在未来她定会打造出全新的惊叹号，展现出当代青年学生的风采。

毕业后，她成为海淀区万寿路街道大学生社区工作者，参与了国庆 60 周年晚上群众大联欢；借调街道工委组织部，参与楼宇党建工作，成立楼宇党支部，组织活动，规划党建工作站建设等，万寿路街道楼宇党建工作在海淀区位居前列；后成为石景山区苹果园街道公务员，先后在组织科和办公室工作，参与社区党建、非公党建、建党 90 周年主题活动；2012 年，高海娜通过遴选考试成为团市委工作人员，先后在团市委大学部、青农部、宣传部、办公室工作，现任团市委办公室副主任。

2019 年，恰逢中华人民共和国成立七十周年。2 月，高海娜借调至庆祝大会服务保障和群众游行指挥部工作，任广场部综合处干部。八个月里，她与团市委观礼嘉宾对接人员组织、交流指导，做好后勤保障、观礼互动，主要负责做好指挥部相关议题需经团市委书记办公会研究的会务组织、纪要撰写等工作，协助做好日常后勤保障工作。不忘初心、牢记使命，高海娜珍惜工作平台、认真参与用心学习，积极参加广场部临时党支部活动，严格落实各项安排，在 30 余次会议中，她学习工作思路和方法，培养和淬炼了集体意识、大局意识，得到指挥部领导和同事的一致好评。

参加 2019 年庆祝大会服务保障和群众游行指挥部相关工作

在更高更大的平台上，高海娜兢兢业业、尽职尽责，以更大热情投身工作，投身奉献，不断践行着“一直坚定、一点轻快”的惊叹号精神。

敢于担当，永久奋斗

——北京科技大学第二届“青年五四奖章”获奖者刘冰

为学生干部授课

刘冰，男，1986年10月生，中共党员。2005年至2009年就读于北京科技大学文法学院行政管理专业；之后保留研究生入学资格一年，专职从事学校工作，先后任校团委组织部部长，党委、校长办公室秘书；2010年至2012年就读于北京科技大学文法学院行政管理专业攻读硕士学位；2012年至今留校工作。现任高校思想政治工作队伍培训研修中心（北京科技大学）办公室副主任兼北京科技大学马克思主义学院副院长、北京高校思想政治工作研究中心青年研究员。曾任东凌经济管理学院团委书记、学生工作办公室主任，校团委主任科员。出版专著《碰撞：“80后”辅导员与“90后”大学生的青春对话》，担任高校辅导员期间工作事迹被《人民日报》专题报道。

微笑服务，他是奥运志愿者

2008年北京奥运会，在万人空巷、举国欢庆的奥运时间里，有一支身着奥运五环颜色服装的队伍，他们的身影总是出现在人们最需要的地方，日以继夜，不知疲倦，刘冰就是其中的一员。他从零开始接触奥运，“记得我2005年接到北京科技大学录取通知书时，便骄傲地告诉亲人朋友，北科大拥有奥运会比赛场馆，我要争当光荣的志愿者！”2006年9月，刘冰进入大学伊始，便幸运地参加了北科大奥运场馆的开工仪式。“那一刻我深切感到奥运就在我的身边。”他兴奋地说：“2007年3月，在科技大学团委的统一安排下，我开始担任青年志愿者指导中心副主任，从此开始零距离接触奥运。通过努力建立奥运志愿者管理骨干训练营以及一次又一次重要活动的志愿服务工作，我们大家一起进步、一起提高。在我心中，志愿者的定义已逐渐清晰起来。”

刘冰参与了北京科技大学第一期奥运志愿者管理骨干训练营组织以及“好运北京”体育赛事志愿者报名、招募、培训工作。在“好运北京”国际柔道公开赛举行期间，来自世界各地的柔道运动员都集中在北京科技大学体育馆，他曾帮助两位由于航班延误而迟到的法国运动员顺利进入场馆，并且积极沟通申请，帮助他们将必备的喷气式止痛药品通过安检，因为此事，他与这两名运动员结下了深厚的友谊。刘冰在服务期间，总和清洁工一起收工：他与另外两名同学担负的行政文秘岗位直接服务于竞赛主任办公室，每天晚上结束工作已是场馆清洁人员都快要收工的时间。

他说，“每天将近12个小时的工作确实非常辛苦，但我们却学会了创造快乐”，“作为骨干志愿者，应该时时刻刻牢记‘志愿者的微笑是北京最好的名片’。只有把志愿工作做到最好，让服务深入到每一个人的心中，才是志愿者精神的深化和完善！”

立德树人，他是高校辅导员

2012年的秋天，北京湛蓝的天空和校园微黄的银杏构成了一年中最清爽的季节，刘冰结束了七年的本科和研究生学习生涯，迎面遇上一群“小荷才露尖尖角”的孩子们，与他们一起开始了为期四年的青春旅程。他的学生们，都是“90后”。相比于“80后”的标签——怀旧、固执、独力、压力，“90后”的世界则更充满着叛逆、自由、开放、呆萌等崭新的字眼。刚开始做辅导员，刘冰就被这群“90后”们敢说敢做、见怪不怪的风格冲击得找不着北：精心准备的团队“破冰”游戏，谁知他们早就“玩腻了”；与一位女生谈话，她直截了当地说：“老师，我属于会自己选择道路、头撞南墙也不回头的人，你就不用操心了。”

2012年，大学校园流行的社交网络还是人人网，“刷人人”成为同学们每天不知要做多少遍的事情。他开始学着使用人人网账号发通知、写状态、晒图片，摸索着开通了其“公共主页”的功能，并以“大冰辅导员”为自己命名，同时为同学们开辟一个文章专栏，并取名为“成长新语”。他将自己平日里与同学们相处的所思所感所议，如同清洌的泉水汩汩涌出，幻化成文字，流淌在同学们的社交网络平台之上，公共主页也得到更多不同年级、不同专业甚至不同学校同学们的关注，有1篇文章还被评为“2013年度全国高校辅导员百篇优秀博文”。“大冰辅导员”这一形象，就成为刘冰从事辅导员工作的鲜明标签。后来，当微信以势不可挡之势占据了同学们的手机屏幕，微信订阅号如雨后春笋般扑面而来。他便开通了“大冰辅导员”微信订阅号，并根据微信文风更为活泼、亲切、互动的特点，设置了“大冰家书”专栏，相较于“成长新语”说理性强的特点，更注重平等对话和启发提问。慢慢地，订阅号也得到更多人的关注和认可，“大冰家书”专栏文章被评为“2014年度全国高校辅导员十佳优秀博客”。

但是，真正使“大冰辅导员”微信订阅号取得广泛关注的，却是他的学生针对意识形态领域热点事件所写的一篇评论文章。那几天，订阅号后台收到许多陌生人发来的温暖话语，称赞学生和他在这个纷繁杂乱的网络舆论场中传播了正能量。刘冰很受启发，开始鼓励学生们针对社会热点问题独立思考、积极发声，不断推送学生们的优质评论文章，让学生们的思维在相互交流碰撞中绽放火花。“学生在哪里，高校辅导员的工作就得做到哪里。”刘冰说：“当网络成为日常生活不可分割的一部分，辅导员与学生之间‘键对键’‘屏对屏’式的交流就必须成为常态。”刘冰通过“大冰辅导员”微信订阅号紧扣学生思想的“兴奋点”，借助流行话题的“吸引点”，直面社会舆论的“争议点”，与学生产生思想上的碰撞，激发学生的内生动力，使得思想政治教育取得实效。

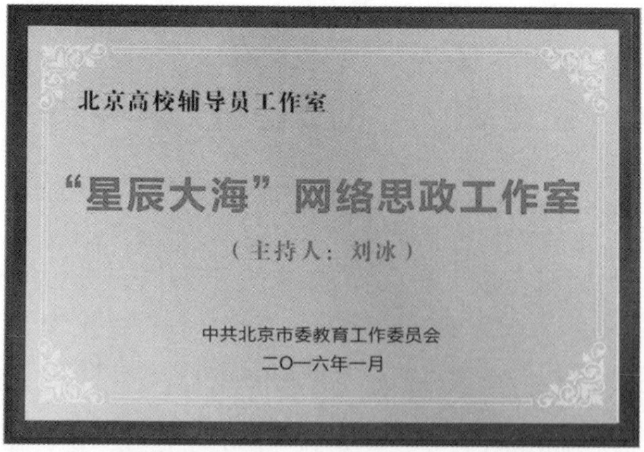

北京高校辅导员工作室主持人铜牌

在刘冰的探索和带动下，北京科技大学星辰大海网络思政工作室成立了。这里汇聚了一批志同道合、敢想敢为的辅导员，他们关注大学生思想政治教育领域的热点难点问题，常常一起研究探讨，为整个学校开展党建工作出点子、想角度。工作室里的辅导员们都说，高校思想政治教育工作说起来“虚”，但做起来必须“实”。建设网络新媒体公众平台，把“立德树人”的根本任务落实在每一篇网络图文信息、每一个微动漫微视频作品、每一次线上互动交流之中，是高校党建工作者必须肩负的责任。

参与组织北京高校新上岗辅导员培训班工作（第一排右三）

牢记使命，他是思政工作者

刘冰自 2005 年入党和入学至今，学习在北科、工作在北科、成长在北科，从学生干部走上教师岗位，带着完整 4 年一线辅导员经历在市委教工委、教育部社科司和思政司 3 个平台学习锻炼，为学校争光。他始终牢记“高校教师”光荣身份，始终牢记研究生导师、文法学院许放教授“踏踏实实做研究”的叮嘱，注重实践积累，坚持科研自觉，主持完成课题 4 项，其中省部级 2 项，出版专著 1 部、25 万字，主要参编著作 1 部、4 万字，参编高校思政主题书籍 5 部，以第一作者身份发表论文 8 篇，内容涉及学生成长指导、辅导员专业化职业化发展、高校思政工作创新研究等。

一路走来，他始终牢记“思想政治工作从根本上说是做人的工作，必须围绕学生、关照学生、服务学生”，守为党育人的初心、担立德树人的使命、创以网聚人的品牌。担任辅导员期间，他全身心扑到学生身上，未发生危机事件，超过 90% 的学生获校级荣誉，39 名学生入党，3 名学生担任“2+2”辅导员，1 名学生硕士毕业后留校担任辅导员。

与毕业的学生合影（右二）

在日常实践工作基础上，刘冰用心讲好每一节学生党课、团课、社会实践课、主题班会，并代表学校一线思政工作者受邀为多地高校辅导员培训班、学生形势政策课等场合授课，全面提升理论分析和阐释能力。特别是根据青年学生特点，开发了“强国时代90后青年学生成长的正确打开方式”“漫谈大学生社会实践调查报告撰写”两个专题。他在探索网络思想政治教育的过程中，与多位同事密切协作，代表学校以第1名成绩获评北京高校优秀辅导员工作室，相关工作经验得到《人民日报》单篇报道推广。

对于过去的经历和未来的规划，他表示，会进一步自我加压，奋发有为，把“培养社会主义建设者和接班人”作为终身使命，深刻把握新时代高校思想政治工作“西与东”之变、“洋与土”之变、“单与全”之变、“小与大”之变，做有立场、有价值、有深度、有底线的科研，结合北京高校思想政治工作研究中心青年研究员的身份，既全面研究高校党建和思想政治工作理论，又聚焦网络思想政治工作这个突破点，在未来几年进一步出经验、出观点、出精品，提升学历阅历、能力感情、激情韧劲儿，努力做负责负重、肯干会干、用网懂网、会讲会写、敬业专业的思政教师，不辜负学校培养之恩。

建设北科大的一颗螺丝钉

——北京科技大学第三届“青年五四奖章”获奖者赵志南

与 2011 届毕业生在办公室合影（右一）

赵志南，男，1984 年 12 月生，中共党员，现任能源与环境工程学院办公室主任。2003 年他考入北京科技大学，从此开始了与北科大长达 16 年的“爱情长跑”。本科期间他投身学生工作，多次获得人民奖学金、三好学生、优秀学生干部等荣誉。大学毕业后，他留校担任辅导员，时刻不忘以学生为本，曾获北京奥运会残奥会先进个人、首都国庆六十周年群众游行优秀工作者、北京科技大学先进工作者等荣誉。在北科大前进的滚滚车轮中，赵志南自比一颗小小的螺丝钉，用青春谱写奉献与担当，为北科大的建设贡献一分力量。

无私奉献，用行动践行职责使命

2008 年、2009 年对于中国人来说是很不寻常，很不平凡的两年，中国人民同心同德，顽强拼搏，成功举办北京奥运会、残奥会，各族人民隆重庆祝新中国成立 60 周年，为伟大祖国的发展进步感到无比自豪。身为中国人，在感到自豪的同时，更要积极投身其中，努力奉献。

2008 年，北京科技大学体育馆成功举办了北京奥运会柔道、跆拳道以及残奥会轮椅篮球、轮椅橄榄球四项赛事，是各奥运场馆中运行时间最长、任务最重、转换期最多、压力最大的场馆之一。当时赵志南是一名本科生辅导员，他时刻牢记一名学生工作者的使命，用实际行动彰显着榜样的力量。他配合学校推荐选拔了几十位学生骨干和政治素质高、责任心强的同学作为奥运会、残奥会志愿者；他本人更是承担起了啦啦队的培训工作，率领一百多位啦啦队成员每天晚上坚持训练，嗓子喊哑了，手掌拍红了，但热情依然高昂，赛场上他率领啦啦队为奥运健儿们加油鼓劲，在啦啦队的引领下，全场观众有序观赛，文明呐喊，赢得各国来宾的称赞。

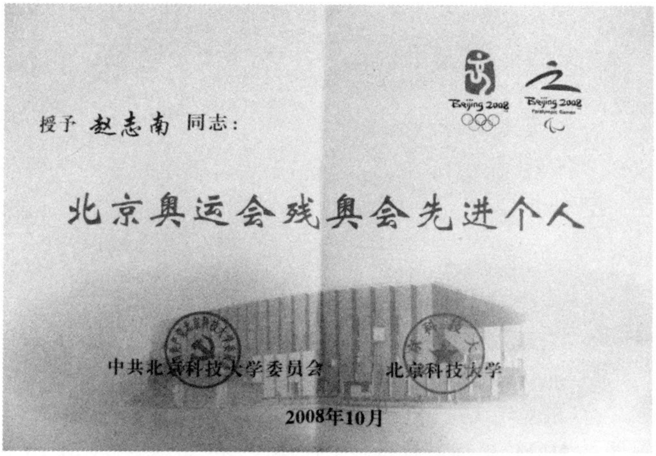

2008 年获得北京奥运会残奥会先进个人

2009 年，赵志南参与到国庆 60 周年庆祝活动中，负责群众游行“能源发展方阵”的组建和训练任务，并承担了部分广场合唱和群众联欢工作。赵志南与学生并肩作战，顶烈日、斗酷暑，作为中队长更是以身作则，比学生到得更早、走得更晚，每个动作都力求做到最好。在训练中，赵志南随时关注学生身体状况，确保学生思想和情绪的稳定，更在日常训练中不断激发他们的训练斗志，用实际行动证明了辅导员队伍是一支“召之即来，来之能战，战之能胜”的可靠力量。经历了三个月艳阳下的辛苦训练，全体参训师生口号响亮、步伐整齐，在十月一日盛典当天，以饱满的精神姿态，在浩浩荡荡的群众游行方阵中，走过巍峨的天安门，出色完成了各项任务。赵志南也获得了首都国庆六十周年群众游行优秀工作者的荣誉称号。

2009 年获得首都国庆 60 周年群众游行优秀工作者

踏实认真，用热情开展基层工作

作为一名辅导员，赵志南时刻以学生为本，踏实工作，连续两年几乎每周都有四天工作到晚上 11 点，在干部培养、党团建设、学风建设等方面投入很大精力。踏实的工作取得了很大的成效，尤其是干部培养效果显著，80% 以上的学生干部通过保研或出国继续深造。学生干部的优良学风给班级成员起到了良好的模范带头作用，他所带学生良好的整体学风也得到了学院全体教师的极大认可。

2012 年，赵志南担任机械工程学院办公室副主任，承担的工作包括：人才引进、职称评聘、教师公派出国、学院资产管理等。这些工作繁杂而具体，跟每一位老师的切身利益息息相关，要求工作人员务必认真、严谨、有耐心。经过多年学生工作锻炼的赵志南拿出全心全意为学生服务的热情，认真投入到学院教师的服务和管理工作中，及时跟职能部门沟通交流，彻底弄懂文件精神和要求，认真反复讲解布置，用极大的耐心和务实的工作作风出色完成各项工作，赢得了老师们的一致好评，更得到学院领导和职能部门的认可。2014 年，他因为出色的工作表现获评学校先进工作者荣誉称号。

2016 年，学校批准成立能源与环境工程学院，赵志南担任学院办公室主任。学院刚刚成立，大到学院整体氛围的塑造，小到办公室的装修布置，各项工作的开展都倾注着赵志南的心血与付出。除承担上述工作外，他还兼任学院科研秘书，如何为教师提供更好的服务，促进学院科研工作稳中有进是赵志南时刻思考的问题，他认真学习科研管理相关规章制度，虚心向系所教师请教。为提高通知效率，他通过邮件、微信等渠道将科研项目申报、科技成果转化等信息直接通知到学院 80 多位教师，并做好解释和汇总工作。这些看似平凡而基础的工作不仅赢得老师们的好评，也为学院的科研工作再上台阶起到助推作用，近三年，能源与环境工程学院科研项目稳步提升，教师人均科研经费超过 100 万，位居学校前列。

从辅导员到学院办公室，一项项基础工作，虽然平凡，却也极不平凡，数年如一日的坚持，数年如一日的认真，赵志南一直为北京科技大学的发展做着螺丝钉般的贡献。

牢记初心，用奋斗谱写五四新篇章

今年 36 岁的赵志南在北科大已经 16 个年头了，他把最好的青春献给了北科大这片热土，他常说，“态度决定一切，细节决定成败，作为一名基层工作人员，我们所从事的工作是琐碎的，但也是最重要的，我们要时刻以服务员的心态做好本职工作。”赵志南总结自己有“四法”：在工作中有想法，理清工作思路，明确目标；有说法，统一思想，加强沟通，形成共识；然后有做法，形成文件，紧抓落实；最后要讲究工作的方法，要讲究艺术，提高效率。

一名北科人，一颗小小的螺丝钉，平凡却也不凡。赵志南直言：“厚德方能载物，我将不断加强政治理论和业务技能学习，提高自身素质，立足岗位，尽心尽力做好本职工作，为早日实现‘北科梦’贡献自己的力量。”这是他的初心，这是他的使命，一代人有一代人的使命，青春的风采、青年的担当，都要用奋斗去彰显，靠奋斗去实现。用青春践行祖国梦、用奋斗谱写新时代的新篇章。

青春，是一种担当

——北京科技大学第四届“青年五四奖章”获奖者崔睿

募集25万元公益基金推动建设10余座净水装置（右一）

崔睿，男，1987年9月生，中共党员，2006年至2014年就读于北京科技大学冶金与生态工程学院。自2007年起，他连续十余年开展“保卫淮河”公益实践行动，前往淮河流域水污染村庄开展社会调查、关爱帮扶和公益募捐，倡导推行“生物净水计划”获康师傅水创意大赛金奖，用25万元金奖基金为当地10座村庄建设生物净水装置，造福村民1000余户。他长期从事青年工作，历任校团委组织部部长、社会实践部长、宣传部部长、研究室主任、副书记等，善于创造性地运用青年学生喜闻乐见的形式开展工作，曾获中国青年好网民、全国学校共青团新媒体工作先进个人、北京市优秀共青团干部、首都社会实践先进工作者等。毕业后留校工作，现任党办、校办信息文秘室科长。

“情”字立心写担当

青春，首先是富有情怀的，情怀的力量是温润、持久和绵长的。崔睿的故事，就从一份“情”开始。

一双赤脚丈量“母亲河”。2007 年春天，崔睿与同伴们关注到了一条新闻，作为中华民族母亲河之一的淮河正在遭遇严重的水污染侵蚀，一幅幅触目惊心的照片驱使他们奔赴淮河。他们沿河道一路行走，足迹遍布南阳、漯河、周口、阜阳、蚌埠等 7 座城市，总行程 757 公里，历时 11 天，以大学生视角全景观察淮河流域水污染情况与沿河百姓生存状况，深入走访 10 余个重度污染的村庄。他们将实践经历撰写为 10 余万字的大学生观察笔记，将探访故事制作成影像集册、宣传展板与视频纪录片，青春纪录在校园中广泛传播，引发新华社、中国青年报等媒体的关注报道。这段经历也开启了崔睿与淮河的情缘。

自 2007 年起连续十余年赴淮河流域开展社会调查（左三）

一项计划拯救“癌症村”。淮河之殇的根源在于那里流淌的“黑匪”（黑水），水污染导致的沿岸“癌症村”数不胜数。崔睿坚持每年暑期组建社会实践团队赴淮调查，跟踪水质变化与村民健康状况，选取黄孟营、东孙楼、洼子庄等 5 个村庄作为样本，记录肿瘤病患病与死亡病例，形成了一份触目惊心的“死亡名单”。悲痛催生行动！崔睿决心帮助承受痛苦的乡亲们。在当地环保组织“淮河卫士”的协调下，他参与发起了“地表饮用水生物净化与村民救助”计划，提出用专利技术培养具有净水特性的生物集群，将村里压力井的表层地下水净化为饮用水。该计划获得康师傅水创意大赛 25 万元公益基金，建造了 10 余座生物净水站，让千余户村民终于喝上了干净水。这项计划因其成本低、见效快、建造和使用便捷等优点，得到了越来越多村民的欢迎和社会力量的广泛支持，正在成为“癌症村”的救命工程。

一片真情温暖“淮水畔”。当被问及“为何淮河行动能坚持十余年”时，崔睿从手机中翻出了一组老照片。照片上略显青涩的他正在黄孟营村“驻点”，他身边坐着一位骨瘦如柴的女性村民，另外一张身旁站着一个手脚发紫的幼小女孩。崔睿说，拍摄地就是黄孟营村的“癌症胡同”，那里曾经家家户户都有肿瘤病患者。两个人分别叫刘玉枝和王慧美，两家人皆因水污染“一病返贫”。崔睿说，他曾亲眼看到乡亲们遭受的来自身体和心理的双重折磨，那一双双渴望被关怀的眼神至今难忘。于是，崔睿和小伙伴们发起设立了“爱之村”公益基金，将参加挑战杯、节能减排大赛获得的科技奖学金近万元集结起来，每年向淮河畔的“紫娃娃”（先天性心脏病患者）与“穷娃娃”（因病返贫的二代子女）发放奖助学金。这一公益行动点燃了孩子们的希望，也成为传递爱心的桥梁。如今，刘玉枝的女儿已经考入大学，王慧美成功实施了手术。有爱，有暖，有光，共同构筑了温暖淮河的力量，唤醒了那一抹梦想的阳光。

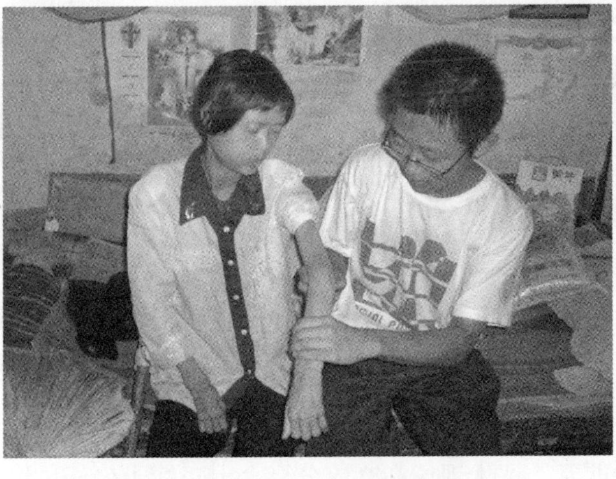

深入沈丘县黄孟营村与刘玉枝亲切交流（右一）

崔睿说，他与淮河的故事还在继续，希望也在继续。

“新”字立行强担当

青春是五彩斑斓的万花筒，能迸发出五光十色的绚丽光华。崔睿钟爱青春的事业，在学校共青团的岗位上写下满满的“新”意。

支书秀场“变形记”。北科大共青团有一个始于20世纪90年代的品牌——十佳团支书评选。随着时代发展，传统的评价方式很难承载新时期共青团的工作，一场“十佳团支书”的自我革命于2010年春天悄然开始。崔睿与组织部的战友们认真学习团的章程，广泛调研团支部，确定将评价标准回归到团支部的基本制度——团支部大会、支部委员会和小组会“三会”上。在此基础上，他们将真人秀、即兴挑战等流行时尚文化植入其中，创造性地搭建起一座美轮美奂的“团支书梦想Show”舞台。崔睿拿起麦克担纲主持，支书候选人即兴接受挑战，秀“支部梦”、晒“支部经”、开“支部会”、理“支部事”，随后接受青年代表的举牌评分，最受欢迎的十强选手晋级为“十佳团支书”。这一改革重塑了团干部青春阳光向上的健康形象，“支书告白体”“推优三国杀”“谢天谢地支书来了”等流行语风靡校园，掀起了一股“我的支书、我的团”的文化新风。

主持“团支书梦想秀”技能竞赛与风采展示活动（右一）

博士哥哥“长成记”。2013年金秋时分，一枚校园“萌宠”伴随着银杏叶片的飘落“一夜爆红”，他就是小博士。作为学校社会实践代言人，小博士开始频繁闪跃在实践课堂、评优现场和交流分享会上，博士公仔、优盘、明信片、自拍杆等产品成为学生们热抢的珍藏。小博士还在公众平台上开设了“智能对话”频道，成为青年学生无话不谈的知心小伙伴。一时间，小博士迅速跻身校园“红人”，但崔睿还有更多“人设”和“IP”等待博士哥哥实现。他将小博士搬上银幕，创作MG动画片《小博士说实践》《博士话网络》等10余部；把小博士插入漫画，绘制原创漫画《小博士代言价值观》《博士解习大大“八字真经”》等200余幅；捧小博士化身网红，推出“博士新三字经”“博士时评”“博士表情包”等，得到“共青团中央”等转发数十次、传播100万+。2015年3月，时任团中央常务书记贺军科来校聘任小博士为“网络文明形象大使”，共同启动清朗网络志愿行动，小博士从此开始走向全国、萌翻一众“团青”。

青春说唱“热搜记”。若要盘点曾风靡校园的青春说唱，有一曲《十九大有嘻哈》定会被提及，创作背后的故事也值得品读。2017 年 10 月下旬党的十九大胜利召开之际，崔睿与宣传部的老铁们进行每日例行的“四点半风暴”，探讨如何运用新媒体新技术新形式宣传十九大。有人提议划出“原谅色”（代表青年颜色）热词 TOP10，有人请缨创作“一图说”，有人拿出创意 H5 脚本，热火朝天的讨论被一个女孩的 idea 打断——“嘻哈”。大家的眼神中不约而同地放射出一束光芒——十九大有嘻哈？说干就干！他们联系了校园嘻哈达人作词、谱曲、试唱，两天后这条音频火爆朋友圈，校园到处哼唱着这样的旋律——“青年强则国强这句话你肯定没忘 / 天下兴亡匹夫有责你也记在心上 / 新时代的青年应该有更多的担当 / 母校给你知识 / 就要你为国为钢”。不久，这首曲子被制作成 MV，一举斩获 2017 中国网络视听大会“十佳原创视频”。崔睿在领奖台上说：这个作品由青年大学生创作完成，这座奖杯属于北科大青年，希望这青春向上的正能量能被唱得更响、擦得更亮、奏得更强！

荣获全国网络视听大会“十佳视频”奖项（左二）

“德”字立本勇担当

十余年的学习、学生工作经历，崔睿坚守“德”这个根本，努力扮演好“三个角色”。

做一名忠诚、干净、担当的青年干部。好干部标准首先就是要有过硬的政治品德、政治素质。讲政治不是抽象的，而是具体的。好干部不是嘴上说的，要落到实实在在的行动上。在学校党办、校办工作，要立足办公室岗位，在推进“双一流”、新校区建设和全面从严治党等进程中主动担当作为，编制好每一期决策参考信息，撰写好每一份发展文书报告，为决策发展保驾护航。

做一位立德树人、潜心育人的青年教师。教师是塑造人的事业，师德是首要标准，立德育人者首先要自己立德。要始终牢记为党育人、为国育才的初心，认真完成好形势政策课、社会实践概论等教学任务，积极投身思政课改革、网络育人创新等教改研究，带动并影响学生向上、向善、向好、向美发展。

做一枚常怀感恩、反哺母校的青年“贝壳”。母校是施予恩德的第二重“母亲”，赋予了知识、塑造了理想、淬炼了成长。北科大是一所崇尚感恩、饱含感情的学府，培养了一大批优秀校友。要懂得知恩图报，扎根母校沃土，联络、服务、保障好广大校友，用心用情用力做好励志计划、黔驿计划等校友育人品牌项目，为母校发展贡献力量。

心怀梦想，向阳而生

——北京科技大学第四届“青年五四奖章”获奖者苏凌菲

与西湖大学校长施一公教授

苏凌菲，中共党员，1990 年 9 月生，2009 年至 2013 年就读于北京科技大学外国语学院英语专业，现于西湖大学校长办公室工作。曾任北京科技大学青年志愿者协会主席、校志愿者联合会副秘书长，其间积极参与校内外各类志愿项目，投身社会公益活动，致力在学校营造志愿文化氛围、发展志愿文化活动。曾荣获“87 校友基金”优秀学生干部、外国语学院第三届“银杏之星”才学双馨奖、北京科技大学十佳志愿者、十佳志愿服务项目经理人，北京科技大学优秀学生干部、优秀共青团干部等荣誉称号，入选北京科技大学第三届“励志计划”。2012 年 10 月 29 日，《中国青年报》发表采访苏凌菲的文章《苏凌菲：快乐他人，高兴自己》，该文章以其菲律宾志愿服务为例，向社会传达开展志愿活动的深远意义。

把握学习阵地，牢学生之根基

从衡水中学毕业的苏凌菲，喜欢让自己的生活充实而富有色彩。她认为学习是大学生的第一要务。入校不久，她的足迹就遍布了图书馆、自习室。同时，作为班里的团支书，苏凌菲努力为大家带好头做好榜样。每天清晨，她总是最早一个起床，到教室开始阳光晨读；每天晚上，她总是最晚一个回宿舍，在自习室进行月光晚读。经过一个学期的努力，大一上学期的苏凌菲专业排名第四，这给了她极大的鼓舞，对英语学习的热情更加高涨。

大二时，苏凌菲在北京新东方酷学酷玩夏令营担任老师，学习教学方法的同时，也得以在实践中应用她的专业知识。她严格要求自己，争当先进，先后获得了新生奖学金、德龙奖学金及人民奖学金。同时，她还积极地参加所有跟专业学习有关的比赛，如“英文配音大赛”“英语朗诵比赛”“英语辩论赛”等，均取得了优异成绩。

热心投身志愿，唤青年之担当

在学习专业知识以外，她热衷于参加社团和志愿活动。大二期间担任校青年志愿者协会蓝宇服务队部长，迅速完成了从部员到一个组织者的角色转换。无论是大钟寺的讲解、航天博物馆的引导，还是地震知识的讲座，各项工作都安排得井然有序。

呼吁“选择地球，加入低碳一族”（左一）

2009 年，在哥本哈根大会召开之际，她作为 WWF 世界自然基金会的志愿者，同“环保大使”李冰冰小姐一起宣传保护环境、提倡“低碳”生活的重要性；2010 年 8 月，她在国家会议中心担任“国际市场营销大会”志愿者，协助组织活动顺利进行。

2010 年暑假，苏凌菲飞往菲律宾的达沃市，在 SOS Children's Village 儿童村进行了为期一个月的实习。在儿童村，她组织志愿者们开展集体义卖活动筹集善款，和重点关注的儿童心贴心交流，并收获“爱”的反馈。苏凌菲用自己的亲身经历告诉我们：一个优秀的大学生，不应局限于书本，画地为牢。我们正处在一个攻坚克难、砥砺前行的时代，而大学作为步入社会的缓冲滩，有数不清的际遇和选择，皆需呼唤青年的担当。

与菲律宾儿童村的孩子一起

贡献青春力量，展青年之风采

大三时，苏凌菲成功竞选为北京科技大学青年志愿者协会的主席，同年 10 月被任命为校志愿者联合会副秘书长，她积极在学校营造志愿文化氛围，发展志愿文化。她带领青协及志愿者们成功举办了“12・5 国际志愿者日嘉年华”“青协十年,有你有我”庆典晚会、“3·5学雷锋日”等活动,拍摄了“微笑在我心中——寻找身边的志愿典型”系列视频，接受了中国教育电台及中国青年报的采访。其中，令她印象最深刻的便是 2012 年北京科技大学 60 周年校庆志愿者的招募、培训及组织工作。校庆活动期间，苏凌菲组织所有志愿者们坚守在自己的岗位上，保证各项大型活动有条不紊，为校庆 60 周年贡献自己的青春力量。

入校以来，苏凌菲共计完成 50 多项志愿服务，累计 300 多个志愿工时。“我不希望同学们在加入志愿团队的时候有‘做了多少工时’这样的想法。”苏凌菲说，“我希望大家都能把志愿活动看作一种非常‘潮’的事情，快乐了他人，也高兴了自己。”在她身上也确实验证了这句话，快乐了他人，也高兴了自己，成长过程中收获满满。

担任中国科学技术馆义务讲解员

奋斗青春梦想，绘希望之蓝图

人一生当中有许多的站点，一如高考，一如求职，一如成家，生活没有优劣高低，只有合适与否。高考代表着人生中新航向的号角已经吹响；而毕业后，就意味着一个人真正独立选择生活的时刻到了。

2015年，苏凌菲了解到西湖大学刚刚开始创办，便毅然放弃当时稳定的工作，跟随施一公教授参与到西湖大学的筹建工作中。西湖大学是中国历史上第一所由社会力量举办、国家重点支持的新型研究型大学。西湖大学是一个新生事物，自然会有很多困难。就像一个新生儿一样，从出生到学会走路要跌很多跟头、有很多东西要学，但当时的她毫不犹豫，苏凌菲便是第一个全职加入西湖大学的工作人员。

2018年10月20日，在社会各界的共同见证下，西湖大学成立大会在杭州隆重举行，来自海内外近400位嘉宾出席，包括5位诺贝尔奖得主、70余位国内外大学校长和研究机构代表以及近百位捐赠人。苏凌菲和她的同事们不分昼夜、连续加班奋战三个多月，圆满完成西湖大学成立大会系列活动的组织筹备工作。在母校组织志愿活动获得的经验，也让苏凌菲能够很快地适应高强度的工作，组织活动游刃有余，让活动顺利开展。

在浙江西湖高等研究院成立大会

就像苏凌菲所说：“我最喜欢的花就是向日葵，因为她灿烂、积极、倔强，永远朝着太阳的方向生长，永远向世间绽放她的微笑。我也想做一株向日葵，心中有梦想，心中有希望，为了一个梦，面对困难但仍要选择坚强！”为了保持当时加入西湖大学的初心，无论面对什么困难，她都毫不畏惧，砥砺前行。

恰好风华正茂，敢为时代之先

苏凌菲表示，获得“青年五四奖章”既是自己过去的荣誉，也意味着一份新的责任，通过自己的身体力行，助力提高身边同学志愿服务、奉献担当的意识，让她倍感自豪。在“青年五四奖章”的评选中，苏凌菲以志愿精神脱颖而出，体现了学校对志愿者工作的重视。现在的大学生，更应该珍惜每一天的每时每刻，在学习中不断完善自身。更重要的是，要在大学期间完成对独立人格的塑造。每一位学生在刚上大学时都是一张白纸，在毕业时，每个人擅长的领域也不一样，这就需要大家在四年时间内不断地发掘自己的潜力，在毕业后做自己热爱的工作。就像苏凌菲一样，热心于志愿服务，那是她的热爱，也是她的长处，她热心于教育事业，她便不断努力的找寻与自己爱好相关性强的工作。今年是“五四运动”一百周年，作为新时代新青年，更要肯定自己在社会发展中的力量，不要妄自菲薄，要热爱伟大祖国、练就过硬本领，将眼下的工作、学习做好，为国家社会发展贡献自己的青春力量。

习近平总书记曾寄语青年一代：“追梦需要激情和理想，圆梦需要奋斗和奉献。广大青年应该在奋斗中释放青春激情、追逐青春理想，以青春之我、奋斗之我，为民族复兴铺路架桥，为祖国建设添砖加瓦。”苏凌菲用自己的实际行动生动地诠释了一位新时代新青年对个人、对国家、对社会的责任与担当。努力学习专业知识，她奋进求学，涵养知识沃土；积极参与班级管理，她衷心服务集体，以己之力凝聚班级力量；热心投入志愿服务活动，她深入志愿实践，无私奉献社会、服务他人。对于做自己热爱的事，她敢作敢为，从无到有，从小到大，一步一步地把梦想变为现实，只有将个人命运与国家前途紧密地联系在一起，青春才能焕发出绚丽的色彩。苏凌菲在敢为人先中凝聚力量，在积极实践中积累经验，在坚持奉献中书写出自己最动人的青春年华！

爱心献校庆，微笑绽北科

——北京科技大学第四届“青年五四奖章”获奖团队校庆志愿者

志愿者在服务站服务

有这样一群人，他们的名字叫校庆志愿者，在北京科技大学60周年校庆期间，2000余名校级校庆志愿者、1000余名院级校庆志愿者以“主动、热诚、周到、优质”的服务积极参与校庆，他们在校庆庆典期间总计提供服务376531小时，在不同岗位上挥洒热情、默默奉献、辛勤付出，以细致周到的服务赢得了校友和海内外来宾的交口称赞，他们，注定是一个不平凡的群体。烈日下，他们面带微笑；广场上，他们不断奔忙；场馆前，他们静静伫立。相比于校庆当天的校友们、庆祝大会的嘉宾们、晚会的演员们，他们是毫不起眼的一群人，但他们，却成为北科四月最亮丽的风景线，他们用实际行动践行了“爱心献校庆，微笑绽北科”的承诺。

笑迎宾朋，校友接待及外宾翻译服务

校庆志愿者承载着光荣与使命。负责接待的志愿者是本次校庆志愿者中人数最多的一支队伍，总计 800 余人。他们承担着一对一全程陪同校友参加各项校庆活动的任务。从 4 月 10 日起，接待志愿者先后三次与校友对接，详细登记校友活动信息，逐步加强与校友的沟通。校庆期间，接待志愿者的身影出现在校园内外，从机场、车站到宾馆、会场，他们从事着接站、宾馆服务、就餐引导等工作。辛勤的付出和细心周到的服务得到了领导、校友、嘉宾的一致好评，其中，香港校友发来感谢信，称赞志愿者无私奉献的志愿服务精神。

如果说接待志愿者是连接学校与校友之间情谊的纽带和桥梁，那么共计 50 名从事翻译服务的志愿者们则为来访外宾展现北科学子的精神风貌打开了一扇窗。他们凭借自身的语言优势，认真了解服务要求，配合国际处承担起外宾的迎送、全程陪同的工作，并积极承担“北科大与世界”论坛和主题展览的会务工作。他们以自己出色的服务向外宾展示了北科大志愿者的形象和风采。

万众一心的志愿者

爱满校园，校园引导及校史讲解服务

校庆志愿者是一份责任，因为他们是校友们回到母校后感受到的第一份温暖。或许校园引导志愿者对于这句话的理解最深。140 名引导志愿者分布在校园内的 11 个服务站点，为返校的校友提供引导、休息场地、饮用水、医疗救护等服务。校庆期间，引导志愿者每天早晨 6:30 便开始上岗，直到夜幕降临人流退尽他们才结束工作。一句简单的问候，一个热情的微笑，都承载着志愿者们欢迎校友回家的浓浓情意。直至 4 月 22 日校庆晚会结束，引导志愿者仍坚守岗位，他们为校友指引离校方向，以“北科大生日快乐！校友们常回家看看！”的话语将爱与真情播撒在北科校园。

讲解志愿者被称为校史知识的“活字典”。校庆期间，他们用清脆婉转的声音向校友、嘉宾娓娓道来北科大六十载的沧桑巨变，打动着每一位莅临参观的校友、嘉宾和同学。微笑的脸庞，热情的态度，专业的讲解，中文、英文、日文、德文全方位覆盖，63 名志愿者以实际行动展示着北科大“求实鼎新”的校训。他们的辛勤付出将校史馆“外树形象、内聚人心、文化传承、记录历史”的作用灵动地展现出来。

志愿者为老校友带路

青春身影，校庆会务及礼仪服务

4 月 22 日，北京科技大学 60 周年庆祝大会和校庆晚会隆重举行。庆祝大会和校庆晚会的顺利进行，离不开在台前幕后忙碌着的志愿者。庆祝大会上，60 名志愿者参与到观众引导和物资摆放等工作中。校庆晚会共有 480 名志愿者参与服务，包括晚会场地引导 158 人、剧务 85 人、旗帜 65 人、互动 150 人。晚会现场擦拭干净的座椅，摆放整齐的手持物、矿泉水和节目单，各项剧务的顺利进行以及晚会气氛烘托、观众引导，都满载着会务志愿者们辛勤的汗水。当庆祝大会胜利落幕，校庆晚会圆满结束的时候，志愿者们再次出现在会场进行收尾工作。他们虽默默无闻，却是北科大校庆中最美的青春身影。

校庆期间，礼仪志愿者无疑是一道靓丽的风景线，袅袅婷婷的她们浅笑盈盈、步若凌波，微笑中透露着北科大师生对校友、嘉宾的真诚欢迎，步履间展示出北科大学子自信从容的青春风华。共有 50 名礼仪志愿者参与到庆祝大会、校庆晚会等重要活动，其中有 18 名礼仪承担重要岗位。礼仪志愿者认真参加专业培训，从每一个细节严格要求自己，同时克服各种困难，多次参与演练，始终微笑服务。她们以优美的姿态、高雅的气质、专业的服务给繁忙、紧张的校庆带来了一抹绚丽的色彩。

一条线的标准

志愿者无声的付出

坚实保障，校园安保及技术支持服务

校庆志愿者是北科大志愿服务“一直坚定、一点轻快”惊叹号精神的载体。校庆安保志愿者则展示出了意志坚定、勇担重任的科大志愿者风采。以国防生为主体的160名校庆安保志愿者与保卫处密切配合，参与到校庆车辆引导和校园安全保护的工作当中。不论是清理停车场、引导车辆还是坚守安保岗位，虽然安保志愿者的工作单调、烦琐，但是他们不怕苦、不怕累、不抱怨，肯奉献、讲责任、有毅力。他们用自己积极的态度和认真的服务，为校庆安全顺利举行贡献力量。

技术支持志愿者是校庆盛大节日的记录者。他们奋战在校庆宣传平台的第一线，在时间紧、任务重、人手少、要求高的工作条件下连续作战，不辞辛苦，依托文字、图片、视频、广播等媒介全方位呈现校庆盛况。数小时的专题广播、几十篇各类庆典活动的稿件、上百分钟的影像视频、数千张生动详实的新闻图片、上万条网络话题……技术支持志愿者用自己独特的方式为母校献上祝福，将北科大60校庆最美好的瞬间变成永恒的记忆。

志愿有我，志愿平方服务及自发服务

校庆志愿者工作顺利进行的背后，还有着一群服务于志愿者的志愿者。由50人组成的志愿者平方服务队承担起维护校庆志愿者体系高效运行的任务。他们在营造校庆志愿服务文化、招募选拔志愿者、保障物资、机动调度等工作中都发挥了极其重要的作用。志愿者平方服务队，是校庆志愿者坚实的保障。每位志愿者的微笑，都是对平方服务队工作最好的褒奖。

在校庆期间，除了这些有名字、有岗位的志愿者们，在科大的校园里还有着一个更为活跃的群体。他们没有统一的服装，却都有着一颗乐于奉献的心，和志愿者们一同承担着让微笑绽放在北科的使命，他们便是科大几千名在校师生。一抹微笑、一声问候，全然自发，饱含温暖。所有的人都自发加入到了服务校庆的洪流中。来参加校庆的钢院机械系63届校友、中国工程院院士关杰也受到鼓舞，自觉加入到校庆志愿服务的队伍中。在报到登记结束后，他主动协助机械学院维持校友报到顺序，成为一名志愿者。院士志愿者只是一个代表，正是因为有着无数甘于奉献的“志愿者”，才共同构筑起校庆期间最美丽的北科校园。

为全面保障校庆志愿者权益，提升志愿者形象，加强文化认同，提升志愿者服务校庆的荣誉感和责任感，校团委还从物资、机制等多方面对校庆志愿者提供保障激励。校庆结束后，校团委及时开展志愿者认证工作，发放志愿者证书，并根据使用单位记录的服务时间，给予志愿者工时认定。对服务中涌现出的优秀及杰出贡献志愿者，专门设立先进奖项进行表彰。同时积极发掘校庆志愿者中的典型人物和事迹，进行总结提升和广泛宣传，不断丰富学校的志愿服务文化氛围。

对每位志愿者而言，经历校庆服务的洗礼，志愿服务精神已经内化于心。他们也必将在未来用实际行动展现北科大志愿者的风采，不断书写北科大志愿服务新的篇章。

走在理论和实践铺就的道路上

——北京科技大学第五届“青年五四奖章”获奖者胡智林

参观钢厂

胡智林，男，1987年5月出生，中共党员，2006年至2014年就读于北京科技大学机械工程学院工业工程专业，其间曾任北京科技大学校团委社会实践部部长。硕士毕业后，胡智林留校工作，现任北京科技大学党委办公室、校长办公室政策研究与法律事务中心主任。

他以“一物不知，深以为耻”的决心和“学习到底”的精气神深钻党的理论，培养出一支懂理论会宣传的骨干队伍；他在三尺讲台和广阔网络中“传道、受业、解惑”，在思想引领工作中解答青少年的困惑和疑问；他找准具体工作与党的理论之间的结合点、切入点，做到学、思、用贯通，知、信、行相统一；除此之外，他还注重将社会实践工作与服务学校发展、服务第一课堂学习结合起来，为学校人才培养、校友联络等工作献计献策。

学理论，书中取经验

习近平总书记指出：“政治上的坚定、党性上的坚定都离不开理论上的坚定。

干部要成长起来，必须加强马克思主义理论武装。”在工作中，胡智林充分认识到理论修养是团干部安身立命的看家本领，因此他充分重视理论学习，以“一物不知，深以为耻”的决心和“学习到底”的精气神，坚定理想信念，坚持用科学理论武装头脑、指导实践、推进工作。

胡智林制订学习计划，自主学习了党的章程，党的领导人的重要讲话和选集、文选、文集，党的重要文件，党的历史等，学习中他力求掌握要义、悟透精髓，特别是学深悟透习近平新时代中国特色社会主义思想，以之筑牢思想之基、补足精神之钙、把稳思想之舵，努力把自身锻造成为忠诚干净担当的高素质年轻干部。

除此之外，胡智林还非常注重带动团队一起学理论。他制定了校团委实践部“六个一”计划，培养出一支懂理论会宣传的骨干队伍。他完善和加强内部培训和学习机制，要求骨干成员“读一本理论著作，写一篇时事评论，写一篇热点推送，做一次青年思想调研，开展一次面对面宣讲，设计一次团课”，通过“六个一”计划切实提高了骨干成员的理论素养和写作能力，他还鼓励探索开展理论学习与实践创新活动，注重在任务中活动中锻炼骨干成员。

参与京港交流活动

教理论，讲台传真知

理论学习虽然是抽象的，但理论学得好不好却是具体的、可检验的。对团干部来说最直接的检验有三个层次，能说服自己，能说服别人，能说服青少年。只有把青少年说服了，才算真正合格。共青团是广大青年在实践中学习中国特色社会主义和共产主义的学校。在这所学校里，团员青年是学生，团干部就是“传道授业解惑”的教师。胡智林不断增强脚力、眼力、脑力、笔力，在理论学习上达到融会贯通的程度，努力成为一名耐心的“宣讲者”、够格的“解经人”、热心的“布道者”。

一方面，胡智林在实体课堂上讲理论，说实践。他加入“大学生社会实践”课程组，为全校大一学生讲授“社会实践概论”“社会调查方法与报告撰写”等课堂教学内容，抓实学生出发前的理论学习和选题指导，保障学生实践有目的、有技能、有兴趣、有收获。胡智林还参与编写了指导教材《大学生社会实践理论与实务》及配套案例读本、工作手册和操作指南“口袋书”，满载着对学校多年社会实践工作探索与建设的总结思考，是新时期我校社会实践的重要教学成果。

另一方面，胡智林坚守网络阵地，在更广阔的平台和空间上宣传党的理论。网络是意识形态领域斗争的重要战场，青少年的思想认识现状体现在网络上，检验团干部政治本领的考题也在网络上，胡智林主动地到网上去“打桩”，争当红色“网红”。他坚持实践标准，有力驳倒各种形形色色的错误言论，在思想引领工作中有效解答青少年的困惑和疑问。

胡智林课堂上的学生这样评价他，“曾经我以为理论非常枯燥，但是胡老师教我们透过文字掌握蕴含其中的立场、观点、方法，理解理论背后的精神实质和内在逻辑。在胡老师的教诲下，我开始向着不仅知其然更要知其所以然的方向努力。胡老师是我追求理论和实践上‘不惑’的引路人。”

与励志计划同学合影

用理论，实践育英才

胡智林在工作中真正做到了知行合一，他紧密围绕学校中心工作以及共青团工作重点，找准具体工作与政治理论之间的结合点、切入点，真正将科学理论用于指导实践，做到学、思、用贯通，知、信、行相统一，他认真踏实从事学校大学生社会实践的教学和管理工作，坚持以谦虚谨慎的态度落实共青团团结引领青年和凝聚服务青年的战略任务，不断提升服务意识、贯彻服务理念，全心全意服务青年学生。

胡智林注重在工作中深挖育人效果，不断探索创新。2011 年胡智林全程参与了北京科技大学“大学生社会实践”工作，他积极推进学校“大学生社会实践”课程改革，调整课程实施方式和学时比例，引导学生开展“深度实践”。不管是在实践课程成绩评定还是暑期社会实践经验交流分享和成果转化，抑或是年终社会实践总结，只要与实践相关与工作相关，大大小小的活动都能看到他的身影。由于表现优异，2011 年 12 月胡智林被评为“2011 年度首都大学生社会实践先进工作者”。同年学校获评“首都大学生暑期社会实践先进单位”和“首都高校思想政治理论课社会实践先进单位”。这些成绩，既是对全校社会实践工作的肯定，也反映出上级和同事们对胡智林工作的充分认可。

除此之外，胡智林还注重将社会实践工作与服务学校发展、服务第一课堂结合起来。他参与编写《师韵——北科大走出的院士》一书，于 2012 年 3 月付梓出版，校庆期间得到了校友和全校师生的一致好评；他协助招生就业处通过学生暑期社会实践组织开展“北京科技大学 2001~2010 年毕业生跟踪调查”，并根据调研得到的数据，最终形成了关于学校人才培养、就业服务和校园文化建设的报告，得到了上级领导的高度评价。

不管是在校团委实践部还是在党委办公室、校长办公室，胡智林的身躯里始终满载着自信、奋进、坚毅，他牢记学校“崇尚实践”的优良传统，将“求实鼎新”的校训精神融入到自己的血脉中。“在实践中收获与成长”是他对自己学习和工作的诠释，未来他将继续同无数北科大人一道，“为中华之崛起”，为实现钢铁强国、科技强国梦注入北科智慧、贡献北科力量。

与团委学生干部合影

树青年榜样，做党员先锋

——北京科技大学第五届“青年五四奖章”获奖者李斌

获北京科技大学青年五四奖章荣誉称号（右三）

李斌，男，1992年3月生，中共党员。2010年至2014年就读于北京科技大学高等工程师学院。曾担任高工本2010级联合党支部书记，曾获国家励志奖学金、校优秀三好学生、校优秀学生干部、节能减排大赛国家二等奖等荣誉。2012年5月至9月，李斌带领党支部实践团先后23次赴丰台区庄户村开展“红色1+1”帮扶活动，开展包括协助整修村庄排水沟、建设村办官方网站在内的9大类社会实践活动，为该村的新农村建设做出了突出贡献，获得北京市“红色1+1”项目第一名，先后获得了社会实践金奖、社会实践十佳标兵及先进个人、全国千乡万村环保优秀志愿者、首都大学生诚信楷模等荣誉称号。本科毕业后李斌就职于华为技术有限公司山西代表工作处，负责山西全省的公检法司市场，工作勤恳努力多次受到嘉奖。

扎实学习基础知识，着重提升综合技能

从踏入北京科技大学的那一天起，李斌就时刻把学习放在最重要的位置，从不敢怠慢，无论是基础课还是专业课，他始终坚持做好预习、复习，遇到问题和同学们探讨，向老师们请教。三年来李斌一直名列前茅，先后获得了新生（人民）二等奖学金、国家励志奖学金等并被评为优秀三好学生。

李斌还利用空余时间积极参加各种竞赛，先后获得了节能减排大赛国家二等奖、“摇篮杯”科技竞赛校级二等奖，并两次获得数学竞赛校级三等奖；自学管理和计算机编程知识，深入了解网络编程和开发实践数据库，并受邀作为技术骨干参与“北京科技大学－首云矿业股份有限公司安全信息系统管理平台建设技术合作”项目，同时受新华社（北京）总编辑文贻炜邀请，前往该社实习并担任高校社区栏目技术总监，负责该栏目的运行。

与此同时，他还积极投入学生工作，参加志愿者协会、担任班级团支书、学生党支部书记等，不论什么时候，不管在哪一个工作岗位，他都尽职尽责勇于创新力争有所突破。

改革支部管理模式，制定学习小组制度

李斌所在的党支部是一个联合党支部，党员人数仅有 10 余人，积极分子则有百人，年级、专业跨度大，管理、组织开展学习活动极为不便。作为党支部书记，他积极推进建设学习型党支部，结合支部现实情况改革党支部组织架构，在支委会的基础上将党支部将划分为 4 个学习小组（基础党务组、经典回眸组、时政聚焦组、先锋引领组）和 1 个管委会。学习小组由支部书记（总负责人）－正式党员（小组组长）－预备党员（小组助理）－积极分子（组员）四级梯队构成，由支部书记带领各组长拟定学习任务、安排支部活动，带头落实任务积极参与活动；各小组组长带领小组助理指导本小组的积极分子进行学习。

学习小组负责制度通过把职责明确分摊到各组，解决了党支部人数多管理难的问题，强有力地推进党组织建设，开展各类学习活动，在开展活动、组织支部党员和积极分子学习等方面发挥了重要的作用，极大地推进了学习型党支部的建设工作。

积极开展各类活动，不断丰富具体形式

2 年来李斌带领支部举办各类学习活动 30 余次，参与人数达 1100 余人次，收到各类稿件达 1200 多篇，他同党支部其他成员共同组织学习高校基层党组织

建设模式并编制3万多字的《党建工作手册》用以指导支部各项工作。2012年12月至2013年5月。他组织支部成员学习历届党的代表大会及历届全国人民代表大会，并将学习成果汇编成了100多万字的《历届党代会、人大会学习成果汇编》。

他还积极组织支部党员学习时政、党史、优秀共产党事迹。先后组织讨论钓鱼岛问题、南海问题等时政热点；开展学习全国两会精神、大学生党员与“中国梦”等征文交流活动；号召大家向杨善洲、罗阳等优秀共产党员学习。

在加强自身学习的同时，他也积极引导支部成员带动周围同学学习，尤其是对那些学习困难的同学施以帮助。他们联合外国语学院本科生党支部举办英语口语专题学习活动5次，为同学们英语学习提供帮助。此外支部还开展“1+1+3”帮扶活动，即1名党员和1名预备党员共同帮助3名学习有困难的同学，开展帮扶活动60次，覆盖人群达360人次，获得同学们一致认可。

在李斌的倡导下，党支部从3月开始试行举办了公文写作、In Design排版软件使用等技能培训活动；4月份党支部创办了内部报纸《思源报》，学生投稿，用以分享学习经验、指导同学们开展学习活动。《思源报》的创办得到了同学们热烈欢迎，仅前四期已收到同学们来稿950多份。

推广专题学习汇报，建立量化考评制度

在开展丰富多彩的学习活动的同时，李斌还积极推进专题学习活动，将所有积极分子分配到4个学习小组，每名积极分子在小组组长的指导下自选一个课题进行为期2~4个星期的深入学习，并在学习结束后借助PPT等形式向党支部全体成员进行汇报演讲，形成了“专题研究学习汇报”制度，各小组组长每周向支部书记汇报本组学习状况，支部书记每两周向学院主管领导汇报支部学习成果。这些学习课题涵盖党史、时政、党建、先锋人物等4大门类23个方面。截至2013年5月支部已集中开展专题学习12次，参与人数达200多人次。

为了提高专题学习效果，保证学习质量，支部将积极分子的学习成果量化后填入《入党积极分子考察明细表》。《明细表》设有34项指标，用以综合评定积极分子在考察期间的表现，最终结果将作为积极分子是否成为发展对象的重要依据。《明细表》的制定不仅保障了支部学习活动的成效而且对于规范党员入党积极分子考察也起到了积极的作用。

这种别具一格的专题学习汇报制度和量化考评制度，一方面提高了积极分子的学习积极性，让他们在实际的研究性学习中学到了更多的知识。另一方面加强了积极分子和培养人的联系，帮助积极分子更好地了解党组织、融入党组织。

学以致用深入实践，创先争优服务基层

在做好支部基础性工作的同时，李斌带领支部响应学校号召，积极参加红色1+1活动，将所学知识用于实践，为首都经济社会发展贡献力量。2012年5月至9月，支部与北京市丰台区庄户村党总支携手开展了以“支部共建携手同行，创先争优服务基层”为主题的共建活动。该村是附近九个村庄的整合村，地域广管理难度大，没有对外宣传平台，特色旅游资源难以被社会知晓。李斌带领的支部了解到上述情况后，经过仔细的研究，认为建设网站是最经济最有效的方式。从6月1日到9月10日，支部成员先后十几次赴该村讨论修改网站方案，历经三次改版，1200多次大小测试，最终成功建立了庄户村官方网站。据统计，从9月15日网站开通至今，点击量累计达到14000多人次，来村游客同比增长了约10%，为该村带来了一定的经济效益。此外，该网站对村里日常办公也起到了重要作用，解决了村民分散、管理难度大的问题，提升了该村信息化办公水平，开创了该村对外宣传的新格局。为了开展持续深入的共建活动，为首都农村建设做贡献，2013年9月15日支部在庄户村建立了学生实践基地。党支部在2012年的“红色1+1”评选中获得了北京市第一名，成为北京市最优秀的党支部之一，为青年党员指明了前进方向，李斌也因此被评为首都大学生诚信楷模。

李斌牢记入党初心，时刻发挥着党员的先锋模范作用，毕业后就职于华为技术有限公司，负责山西全省的公检法司市场，他始终秉承“纸上得来终觉浅，觉知此时要躬行”的理念，用情怀坚守着岗位，不断超越不断成长。当再回首青春时光时，他仍然很庆幸在大学中塑造出了独立自主的人格，树立了奉献创新意识，培养了终身学习的态度，未来人生路上他依旧会保持“钢小伙”的冲劲以此督促勉励自我，树立青年榜样，争做党员先锋！

奉献一份青春，留下一生团情

——北京科技大学第五届“青年五四奖章”获奖团队老团干

北京科技大学第一任团委书记朱耀中代表全体老团干登台领奖

北京科技大学老团干，是一群理想信念坚定的青年干部群体，六十多年来一批又一批优秀的共青团干部在这里奉献青春，从这里扬帆起航，团结并带领全校青年树理想、务实干、求进步、献青春，成为校园文明建设的坚实脊梁、青年成长成才的锻炼熔炉，在我校团学工作中追求着、奋斗着，用青春去践行“奉献一份青春，留下一生团情”的承诺。

知行合一，做德才兼备的好团干

习近平总书记曾说过：“青年一代有理想、有本领、有担当，国家就有前途，民族就有希望。”作为团学骨干，他们致力于成为可堪大用之才，有着先进的思想、扎实的流年、过人的才干、优秀的品德。回顾建团初期的时光，老团干朱耀中说青年团是在党的教养下成长起来的，它始终坚持与广大青年在一起，“背靠党委，面向青年”，通过扎实有效的工作，帮助青年树立“坚定不移跟党走”的信念。

在理论学习方面，老团干们坚持用毛泽东思想、邓小平理论、“三个代表”重要思想、科学发展观、习近平新时代中国特色社会主义思想武装头脑，把理想信念建立在对科学理论的理性认同上、对历史规律的正确认识上、对基本国情的准确把握上，牢牢坚定马克思主义信仰，紧紧跟随中国共产党的领导。与此同时，经常带领单位团员青年学习时政理论知识，将党的各项宗旨、精神落到实处，组织广大团员青年发挥党的助手和后备军作用，发扬“党有号召，团有行动”的光荣传统，处处发挥一名党的团干部先锋模范作用。老团干李辉东说，共青团善于将思想政治教育和形势政策教育用鲜活的形式开展，他带领团委举办了很多场次青年人喜欢的形式宣传报告，极大地鼓舞了广大青年学生的学习热情。20 世纪 70、80 年代，老团干王玉印带领团委干部专门成立了“学习毛主席著作小组”，组织学生学习原著，以此提高理论水平。

学习是成长进步的阶梯，实践是提升本领的途径。青年的素质和本领直接影响着实现中国梦的进程。古人云，“学如弓弩，才如箭镞”。多位老团干积极带领共青团开展热爱专业教育，进一步深化为中华之崛起的学习目的性教育。为响应毛主席提出的“向科学进军”口号，老团干张柏生领导团委积极邀请冶金部的专家为同学们做报告，丰富同学们的课余生活，加强学生对所学专业的热爱。老团干马宪平与同届毕业生一起向学校捐赠“为中华之崛起”的匾额，他们希望以这句话向母校表达学生的理想志向，并激励后代学子一起为此目标不懈奋斗！

青年是引风气之先的社会力量，一个民族的文明素养很大程度上体现在青年一代的道德水准和精神风貌上。老团干们将正确的道德认知、自觉的道德养成、积极的道德实践紧密结合起来，自觉树立和践行社会主义核心价值观，带头倡导良好社会风气。不断提升思想道德修养，积极参加志愿服务，主动承担社会责任，热诚关爱他人，做扶贫济困、扶弱助残的实事好事，以实际行动促进社会进步。老团干刘伟带领同学在全国高校中率先开展社会实践和勤工助学，利用暑期组织学生赴基层了解和认识国情，利用课余时间引导学生参与生产劳动和科技实践，取得了很好的育人效果，得到了时任团中央书记处书记李克强的高度认同。

在道德修养方面，每一位团干部都为人诚恳、待人友善，有担当、有责任，不仅严格要求自己，更是深度思考、胸中有识，不断在思想方面深入做好共青团工作。老团干刘晓东根据自身工作经验，将共青团形象比喻为“青年友”“助推器”“思想库”“创新源”；继承前辈经验，系统提出新时代北科大共青团“124X”的工作理念，使共青团的各项工作都沿着更为清晰的方向火热开展。老团干们以出色的工作表现、突出的工作成绩，逐步成长为团组织和单位的骨干力量，为带动广大团员青年的发展、建设青年职工队伍发挥着重要作用，为广大团员青年树立了良好的榜样。

北科大啦啦队在人民大会堂领奖

无悔付出，做甘于奉献的好团干

“宝剑锋从磨砺出，梅花香自苦寒来。”人类的美好理想，都不可能唾手可得，都离不开筚路蓝缕、手胼足胝的艰苦奋斗。老团干们勇于担当、直面困境，在岗位上书写了一段段佳话，翻开了共青团事业的新篇章。

老团干刘生月在共青团工作受到挑战时积极面对，在迷茫中探索，与同事们共同分析当前的特殊形式，共商面临工作困境的对策，提出了以创新促学生成才的想法，发起首届“挑战杯”科技竞赛，为了活动顺利举办，筹备组共同度过了许多灯火通明的夜晚，当时的他并未想到若干年后这项活动会成为在全国大学生中极具影响力的科技创新盛会。老团干周维现极其看重志愿服务活动对于培养青年学生责任感和爱心的重要意义，他在任职期间组织全校近 200 个团支部与宁夏固原小学进行“一加一”结对帮扶，鼓励他们不怕苦难、积极进步，推动全校学生形成实践风尚。老团干周雄结合改革开放 20 周年、北京申奥、世纪之交、跨越千禧等重大时间节点，带领团委策划的“我与改革开放同龄”演讲比赛，从众多方案中脱颖而出，从学校走向了北京市。同时针对一个个大事喜事、热点难点他带着全校团学干部找思路、付行动，认真做好学生的思想稳定工作，每当重大任务到来，总活跃着科大团员青年的身影。老团干潘小俪认为，团干部要做“青年友”，而不是“青年官”。要以平等的姿态吸引和引导青年，真正了解青年的需要，同青年学生交朋友。要克服形式主义，避免形成官僚作风。每位老团干都自觉树立服务意识和合作意识，脚踏实地做好团学工作。理想与信仰一直是他们的不竭动力，他们始终保持着高度的责任心、高昂的工作热情，以爱心、耐心、细心结合服务意识和合作意识扎实开展有声有色的团学工作。

铁军啦啦队

勇于创新，做与时俱进的好团干

创新是民族进步的灵魂，是一个国家兴旺发达的不竭源泉，也是中华民族最深沉的民族禀赋。“苟日新，日日新，又日新”，老团干们在实践中学以致用，在实践中勇于担当，不断提高组织协调能力和解决问题的能力，提升自身全面素质综合发展。

在经受政治风波考验之后老团干闫立刚团结带领团干部和全校青年，开创了“铁军”“团校”“共青团服务队”等一系列响亮品牌。其中标志着北科大青年学子重塑激昂风貌和有为形象的北京亚运会啦啦队“铁军”美名更是广为传扬，时任中央政治局委员李铁映更是在赛后亲自到访学校党委办公室并对啦啦队的表现进行了赞扬。老团干谢辉则非常重视发挥学生组织对学生思想的引领作用，在他的倡导和参与下北京科技大学求是学会成立，并成为校园中颇具影响力的社团。同时他提议开展“十佳团支书”评选活动，为全校的团支书提供学习、交流、展示、评比的平台，后来成为北科大团学活动中的精品。老团干章东辉延续发展突破创新，带领学生首次申报参加全国大学生机器人大赛，克服了资金、师资不足等各种困难，获得全国季军，鼓舞了更多热爱科技发明的有志同学。老团干石新明致力于工作理念和方法创新，提出“第一课堂、第二课堂、校园文化”三位一体的人才培养系统；提出“两个课堂互动论”“校园文化陶冶论”“团学工作质量标准体系建设”，编写《团学工作操作大纲》；传承“钢小伙、铁姑娘”“铁军”精神，打造奥运志愿服务的“惊叹号”，将工作理念和方法创新真正落到实处。

老团干们立足本职，与时俱进、务实创新，不断改进和提高工作质量，将团委工作开展得有声有色。从执行到创新、从做事到做人，突破与优秀一直是他们的追求，在团学的道路上，他们一直学习、不断提升，磨砺自己、奉献自己！

悠悠满井熔铸了北京科技大学“学风严谨、崇尚实践”的光荣传统，也赋予了北科大共青团“求真务实、开拓创新”的优秀品格。在共青团这个激情似火的岗位上，老团干们脚踏实地，矢志不渝，勇于创新，用青春和汗水谱写了一首首动听的青春之歌，用智慧和力量奏响了一曲壮丽的奉献乐章。六十年来，他们紧扣民族奋进脉搏，立足学校发展大局，以青年成长为使命，务育人之实、谋工作之新、求贡献之真，引领着一批批北科大青年在“科技报国，创新强国”的时代洪流中奏响北科最强音！

感谢历届共青团干部们，感谢他们的付出，奠定知识的坦途；感谢他们的奉献，引领光明的未来；感谢他们的奋斗，铸造拓新的利刃！

“为中华之崛起”匾额

青春无悔数载支教路，润物无声西部筑梦人

——北京科技大学第五届“青年五四奖章”获奖团队研究生支教团

第一届研究生支教团合影

研究生支教团是团中央1999年开始实施的志愿服务项目，2010年11月，它作为“大学生志愿服务西部计划”的子项目并入“西部计划”项目中，由团中央统筹实施。北京科技大学从第二届（2000年）开始参与研究生支教团项目，截至2019年8月北京科技大学共派出237名志愿者到山西、内蒙古、新疆、西藏、重庆、贵州、甘肃支教，一批又一批的支教志愿者们薪火相传，在西部奉献着自己的才华和青春，为中西部贫困地区基础教育默默奉献自己的力量。

结合专业，做梦想铺路人

北京科技大学研究生支教团自成立至今已有近20年之久，每年都会有一批

同学通过层层选拔前往中西部支教，每次被问到为什么选择这条路时，大多数人的回答都是想用一年时间做一件终身无悔的事情。在他们中间既有来自偏远山区的同学，也有在繁华都市长大的同学，但是面对异常干燥的气候，时而呼啸的沙尘暴，落后的生活条件和不便的交通等问题，他们毫不退却，坚持做铺路人，绝不做过路人，结合各自专业所长，承担起教授生物、政治、建筑、机械、环境、信息技术、汉语等不同课程的任务，努力完成从“学生”到“老师”的角色转变，为了创新授课方式，他们反复观看示范课视频，虚心向优秀教师学习，认真撰写教案，让课程活了起来，每一届的每个支教授课成员都形成了符合课程特点和要求的创新型教学方式。

新疆在全国范围内教育水平相对落后，身为扶贫接力计划的志愿者，最主要的任务是运用自己在大学时期所学知识分担服务地学校的教学压力，紧密地与实际相结合，重点培养同学们的动手能力。第10届研究生支教团新疆分团的成员在新疆昌吉职业技术学院充分结合自身所学在北科大就业处支持下讲解一些行业新兴发展状况，他们说最难忘的事情是作为班主任有半个月时间要带着学生到棉花地进行劳动体验，为了更好地做好学生思想工作，他们会在这个过程中设计很多谈话主题，时刻关注他们的心理变化和身体健康，经过半个月的磨砺，大家和学生之间产生了深厚的情谊，也加深了学生对于他们的信任。第15届北科大研究生支教团新疆分团被评为“昌吉州十佳优秀青年组织”，所带班级被评为“优秀班级”，支教团成员也获得了“昌吉州优秀志愿者”“昌吉州优秀青年工作者”“优秀班主任”“民族团结先进个人”“中国青年志愿者”奖章等荣誉称号，累计完成2500学时授课，1000余小时安全维稳值班，600项工作，30项大型活动，正如他们出发时的誓言：支援西部，青春无悔。

副校长王维才与昌吉职业技术学院院长冯国凡在“北京科技大学支教新疆昌吉职业技术学院十周年主题活动”中续签合作协议

时任团中央志工部副部长侯宝森与第十届研究生支教团成员在上海支教培训会上合影

秉承初心，做青春领航人

北京科技大学研究生支教团成员积极发挥专业优势，在各专业教学队伍充当中坚力量、保质完成支教任务的同时，还凭借在团学工作的扎实基础，协助支教地完善团学工作体系。面对不同的支教对象，有着不同的支教重心。面对中小学同学，支教团成员注重素质培养和知识教导；面对诸如西藏、新疆地区的高等教育院校，支教团成员更注重思想引领和力量凝聚。作为新时代中国青年学生，他们秉记习近平总书记的教导担当时代重任，深知共青团是党的助手和后备军，高校团委作为共青团工作的前沿阵地，是为党争取青年人心、汇聚青年力量的主要承担者。在支教服务中，他们认真践行引领凝聚青年、组织动员青年、联系服务青年的职责，不断创新工作思路，带领全校学生骨干和社团成员一同学习党的十九大、团十八大等会议精神和习近平总书记系列讲话精神，组织师生开展团学集体活动，主动深入到青年学生中去，了解青年所想所需与所求。

自 2008 年起，我校派遣志愿者在西藏支教，服务西藏大学近十年来，支教团成员在西藏大学承担了学校的社会实践、志愿服务、科技创新、文化宣传、学生会工作等几乎学校所有的团学工作。其中，志愿者承担了团委大量的新媒体工作，主要负责活动宣传物资、宣传资料与后期的准备与制作，针对学生干部培养，支教团坚持“六点半沙龙”培训计划，定期开展培训活动提升学生干部的技能素养，校园活动中，支教团举办组织各类社团活动。2015 年 8 月，北京科技大学第 17 届研究生支教团西藏分团一行四人来到西藏大学，支教团成员在校团委的统一部署下，秉承“育人”的工作理念，创新思想引领和校园维稳工作机制，夯实基层团组织建设，加强校园文化的品牌化建设，开创大学生创新创业教育新局面，在青年学生思想引领、基层组织建设、校园文化活动、维护校园安全稳定等方面开展了一系列扎实且卓有成效的工作。第 20 届支教团成员一年以来处理了西藏大学各类文件 2000 余份，分类整理电子邮件 1000 余封，承接会议及大小型活动近百次，学生活动中心、舞房服务学生 100000 余人次，年度共处理报销业务 57 次，物资采购 50 余次，办公室管理团委各类物资，服务各部门及广大同学物资领取及借用近千次。

发挥优势，做西部筑梦人

支教让志愿者们爱上了除家乡外的另一个地方，发自内心地想要促进支教地的发展进步。北科大新疆支教团带领当地学生建立新媒体团队，成功向当地学校申请 80 万的补助资金创建了学生电视台，在一届又一届支教团成员的努力下，该电视台一直运营良好，提高了同学们的文化素养，拓宽了知识眼界。2009 年 8 月底，当新疆支教团抵达新疆时，当地由于受到“7・5”事件影响，维稳局势紧张，校领导对支教团予以重托，支教团在维稳定、抗甲流的封闭式管理中，克服困难，策划、拉取赞助并成功举办促进民族团结系列文娱科创活动。2017 年第 19 届支教团作为北科大支教团历史上第一支奔赴甘肃志愿服务的团队，用实际行动响应精准扶贫号召，志愿服务于桥南初级中学，承担基础课程教学，帮助学校启用多媒体设备、组建智能车队、发展团学组织，抱着“扶贫先扶志”的初心，组织开展“仰望星空，脚踏实地”的主题宣讲、视频展播等活动，特别邀请校招生就业处尹兆华处长开展专题讲座，帮助当地学生树立远大目标，坚定理想信念。对于大多数支教团成员来说，支教工作之余也会格外关注当地的发展，他们深知支教活动不仅仅局限于教授课本知识，更多的是要将外面的世界介绍给当地的人们，所以他们会结合当地的民风民俗、经济状况开展产业、经济、文化帮扶，哪怕支教结束后他们也总会挂念着那里的一切，和学生以及当地人民保持联系，根据需求给予帮助。

支教团组织举办学生演讲比赛

一年支教路，一生支教情

“用一年不长的时间，做一件终生难忘的事”，这是所有支教志愿者的座右铭。北京科技大学的支教团成员薪火相传、爱心接力，在西部奉献着自己的才华和汗水，将北科大良好的精神风貌与求实鼎新的工作作风带到支教地区，播撒北科“一直坚定、一点轻快”的志愿服务理念，让北科学子的微笑在西部地区绽放。

支教，让他们融入西部大开发的历史洪流，成为扶贫接力计划助力者之一，拥有了一段非凡的经历；支教，让他们走近西部教育的一线，体验边缘地区教育的发展状况，连接起个人与祖国繁荣的桥梁；支教，让他们认识教育发展的机遇与困顿，体味到人民教师的酸甜苦辣。即使是在支教结束的若干年后，每每提到支教经历，也总会记起那一年里的点点滴滴。习近平总书记曾强调：“同人民一道拼搏、同祖国一道前进，服务人民、奉献祖国，是当代中国青年的正确方向。好儿女志在四方，有志者奋斗无悔。到基层和人民中去建功立业，让青春之花绽放在祖国最需要的地方，在实现中国梦的伟大实践中书写别样精彩的人生。”北京科技大学支教团积极响应习总书记号召，将青春汗水挥洒在祖国最需要的地方，让自己的青春年华停驻在西部的土地上。未来的道路上相信北科大越来越多的支教团成员必将坚定理想信念，在实践中磨炼意志、增长才干、做出贡献，让青春在西部教育的奉献中发光发热！

团中央书记处书记尹冬梅与北京团市委书记熊卓在西部计划出征仪式上
与我校第十九届研究生支教团成员合影

行动青年，从艾看爱

——北京科技大学第六届“青年五四奖章”获奖者邱垚

组织“预见未来 跨界对话”活动（左一）

邱垚，女，1993年11月生，中共党员，2011年至2015年就读于北京科技大学材料科学与工程学院，2015年至今在清华大学机械工程系攻读博士学位。本科期间曾获北京市三好学生、北京科技大学优秀三好学生、87级校友基金优秀学生干部和北京市普通高等学校优秀毕业生等荣誉称号，曾任北京科技大学学生会副主席、《社会学评论》杂志责任编辑。大四时，她加入学校第五期“励志计划”，跟随励志导师王晓勇在中非民间商会实习。2015年1月，她牵头发起了“爱加艾减”公益基金活动，关注中非友好与艾滋病防治。其事迹获得媒体广泛的关注和报道，基金会已为非洲抗艾滋病事业贡献13万美元。

年少心怀天下，奉献身体力行

“撒哈拉以南非洲有近2500万人感染艾滋病，占全世界总感染人数的70%；截至2013年，非洲约290万名15岁以下儿童青少年为艾滋病病毒携带者，其中近10%为新感染人群，主要传播途径为母婴传播；2013年，非洲约有22万名儿童感染艾滋病病毒；在撒哈拉以南非洲，约3%的五岁以下儿童死亡病例由艾滋病引起；在某些南部非洲国家，近20%五岁以下儿童死亡病例被归结于艾滋病。联合国副秘书长米歇尔·西迪贝先生指出，实施艾滋病母婴阻断，100美元就能帮怀孕母亲生下一个健康的孩子；如果出生的孩子被感染了艾滋病，这一生的治疗成本可能高达30万美元，将造成巨大的负担。”

见过这些数据的人不少，但真正被这些数据触动、肯为之付出行动的少之又少，邱垚是其中一个。

正在读大四的邱垚，就将目光投向了远在大洋彼岸的非洲。励志计划的实习经历让她深刻认识到世界发展的不均衡，心中的善念让她决定一定要为困境中的人们做些什么，于是她有了成立基金会的想法：通过民间动员的方式，呼吁社会各界通过宣传、捐赠、志愿服务等方式关注非洲，支持非洲艾滋病防治。

在励志导师的支持下，经过邱垚和同伴们的不懈努力，基金会得到企业和公益人士的关注和支持。为了确保定向捐赠的资金用于中非友好活动、高校和企业宣讲、项目执行，他们联系了联合国艾滋病规划署、联合国开发计划署，通过非洲当地办事机构协助该项目资金落实到当地，确保用到受益人身上。2015年，项目筹集到的首批资金用于南非、马里、坦桑尼亚等国家的艾滋病防治工作。

参加中非商会活动（右一）

邱垚用实际行动告诉我们，青年人虽没有丰厚的物质积累，却可以为公益事业做出比单纯捐赠金钱更有意义的事情。

每个年龄阶段都有各自实现人生价值的方式，邱垚心怀天下的使命感、迎难而上的行动力，让她成为促进中非国际关系友好发展、助力非洲抗艾事业的重要一员。

专业优异女神，学生贴心干部

邱垚本科期间成绩优异，三年综合成绩 90.7 分，排名材料科学与工程专业前 5%，曾多次获得国家奖学金、人民奖学金等。在学科竞赛方面，曾获得“摇篮杯”学术科技竞赛校内特等奖、二等奖，大学生英语竞赛全国二等奖，节能减排大赛全国二等奖等多项国家级、校级荣誉，毕业后保送至清华大学机械工程学院直接攻读博士学位。

学习之余，她还是学校老师的得力助手和同学们身边的贴心干部，曾任北京科技大学学生会副主席，并连续举办了三届校园歌手大赛、主持人大赛和柿子文化节。

要做到学业和学生工作兼顾，并不是一件容易的事，这需要她付出超出别人数倍的努力。似乎是天性使然，她放弃了轻松的道路，选择为更多的人服务，这比单纯是学习成绩优异更能让她感到快乐。雷锋同志曾说：一滴水只有放进大海里才永远不会干涸，一个人只有当他把自己和集体事业融合在一起的时候才能最有力量。她的个人价值在集体中实现，集体发挥的力量会给每个成员带来成就感和荣誉感，这种感觉强于个人的优秀所带来的快乐，这也是她持续进行学生工作和公益事业的无形动力。

不忘北科初心，清华砥砺前行

进入清华大学后的邱垚，在科研与学习之余，在班级、院系和学校三个层面参与了多项社会工作，在不同岗位上团结、服务同学，服务学校育人工作。

负责机械系研团总支工作期间，她在原有工作框架的基础上，着力加强顶层设计，整合各层级资源；因势利导，结合需求服务同学；朋辈激励，引领同学传递正能量；整合资源，突出国际特色，打造特色宣传品牌“机械榜样”“机械海外”“机械学术”。功夫不负有心人，机械系研团总支获评 2017 年度优秀研究生团总支，登上清华新闻网 6 次，志愿者支队获评 2015 年清华大学十佳志愿者支队，2 支寒假就业实践支队分别获评 2016 年清华大学研究生寒假就业实践金奖、银奖。

她在清华大学研究生会任国际部部长期间，邀请杨振宁、James Mirrlees 等四位诺贝尔奖获得者以及施一公老师参与清华大学“巅峰对话”第二十期活动；

邀请欧盟委员会副主席费代丽卡·莫盖里尼、美国战略与国际问题研究中心迈克尔·格林参与 Top Talk+ 系列活动；举办 iTalk 毕业专场，邀请清中外嘉宾分享清华故事，发布清华首支英文 MV 清华版《See You Again》；联合各院系研会举办 Friday Talk 英文活动；开展 iCampus 项目，组织国际学生用中文进行艺术博物馆志愿讲解；运营全国高校首个英文微信平台“Xiaoyan Online”等。丰富多彩的国际交流对话活动，提升了研究生国际化能力，开拓了研究生的全球视野，为推动校园文化的多元化发展、搭建双语化校园的基础环境写上了精彩一笔。

邱垚任清华大学研团委副书记期间，她探索创新项目“清研智播间”在线教育项目，举办首期针对高三学生高考志愿填报需求进行专业介绍的活动。此外，还完成了包括第十五届台胞夏令营在内的多项重大活动志愿者招募和面试工作。同时，她围绕地方发展中的实际需求，聚焦当今前沿技术领域，结合清华研究生同学的专业技术优势，孵化前沿产业发展方向的 16 支“脑泡团队”，探索从激发创意到推动创新的转化路径；与 x-lab 联合举办创想计划“黄金 50 秒”创意分享活动；结合改革开放四十周年，邀请业界大咖举办第 13 期系列创想论坛，邀请不同领域的大咖进行不同专题的分享；整合创新创业资源，与河北清华研究院等四地签署协议建立“创新创业基地”，针对优秀项目团队进行长期指导。

在这四个职位的年终考核中，邱垚均获得 A 等级，还获得了清华大学优秀辅导员、清华大学唐立新奖学金、清华大学优秀共青团员、清华大学优秀学生干部等多项荣誉。这不仅是对她工作的肯定，也是对她未来前行道路的有效激励，相信在以后的学习与工作中，邱垚一定能发扬北京科技大学求实鼎新和清华大学自强不息，厚德载物的精神，无论是在科研方面，还是在社会工作方面，都取得突出的进展。

参加志愿服务活动（右二）

习近平总书记曾指出：广大青年要坚定理想信念、练就过硬本领。这个时代、这个社会都对青年人寄予厚望，青年人身上的担子日益沉重，担当意识更该逐渐加强。邱垚用自己的实际行动证明，我们青年人是有希望的一代，她像冬日暖阳，无私地照耀着身边的每一个人，照亮了青年人前进的方向。

因为“姓辅”，所以幸福

——北京科技大学第六届“青年五四奖章”获奖者孙晓丹

荣获辅导员年度人物（左五）

孙晓丹，女，1989年3月生，中共党员。现任北京科技大学马克思主义学院研究生辅导员、团总支书记、就业指导教师；兼任北京高校思想政治工作研究中心青年研究员。工作8年来，她始终秉承立德树人的理念，情系学生成长，“真付出、真担当、真钻研”，用满腔热忱做引领学生的筑梦人，用过硬本领做辅导员队伍的领航雁，用坚韧毅力做工作研究的探路者。2015年荣获全国辅导员职业能力大赛决赛一等奖，2019年荣获第十一届高校辅导员年度人物（全国仅10人），2018年荣获北京市优秀思想政治工作者等荣誉和奖项。2019年3月18日，孙晓丹作为北京市辅导员代表（全市仅1人）出席由习近平总书记主持召开的学校思想政治理论课教师座谈会，并受到习近平总书记亲切接见。

心有爱，真付出，她用满腔热忱做引领学生的筑梦人

在担任本科生辅导员期间，她负责学校“卓越计划”2012级资源、冶金、材料、机械4个专业、10个班级、200名本科生的日常思想政治教育与管理服务工作。她以“中国梦·贝壳梦·青年梦”为主题，结合学生的成长发展规律，提出了“寻梦大一、逐梦大二、铸梦大三、圆梦大四”的工作理念。在学生入校时，她设计了“梦想火车票”引领学生励志启航，得到北京《法制日报》的相关报道；为关注学生动态变化，她绘制了“彩虹关怀图”；为建立综合评价体系，她尝试了“综合积分制”；为分类管理学生，因材施教，她下发了“卓越任务书”。连续3年的暑假，她都放弃休息时间，亲自带队组织学生辗转全国10余所大型钢厂，走进宝钢、日钢、邯钢、太钢、莱钢、宣钢、金岭铁矿、中冶京诚，陪伴自己的学生开展专业认知与工程实习。她所带学生中，有1人曾担任北京市学联驻会主席，3人曾担任校学生会副主席，2人荣获首都大学生社会实践先进个人。她所负责的班级连续多年获得“北京科技大学优秀班集体”荣誉称号，所负责的学生党支部也在北京市“红色1+1”党支部共建活动中取得佳绩。她带的第一届本科毕业生，高达40%的学生顺利保研至北京大学、清华大学、中国科学院等国内一流高校、科研机构继续深造。

与毕业生合影（第二排右一）

在担任研究生辅导员期间，她负责马克思主义学院硕士、博士研究生约200余人的教育管理以及3个年级思想政治教育专业双学位约100名本科生的组织联络工作，同时还担任学院团总支书记、就业指导教师。尽管工作对象群体跨度大，工作内容复杂多样，但她充分发挥学院学科优势。为助力研究生生涯发展，她设

计并优化“研究生职业能力提升计划”，亲自为学生讲授职业生涯规划课程与高校学生事务管理课程；为有效开展研究生思想引领与主题教育，她曾带领学生赴人民大会堂参加马克思诞辰200周年纪念大会，现场聆听习近平总书记重要讲话，组织学生参加中央电视台“新时代·新思想”“平语近人”等节目录制；为了推动学生学以致用，在社会实践中受教育、长才干、做贡献，她依托科技服务与挂职锻炼，组织学生开展“中国精神寻访”社会实践，曾获“全国三下乡优秀实践团”“首都暑期百强实践团”等奖项。她所带的研究生，毕业时就业率连年实现100%，连续五年在全校范围内稳居第一。其中，高达48%的毕业生毕业后到政府机关与事业单位工作，其中思政课教师、高校辅导员的从业比例相对较高，近三年来先后有35人到高校思想政治工作岗位就业。

肩有责，真担当，她用过硬本领做素质能力的领航雁

2015年，她作为学校代表出战第四届全国高校辅导员职业能力大赛。通过理论测试、博文写作、主题班会、案例分析、主题演讲、谈心谈话等多个环节的综合考量，她沉着应战，凭借扎实的业务功底、过硬的素质能力和积极向上的精神面貌，最终以全国一等奖（全国第2名）的优异成绩，站上了全国辅导员的最高领奖台，为北京市和学校赢得了荣誉。在全国辅导员工作现场会上，作为全国高校辅导员的优秀代表，她被选为辅导员誓词女领誓员，站在舞台中央，带领全国高校优秀辅导员庄严宣誓，充分展现了中国新时代高校辅导员的卓越风采。

荣获第四届全国辅导员职业能力大赛一等奖

比赛过后，她积极总结比赛经验和参赛心得，将比赛所学与实际工作进行有效结合，探索辅导员素质能力提升的方法，并通过不同的平台与辅导员同仁们进

行经验交流分享。在全国，她曾与四川、重庆、广西等十余个省份的高校辅导员广泛交流，互通有无；在北京，她曾赴北京师范大学、首都师范大学、北京理工大学、北方工业大学、北京印刷学院等高校做辅导员专题交流，并多次作为北京高校辅导员专题培训班的主讲嘉宾分享经验；在学校，她开展“贝壳导园”辅导员素质能力提升沙龙活动，为辅导员素质能力提升搭建平台，挖掘资源，在辅导员队伍建设方面起到了很好的示范和带动作用。

2019 年 3 月 18 日，孙晓丹作为北京市辅导员代表（全市仅 1 人）参加了习近平总书记主持召开的学校思想政治理论课教师座谈会，虽然这已是她第二次去人民大会堂，第二次见到习总书记，但这次见面让她终生难忘，因为她不但与习总书记握了手，还向习总书记介绍了自己是一名高校辅导员，习总书记的微笑带给了她满满的幸福感、获得感和责任感。

2019 年 8 月，中国教育电视台《我是辅导员》栏目为她制作了专题记录宣传片，题目是“孙晓丹：用青春力量引导青年‘向阳而生’”，宣传片中是这样描述孙晓丹老师：她是一位“89 后”的“斜杠青年”，作为“有情怀”的主持人，她创办网络微视频栏目“青声系语”，用小声音讲述大道理；作为“讲政治”的演说家，她开展理论宣讲，用气韵气度讲好中国故事；作为“会谈心”的辅导员，她打造情感育人模式，以爱之名与青春对话。奋斗是青春最亮丽的底色，孙晓丹用青春的力量奋斗在学生工作第一线，以顽强的拼搏精神，努力让思想政治教育工作活起来。路漫漫其修远兮，在专业化、职业化的道路上，她愿意做一株向日葵，永远面向太阳，教会学生“向阳而生”，她也将继续用最富有朝气、最富有梦想的青春浇灌梦想，只待春暖，沿途花开。

行有向，真钻研，她用坚韧毅力做工作研究的探路者

她着眼于加强工作研究与探索，努力向研究型辅导员转型。在主题教育方面，为深入开展社会主义核心价值观宣传教育，她转变传统主题班会形式，创意设计“体感价值观主题班会”。该主题班会荣获“北京市社会主义核心价值观宣传教育优秀案例”，同时她也作为辅导员代表在“2015 年北京高校辅导员工作论坛”上进行了经验分享。该案例被教育部第 1179 期简报做了专题推介。同期，她在《北京教育》（德育）和《思想教育研究》发表相关理论研究文章 2 篇。她撰写的《在本科生中开展主题班会的有效途径探索与实践》荣获全国高校辅导员优秀工作论文三等奖。

为进一步学习宣传习近平新时代中国特色社会主义思想，2018 年她作为最年轻的北京市思政骨干，入选“首都百万师生同上一堂课”专家讲师团成员，先后赴中国劳动关系学院、北京吉利学院、北京网络职业学院、北京城市学院为青

年大学生进行主题宣讲，《光明日报》头版对其的宣讲内容进行了报道。为落实北京高校思想政治理论课建设，她受聘担任北京市“名家领读经典”市级思政课班主任，负责学校该课程的整体管理；她曾协助组织全校学生党员发展对象集中培训班10余期，覆盖学生4000余人。她作为北京市辅导员代表在“2018年北京市新生引航工程启动仪式”上进行宣讲并受到北京电视台报道，后到北京10余所高校进行主题宣讲。

入选“首都百万师生同上一堂课”专家讲师团

在网络思政方面，作为北京市首批辅导员工作室“星辰大海辅导员网络思政工作室”的骨干成员，她创办了《青声系语》网络视频栏目，担任策划与主持人。《青声系语》是一档依托网络新媒体开展大学生思想政治教育工作的校园微视频栏目，坚持“小声音讲大道理”，共计拍摄制作网络短视频12期，网络总播放量达到10万+，其中“喜迎十九大”特辑，曾被北京市教工委、团中央学校部在各个平台进行多次宣传播放，也得到《中国青年报》的报道。

为不断提高研究能力，她积极参加课题与项目研究。曾参编《青年之声新生宝典》《卓越之路——我的大学》，申报参与首都大学生思想政治教育一般课题2项，作为负责人主持支持课题2项。

坚持立德树人，情系学生成长，作为一线思想政治工作者，她深知自己肩负培根铸魂的光荣使命，在成为学生“人生导师”与“知心朋友”的道路上，她用实力让情怀落地，用梦想去成就梦想，因为她“姓辅”，所以她“幸福”。

十载春秋献桃李，一路创新育英才

——北京科技大学第六届“青年五四奖章”获奖者李磊

做动员讲话

李磊，男，汉族，1982 年出生，中共党员，北京科技大学副教授。2005 年起担任本科生辅导员，曾任北京科技大学材料科学与工程学院党委副书记、副院长，校团委书记。现任北京市志愿服务指导中心副主任、党总支书记、北京市志愿服务联合会副秘书长，志愿服务组织和管理经验丰富，主持多项研究课题，在《学校党建与思想教育》《中国大学教育》等期刊上发表多篇文章。曾获北京奥运会残奥会志愿者工作先进个人、首都教育系统奥运工作优秀工作者、北京市优秀辅导员、北京高校优秀德育工作者、国庆 70 周年先进个人等荣誉称号。2013 年入选“北京市青年英才计划”，2015 年获评第七届全国辅导员年度人物。

规律析来主意新，教育改革扬舟桨

2014 年，李磊作为主要成员参与的“发挥材料学科优势，培养高水平创新型本科人才的探索与实践”教改项目荣获国家级教学成果一等奖。他注重学生工作与本科教学的结合，提出并实践“四阶递进、三体并举”材料学科高水平创新型本科人才培养体系，强调学生工作要做“学生思想的发动机，学生实践的铺路机”，注重解决学生的思想问题，激发学生的学习原动力，创建高水平的实践平台，打造“国际范”的学生活动品牌。

“要在新生入学时帮助他们扣好热爱学习的第一粒扣子”，李磊深知大学生涯第一课的重要性，经过多年总结和凝练，提出并实施“1136”模式的本科新生教育，即围绕“引导和帮助新生适应大学生活，树立正确的人生观、价值观”一个核心工作目标，成立一个统领新生教育的“启航工作组”，重点打造“认识教育、专业教育、发展教育”三个平台，实施“制度强化、联动响应、学业预警、党员引领、学长引航、立体关注”六项举措。该模式有效解决了新生学习目标缺失、学习动力不足等深层次问题。连续四年的调查显示，大一结束后近 90% 的新生树立了较为明确的学习的目标。

和辅导员合影

“材料学子要有真材实料，就更要注重创新能力和国际化视野的培养”。李磊在实际工作中注重培养学生的创新能力，倡导学生专业知识和技能的国际化。在他的推动下，学院建成 5 个大学生创新实验室，51 个本科生创新实践平台，学生课外创新活动参与率从 38% 增加到 82%。2012 年，为增强学生实践能力，他结合学科特色，策划举办了首届“全国大学生金相技能大赛”，连续 3 年累计 50 所高校近万名材料专业学生参赛。同时，依托国际班办学资源，促进多元文化融合，带领学生前往日本、韩国等国外高校进行交流学习。2011 年，在校内举办首届“国际大学生材料显微结构摄影大赛”，吸引了美国麻省理工学院、清华大学等 30 多所高校的近 300 名学生参加，提交作品 500 余件。

费心劳力勤设计，协同育人把索寻

“协同育人意味着‘1+1 > 2’。”李磊坚持以学生为本，加强顶层设计，创建“矩阵式”育人模式，将辅导员队伍和专业教师队伍有效融合，充分发挥各自优势，形成育人合力。

“本科生有了教授导师”。为充分发挥教授在学生成长中的作用，李磊在进行了本科生导师制探索，为每名本科生配备 1 名教授作导师。每名导师每个年级指导 3~4 名学生，覆盖四个年级的 10 余名学生组成 1 个“导师班”。一方面，在年级横向上依托辅导员开展思想政治、日常行为管理等教育工作，提升学生综合能力；另一方面，在学院纵向上，依托教授导师，开展专业学习、科研训练等深度指导，提升学生专业素养。辅导员和导师密切联系，共同建立学生成长档案，引领学生成才。5 年来，本科生深造率提高 20 个百分点，到斯坦福、剑桥以及清华等国内外名校深造的人数从每年 30 余名增加到 110 余名；30 个学生科技创新项目获国家和北京市级奖项，其中 5 项全国“挑战杯”奖项；本科生发表 SCI 论文 182 篇，获批专利 79 项。

荣获全国高校辅导员年度人物奖（左一）

“辅导员和研究生导师在学生培养工作中能够劲往一处使”。针对研究生的教育培养,李磊提出“纵横结合”的矩阵管理模式,即纵向上,按照系所设置辅导员,每名辅导员负责一个系所的所有研究生工作;横向上,按照专项工作配备辅导员,每项专项工作由一名辅导员牵头负责。同时,辅导员担任系所主任助理,加强与研究生导师的联系,针对研究生学术能力提升开展工作。此外,实施“领头羊”计划,即在每个辅导员负责的系所中,每年对 1~2 个梯队进行重点建设,加强示范作用,以点带面展开工作。李磊负责联系的纳米材料与器件梯队近三年发表的文章总影响因子超过200,在全院起到良好示范和带头作用。研究生科研热情高涨,成果丰硕,材料学科 ESI 论文数量 2010 年全球排名第 16 位,2013 年第 9 位,稳居世界前 1‰。

学生需求首位放,春风化雨释我心

“学生的需求,就是辅导员努力的方向”,秉承这样的宗旨,李磊统筹学业辅导、心理教育、奖励资助、就业指导及学生日常管理服务等资源,注重部门联动与工作协同,构建了“4+X”模式的多维度、多触角、体现志趣发展的学生服务体系。通过建立学业辅导中心,帮助 86 名学业困难本科生最终完成学业;累计开展深度辅导 4000 小时以上,妥善处理 23 起危机事件;创办职业发展辅导工作坊,帮助 135 名就业困难学生顺利求职;联系校内外资源,为 700 余名学生提供勤工助学岗位或兼职机会,缓解贫困生的生活压力。

为荣誉干部颁发荣誉勋章(右一)

遇到突发事件，他总是镇定自若，春风化雨地耐心处理。本科生小力患有严重抑郁症，曾想要跳楼自杀。细致了解小力的情况后，李磊扮演起老师兼老大哥的双重角色。他鼓励小力加入学生会，安排他到自己办公室担任助理，连续四年对他坚持每天的具体指导和每周的“走心”交流。毕业时，小力不仅成为学生会的骨干，还以优异的成绩被保送攻读硕士学位。2012 年，博士生小江患了罕见的血液病，急需治疗，但小江普通的家庭无力承担高额的治疗费用。李磊第一时间为他垫付了数万元的住院金，并联系专家，安排陪护。在之后的治疗中，仍需要大笔资金，李磊四处奔走，组织全校师生为小江捐款，同时通过《健康时报》等媒体寻求社会人士的援助，最终筹集了 101498 元，帮助小江顺利治疗。目前小江已成功完成骨髓移植手术，逐渐康复，走出疾病的困扰，坚强地投入到他所热爱的科学研究中。

全情投入，尽心守护，李磊坚持站在与学生“心灵”最近的位置，帮助困难学生走出困境，度过人生的艰难时刻。

勤学善思深钻研，春蚕吐丝铺康道

“打铁还需自身硬”。李磊注重自身职业素养的提升，在辅导员队伍专业化、职业化发展的道路上走得坚定而稳健。他先后多次参加全国、北京市高校辅导员骨干培训，参加 TTT 培训班、GCDF 全球职业规划师认证等培训。他承担本科生“大学生职业发展与就业指导”必修课教学工作，目前累计授课学生 1479 名。2014 年，李磊到美国加州大学洛杉矶分校进行专项学生事务管理研修，学习世界一流大学先进教育理念和工作方法。

“思想是行为的先导”。李磊注重学生工作理论的研究和实践的探索，学用相长、用以促学。他主持北京市青年英才计划“通过社会实践提升就业指导教师专业化水平”等北京市和学校课题 5 项，参加各类课题 8 项，撰写的《“四阶段渐进式”大学新生入学教育模式的研究与实践》被评为“第十五届全国高校青年德育工作者论坛”优秀论文，《大学新生“四阶段渐进式”教育模式的探索与实践》发表在《学校党建与思想教育》核心期刊上。

辅导员是与青春、梦想有关的事业，它成就了无数学生，也就成就了自己。李磊十年如一日地耕耘在辅导员岗位上，全心全意地培养了一批又一批材料学子。他将青春奉献，挥洒汗水，鞠躬尽瘁。辅以成长竭心尽智，导以成才践行志远，圆以梦想奋力前行，他将继续用青春、热血和爱心奉献于他所挚爱的事业，为学生的成长成才创造一片美好的蓝天。

青云之志当树立，五四精神泽心田

青年人，国之脊梁，当以国家的繁荣富强为最终目的，从前人手中接过接力棒，肩负起时代给予的责任，挑起时代的重任。李磊担任校团委书记期间，始终坚持以“立德树人”为核心，扎实推进共青团改革，团结带领团学干部和团学组织扎实推进团的各项工作。

与励志学员温情合影

他深知加强政治理论学习，提升政治素养和青年工作理论水平的重要性，组织开展“思悟行进”理论学习活动10场，由团委研究室编辑理论简报35期，组织团干部带头开展读书活动；同时不忘继承发扬优良传统，创新开展大学生思想引领与成长服务，在全国率先推行“第二课堂成绩单”制度，探索制定院系第二课堂人才培养方案，成为学校新时期思政工作的一张“育人名片”；推进共青团改革进程的路上，他也走在前列，牵头制定改革方案，成了具有北科大特色的“共青团改革十条经验”，受到共青团中央的认可和推广。在团委书记的岗位上，他牢记初心和使命，在学校共青团的发展和学生成长中起到了不可或缺的关键作用。

从北科大的岗位走向更远处，责任更加重大，本色依旧未改。他先后组织和参与中非合作论坛北京峰会、第二届“一带一路”国际合作高峰论坛、2019年北京延庆世界园艺博览会、亚洲文明对话大会和国庆70周年庆祝活动的志愿者组织工作，策划并参与“2022北京冬奥会和冬残奥会”志愿者规划制定工作，牵头完成奥组委志愿者工作里程碑任务，保障奥运筹备工作顺利进行。

负责国庆 70 周年庆祝活动的志愿者组织工作

李磊在每个岗位上，扎扎实实，兢兢业业，带着从辅导员工作以来不变的初心，身体力行地践行着“全心全意为人民服务”的誓言。

以我为舟，引你向你

——北京科技大学第六届“青年五四奖章”获奖团队禾欣实践团

第一届禾欣夏令营开营

北京科技大学禾欣实践团（以下简称“禾欣”）成立于2011年，连续九年来到苏州工业园区开展未成年人教育活动，重点关注解决一二线城市双职工家庭儿童的“失陪”问题。禾欣实践团联合未成年人成长的重要土壤——社区作为活动平台，召集来自各个专业的优秀青年学子，以“禾欣夏令营”这一公益项目为纽带，沟通社会与家庭、成人与儿童，为助力城市儿童健康成长贡献自己的力量。禾欣团队于2014年申请成为社会组织，曾获第六届阿克苏诺贝尔中国大学生社会公益奖银奖、2018年“创青春”全国大学生创新创业大赛市赛金奖、国赛银奖。团队的重点项目“禾欣夏令营”连年受到当地双职工家庭的欢迎，不断升级的素质教育活动所获好评如潮，获得了所服务社区与当地政府的大力支持与肯定。

关注“失陪”问题，青年献力量

随着中国经济飞速发展，生活水平与生存压力同步增高，双职工家庭成为一二线城市最主要的家庭组织形式之一。双职工家庭父母双方由于需要将大部分时间与精力放在工作上，鲜少能够陪伴自己的子女，这就导致了所谓的“失陪”问题。有效陪伴的缺失，会使得儿童“自恋需求”（即被关注和尊重的需求）得不到满足，继而影响儿童的自我意识的发展，同时还可能导致儿童性格孤僻、安全意识薄弱等问题出现。

禾欣服务多年的苏州工业园区湖东社区就存在着这样的问题：上学期间，儿童大部分时间都在学校度过，只需要家长在其放学后给予一定程度的陪伴与监督；然而一到寒暑假，尤其是暑假，儿童回到家中，“带娃难”的问题就凸显了出来。2011 年，禾欣创始人王靖怀着创建精品社会实践及公益服务项目的目标，了解到苏州工业园区的相关情况，联系了当时社区服务较为前卫的第五元素社区，表达了对解决城市地区未成年儿童成长问题的热情与决心，得到了社区工作人员的大力支持。结合当时湖东社工委提出的“湖东娃”七彩夏日的活动设计，在那个暑期，第一届“禾欣夏令营”就这样应运而生。自此，禾欣怀着不变的公益梦想，砥砺奋进了九个春秋。

在最初的策划时期，第一届禾欣实践团的成员就已经意识到，解决双职工家庭暑期“带娃难”、儿童“失陪”的问题，不能只提供表面的、全托班式的“看管”，因为“失陪”问题的本质是“失教”问题，孩子们真正需要的是内容丰富、寓教于乐的素质教育课程。基于这样一个现实，团队设计开展了第一届禾欣“七彩”夏令营：红色代表爱国，橙色代表运动，黄色代表安全，绿色代表环保，青色代表科技，蓝色代表手工，紫色代表文艺汇演。精心策划的夏令营活动涵盖了七大主题四大板块，加之“小小禾苗，欣欣向阳”的美意，使得小营员们在大学生的陪伴下完成了一段快乐的旅途，同时也得到了自我成长。

服务九年，禾欣实践团为苏州工业园区儿童带来了 85 种、近 300 场夏令营活动，惠及了近万个双职工家庭，以青年之担当积教育之力量。

聚焦成长需求，创新话成长

禾欣多年以来一直致力于关注城市双职工家庭儿童“失陪”问题，但他们的着眼点从不止于此。延续第一届的“七彩”夏令营模式，禾欣多年来深挖爱国主义、规则及安全意识、环保意识、科技视野、艺术鉴赏等教育命题，每年根据时下热点推出新的活动内容，并尝试多种多样的活动形式，以培养所服务儿童的辩证思维和实践能力，提高其综合素质。此外，为培养城市儿童的社会责任感与公益理念，禾欣每年都会举办跳蚤市场暨爱心义卖活动，让小朋友们自行选择商品，在大学生的帮助下进行叫卖与交易，并自己选择是否将收入所得捐献给相关的慈善机构，以体会帮助他人、为社会贡献一己之力的乐趣。

积极参加活动的孩子们

然而在固有的模式下，每年只寻求内容上的修改已无法满足当地家长的需求，也无法满足6岁至12岁儿童的成长需求。2018年，禾欣运维团队——“禾欣理事会”决心大胆突破，做出了两个重大的改变：一是将服务对象分为6岁至9岁（小龄组）和10岁至12岁（大龄组）两个年龄段，解决了年龄跨度大，处于入营年龄上下限的儿童参与感低、心灵上受忽视的问题；二是首次为夏令营设定具有实际意义的主题——“自我意识培养”，将七色活动更紧密地联系了起来，同时也正式切入了儿童成长需求中的一大重要组成部分，即发现自我、了解自我、发展自我的需求。2019年，禾欣在第八届的成功经验上，真正意义上的打破“七彩”模式，分别推出了有关世界文化、运动健康、科学技术三个主题的夏令营，严谨的课程主线贯彻其中，活动质量及课程专业度均有大幅提升。近两年，除了活动主题与活动模式的更新，禾欣实践团还打造出了不少精品活动，如人工智能讨论会、价值观拍卖会等，其中第八届的模拟议会就当地校外补习现状进行讨论，引起了当地的高度重视，甚至成为当地课外补习机构整改的小小推动力。

除了在夏令营活动上不断推陈出新，禾欣实践团还致力于调研社会教育热点问题，以获得对儿童成长需求的更深入了解，寻找进步的新方向和新目标。九年以来，禾欣调研过有关社会教育援助、社会化培养、社区教育活动改革、家庭教育现状、电子产品低龄化、垃圾分类教育、儿童行为表现评估等命题，均得出了有价值的、对未来课程设计有指导意义的结论，团队也根据这些结论，逐年细化了同所服务社区的合作方案，以拿出更好的面貌为城市儿童提供精准对口的公益教育服务。

第八届禾欣夏令营湖东分营大合影

以爱成就自我，禾苗共未来

“从团队协作能力的培养，到对奥林匹克精神的领会……第九届禾欣夏令营运动专题营为苏州少年带来巨大惊喜。赞！”

“我想邀请你们科技专题夏令营团队带着你们的活动，明年有机会来给我校的孩子们也上上课！”

“在禾欣做课研真的很辛苦，案子一遍一遍推翻……但是看到活动真正成型的那一天，真的好有成就感。”

“每年我家小孩三四月份就吵着问我禾欣什么时候开始报名，周围的邻居也都说好，孩子喜欢就是最重要的……”

“小禾哥哥，我好想你啊，今年冬天我妈妈就要带我去北京旅游了！对了，我最近考试考了双百呢……”

……

禾欣实践团作为我校的老牌实践团，九年坚守实属不易。在禾欣的发展历程中，有挫折，有低谷，也有上升，有触底反弹的大踏步。从首届禾欣实践团的筚路蓝缕，到如今整个禾欣组织的蓬勃发展，这一切的一切离不开禾欣理事会的用心规划和努力实践，但给予禾欣最大动力的，无疑是这九年来参与志愿服务的大学生、社区工作者，以及参加“禾欣夏令营”的小朋友们。

每年，禾欣通过选拔北科大优秀的青年学子，组织其策划夏令营活动，并指导其于七八月份的暑假前往当地进行服务，期望通过架起大学生与小朋友之间的交流的桥梁，从而以大学生的成长经验解决小朋友成长过程中的“小烦恼”。另外，大学生在社会实践中践行着服务社区、关爱儿童、理性探索、感性创新的实践理念，认识社会、了解国情、接受教育、增长才干、锻炼品格，培养团队精神，提高自身文化素养，在陪伴小朋友的同时，也完成了自身的成长。

大学生与小朋友在短短七天内建立的情谊之深厚，总是令人惊异，令人感动。活动过去多年，第四、五届的许多小朋友还是会和自己的大学生哥哥姐姐汇报生活近况，交流学习、理想与未来。他们之中有的已经上高中了，而参与服务的大学生也早已参加工作，但这仅仅七天的爱心之旅，两个年龄段的交融，未来的自己与曾经的自己的交融，所留下的影响依然没有也永远不会随着时间流走，而是会长久地绵延，无尽地留存。

曾经听过禾欣实践团答辩、路演、经验分享的人，大抵会对禾欣的“十二年公益梦想”有所耳闻。所谓“十二年公益梦想”，是指参与禾欣夏令营活动的小营员，12 年后就将成为一名大学生，禾欣实践团将邀请他们以志愿者的身份继续参与到禾欣夏令营的服务中。目前，已有陈朵萱、卓崇阳两位曾经的小营员正式成为一名大学生禾欣人，分别参与了第八届和第九届禾欣夏令营的志愿服务，完成了从受惠者到施予者的身份转变。

从 2011 年到如今，禾欣的梦想从未更易。为了帮助更多小学生得到充分的自我发展，禾欣一直充当摆渡人的身份，带领一批又一批的小朋友踏上以爱之名义追寻梦想的旅途，鼓励他们在当下、在未来奋力成为那个最好的自己。“以我为舟，引你向你”是禾欣实践团官方公众号的宣传标语，也是最能体现禾欣精神的一句话。助力儿童成长，唤醒儿童未来发展的潜能，禾欣实践团将一直怀着青年人的心态与担当，坚定不移地走在公益教育服务这条路上。

禾欣少儿服务实践团（2011—2018）大合照

感恩是人生不变的主题

——北京科技大学第八届“青年五四奖章”获奖者王素芳

参加专业技术交流

王素芳，女，中共党员，1993 年 7 月生，2017 年至今就读于北京科技大学自动化学院控制科学与工程专业，担任班级学习委员。学业方面综合成绩平均分 93.83，排名第一。曾荣获中国大学生自强之星、研究生国家奖学金、一等学业奖学金、北京科技大学道德风尚奖、优秀三好研究生荣誉称号。她发表论文六篇，其中 SCI 一篇，EI 两篇。参与实验室两项项目的研究开发。论文“Multiple-Model Adaptive Estimation with A New Weighting Algorithm”被“Complexity”期刊 (SCI 二区) 录用，还发表“An Overview of SLAM”“A New Adaptive Control System Design Method Based on Neuronetwork Prediction”两篇 EI 检索论文。

瘦弱肩膀，扛起家庭希望

生活中，王素芳遇到过许多坎坷和磨难，但她从不抱怨，勤勤恳恳。六岁时，父亲因为丧失劳动能力，从此生活家庭的重担就由王素芳和她的母亲承担。干家务、缝补衣服、做农活，村里人都管她叫“二小子”，一放学就跑回家给姐姐做饭，给妹妹做蛋羹。现在最喜欢吃的鸡蛋，就是小时候喂妹妹却一口都舍不得往自己嘴里咽。祸不单行，不久，母亲被生活重担压垮，身患重病，王素芳肩上的担子更重了，“感觉天都要塌下来了”，她说道。母亲不识字，她就一直对妈妈隐瞒了病情。在医院照顾母亲期间，在母亲面前从未掉过一滴眼泪的王素芳，却在电梯里一个人默默哭泣，大雨滂沱时，在给妈妈买早餐的马路上号啕大哭。从挂号、找医生看病做检查做手术，到重症监护室彻夜照顾，王素芳就这样咬着牙坚强地挺了过来。在这期间院里的书记询问是否需要集资：“如果需要钱，就组织募捐”。但她直接拒绝了。这样自立自强的姑娘，仅靠着自己的双手，干农活，卖菜、卖水果、卖水产品，到后来每天跑六七个家教，一点点攒下积蓄给妈妈看病。通过她的努力，将家里欠下的外债一一还清。这是她用对家人全部的爱，对生活的向往，对青春的奋斗，将生活的不如意一笔笔地抹去，一张张地翻开下一页。拼命与顽强，拿命学习和生活，拼尽全力努力让生活好起来，王素芳就这样一边兼顾学业一边挑起家庭重担，自立自强，风雨同担。

烈日下为作物喷洒农药

勤奋拼搏，给青春插上翅膀

学习上，王素芳毫不放松，成绩优异。在研一结束时，她十二门课学习平均成绩拿到90多分，自控所排名第一，加权成绩专业第一，这为她今后的学习打下了坚实的基础。学业的稳扎稳打，让王素芳始终坚信功夫不负有心人，她说："养成良好的作息习惯是学有所获的前提。"每天来往于实验室和图书馆，雷打不动的生物钟，是她大学生活中一门的"必修课"。在北科的校园里，王素芳最喜欢的地方是图书馆："安静又充满了书香的味道，可以尽情地畅游在知识的海洋。"她也坚信，知识最终可以改变命运。也是这样持之以恒，坚定不移的精神，使得她在学业方面收获了丰盛的果实。

参加国际会议（右一）

在科研上，因为热爱，所以王素芳对此充满热情。"什么东西都要自己捣鼓出来，什么都要一探究竟，什么都充满好奇心，买了什么电子产品都要自己拆开看看构造和原理。"就这样，保持一颗好奇心，王素芳通过学习如何检索，如何高效看文献，一点一滴，形成了一套她自己独有的学习方法。"敢于对论文提出质疑，最重要的是一定要做笔记。"她这样说道。通过这样的方法，王素芳找到了自己的创新点，成功发表了一篇SCI，两篇EI，涉及卡尔曼滤波算法，机器人、无人机、自动驾驶核心算法，神经网络等领域。"写论文的日子，不分白天和黑夜，真的是废寝忘食。有一次在刚提交了论文之后我去三院拔牙，刚拔完牙审稿意见回来了，从医院出来一刻都没有休息，忍着疼痛其实忙的都忘记了疼痛，脸都肿了，一口水都喝不了，就一直修改论文，就这样一天天一篇篇挺了过来。"在科研期间，王素芳不仅从中收获了许多不曾有过的能力，在仿真和实践的过程中，也认识到了学术的严谨性和科研的乐趣。一次次的数据，一步一步地验证和分析，从发现问题，到最终解决问题，再到论文的发表，这其中的酸甜苦辣只有她自己能懂。科研，对于她来说，是一条充满热血和热爱的路。

全面发展，点缀精彩人生

学生工作方面，王素芳担任班级学习委员，每次选课结束以后，她亲力亲为，统计全班人的选课情况，整理出各个老师的课件打印出来发给同学们。临近考试时，便组织大家一起复习，积极耐心地帮助同学解决问题。没有隔阂，平等交流，真心实意地合作和工作，是王素芳的沟通交流之道："我把他们的利益放到自己的利益之上，我真心换真心，所以沟通合作起来还是比较轻松的。"在担任助管期间，王素芳按时完成辅导员分配的任务，协助辅导员料理各项工作，认真负责，不迟到不早退，真正做到服务老师和同学。并且虚心接受老师和同学提出的意见，做到知错就改。班级活动中，王素芳也是尽心尽力，积极参与。新生篮球赛中，她主动站出，为班级荣誉而战；羽毛球场上，她奋勇拼搏，拿到了小组第一，总决赛季军的战绩。她认为比赛是团队活动，体现的是大家的齐心协力和团结拼搏精神。"我热爱这个班集体，我喜欢积极参与这个大家庭的活动。"

给同学讲解问题（左一）

除了学生工作，王素芳还积极参与社会实践，力求服务社会，提高自我。暑期期间，参加了由浙江大学举办的第一届"SLAM 技术及应用"暑期学校和第一届全国 SLAM 技术论坛，还参加了北京科技大学研究生科技服务与挂职锻炼，她和她的团队在帮助北京亚控科技发展有限公司解决问题的同时也从中学到了很多在学校学不到的东西。展现了北科大学生服务社会的精神和良好风貌。在大学期间，王素芳就是一名志愿者，现在也会抽空去参加志愿者活动，"因为在帮助别人的同时也让我从中得到了快乐，实现了自己的人生价值。"她这样说。

不弃不忘，奋斗成就未来

感恩，踏实，刻苦，勤奋，是我们从这个姑娘身上学到的最多的词语。回顾过去，她说：“有欢笑有泪水，作为家里的顶梁柱，我要承担着更大的责任，但始终做到学业与家庭兼顾，既要勤工俭学更要奋发向上；遇到挫折和困难，我也以积极的态度面对一切。感谢在我生命中帮助我鼓励我的那些人，今后我会以更加饱满的热情面对生活、迎接挑战、投身学习和工作。我会更加严格地要求自己，在学术研究上做出更多创新和研究成果。我一定继续努力，为国家、为母校的繁荣贡献更大的力量。”不卑不亢，独立自强，家庭上，她可以扛起家庭的半边天；学业上，她兢兢业业，努力钻研；作为学生干部，更是尽职尽责，团结班级，服务同学。展望未来，她扛起肩上的担子，努力地活出自己最精彩的人生。

对于王素芳来说，北京科技大学是她人生中的转折点，北科两个字，给予了她不一样的校园时光。眼界变宽，能力变强，人生的色彩也变得五颜六色。在采访的过程中，她不止一次地提到感恩：感恩学校所给予的学业平台；感恩老师、辅导员对她的指导和帮助；感恩同学们给予的支持。“我将怀着感恩之心、奋发向上、自立自强，将来回报学校对我的培养和教诲。”她这样说道。对于北科学子，王素芳说：“亲爱的学弟学妹们，能成为北科的一分子，是我人生中最值得骄傲的事，希望在北科的舞台上，你们也能找到属于自己的角色。人生来需要承担很多事情，当你独自面对的时候，愿你坚强乐观；当你被爱包围的时候，希望你也能将温暖传递给他人；愿你的学业生涯不留遗憾，努力向前，你要相信，你的付出终将会绽放光彩。”风雨兼程，秉持希望和梦想。不负青春，用饱满和真挚绘出属于自己的人生画卷。

花开竞赛，圆梦讲台

——北京科技大学第八届“青年五四奖章”获奖者张明

在北京大学未名湖畔

张明，男，1998 年 6 月生，中共预备党员，2016 年至今就读于北京科技大学应用物理学专业。现任北京科技大学学生学习与发展指导中心讲师团学生负责人，曾担任北京科技大学学生学习与发展指导中心讲师团线性代数组负责人、数理学院朋辈讲师团力学和电磁学讲师、班级生活委员。曾荣获国家奖学金、宝钢奖学金、冠之奖学金、优秀三好学生等荣誉，荣获大学生数学竞赛（非数学类）全国一等奖、北京市大学生数学竞赛一等奖、北京市物理实验竞赛一等奖、北京科技大学物理竞赛一等奖、全国大学生物理实验竞赛（综合组）二等奖、全国大学生英语竞赛 C 类三等奖、北京科技大学英语辩论赛三等奖等奖项。

学习路上：我可能只是比别人坚持得久一点

四年的专业第一，从大一的加权92分到大三的加权95分，逸夫楼、图书馆的自习室里经常能见到他自习的身影，他涉及的知识不局限于书本，而有对专业课的再加工和书本之外的部分知识的自学。“我也会有很多事情聚在一起的时候，就比如某段时间的课很多老师也讲得很快，同时手边又有竞赛和工作的事情。这种时候，我就会抽出周末时间多学一会儿吧，这种情况尽量不要往后拖很久吧。”在学习工作和竞赛之间做好平衡，张明说的最多得一个词是坚持。“学习氛围还是比较重要的吧，我们宿舍和我们班的同学都普遍比较努力，其实第一年成绩出来的时候知道我是年级第一，当时还觉得蛮惊讶的。因为大一最开始的时候，大家都很努力，然后就会很有动力去学习。我觉得我能走到现在，可能就是因为我比他们坚持的久一点吧。因为大学里面的选择很多，有些人可能大二大三的时候就因为各种原因没有那么努力了。”

对于物理这门学科，张明也经历了从不了解到了解，从不喜欢到被吸引的过程。刚开始踏入大学的时候，他也曾考虑过转专业，困惑于自己未来的方向，但是在逐步深入学习的过程中，数理学院里优秀的老师和专家的课堂，物理课本里丰富的知识，确实让他感受到物理的魅力和趣味。“他们让我看到了物理学未来的光。”张明如是说道。张明对学科的学习不是浅尝辄止的，他是那种学一门专业，就认认真真低下头钻研的人，哪怕在没有确定未来的路的日子，他也在踏实地为自己打好基础。“大一大二的基础课一定要学好，在大三的时候才会有做选择的底气。”

在逐渐了解张明的过程中，不难发现，他的努力和坚持是刻在骨子里的，谦逊和踏实是发自内心的，他是真正把优秀落实到习惯里的人，外人看来难以坚持的事情在他这里也确实是稀松平常的规范。他用实际行动告诉我们，与其花很多时间在对未来的迷茫上，不如踏踏实实地做好眼前事，因为未来，就在每一个你坚持的当下里。

竞赛达人：明确目标，踏实准备，合理规划

令人眼花缭乱的竞赛奖项，涉及物理、数学、英语等多个领域，是我们了解张明资料时的第一声感慨。他好像能轻易地达成我们诸多人梦想的合集，在我们还在为参加哪一门竞赛为难时，他已经在竞赛路上百花齐放。

荣获全国大学生数学竞赛决赛一等奖

积极主动的态度，以及对数学和物理的兴趣，促使他在大一、大二的时候报名了数学和物理的学科竞赛。他通常花两三个月的课余时间在一项学科竞赛的准备上，和大多数人一样，就是买题、做题然后再看解答，但是学霸的特别之处大概在于，他能把解答里的思路变成自己的东西，然后在解其他题的时候巧妙运用进去。

他的竞赛奖项主要都集中在学科类竞赛方面，这与他的选择有关。“相对于需要更多人合作和需要更长时间的创新创业类竞赛，比如摇篮杯、SRTP 等项目，我可能会更倾向于自己花时间去摸索和琢磨的学科类竞赛。”张明是一个很擅长做出选择的人，他能在尝试之后选择最适合自己的事情，比如他在尝试之后放弃了学生会的工作，他清楚地知道自己擅长什么，自己适合什么，也对于承认自己所不擅长的领域从不感觉到尴尬或难看，他只是冷静地分析自己的适合与否，这种取舍能力在面对诸多选择时显得尤为可贵。

从张明的身上，似乎可以窥见命运眷顾的影子，他的每一步好像都在冥冥中走的踏实而稳固，但这也恰恰印证了那句话，机会是留给能够自我把握并做好充足准备的人的。他和几个要好的同学在大二一起组队参加物理实验竞赛，并自己主动寻求实验老师的帮助与指导，也正是这一契机让他在大二暑假期间就开始筹备实验类的论文，比大家更早地接触科研，并在本科期间就拥有了属于自己的科研论文。“感觉自己的方向是在一次次的尝试中逐渐明确的，刚进大学的时候也完全没想过要保研什么的。”暑假定题、做实验、写论文，他在别人空暇时间里的付出，终究成就了他的不同凡响。

现在大四的他，已经保送到北京大学物理学院直接攻读博士学位，在确定了研究生导师之后，已经开始学习研究生课程并跟进导师的课题，他每周要去找老师讨论课题，一讨论便是几个小时。当被问到有没有觉得自己的人生规划一直都是早于别人一步的时候，他笑着回答说，“前头的人还多着呢，一定会有人比你更努力比你走得更快”。这或许就是优秀的人不断前进永不停歇的原因吧，因为当你走得越高越快，你眼前的世界就将更加宽敞与明亮。

讲台之上：这是我一直以来的梦想

他谈起自己在讲师团里的职务，眼眸里闪着梦想的光，连语气都不自觉地变得轻快起来。“我高考的第一志愿是华东师范大学，我一直很想也很喜欢做老师。来上大学之后，也是真的很想尝试讲课，很羡慕能站在讲台上的人。所以要特别感谢学校的讲师团能让我梦想成真。”从讲师团线代组负责人到讲师团的总学生负责人，张明在校学生学业辅导中心已经任职两年多了。讲师团是他家一般的组织，有关系很好的同组讲师，也有信任他的老师。

与学业中心同学合影

讲了那么多次课，他印象最深的还是自己第一次站在讲台上讲线代课程。“我记得很清楚，讲完课之后，很多同学们都在下面鼓掌，”他笑着说道，“可能那堂课讲得也不是很好，他们只是出于礼貌性地鼓掌感谢，但是心里真的很感动。”那是他第一次站在讲台上，面对着下面端坐着听讲的同学，下课之后被同学们包围着称呼为老师，梦想来敲门的声音也不过如此了吧。两年四个学期的讲师经历，讲过一对一的课程，也讲过几十人几百人的大课，哪怕每次讲的课的内容都是相似的，但遇到的学生都不一样，他还是要根据上一次课的反馈对自己的内容进行再一次的修改和调整，逐渐去适应大家的难度接受范围，偶尔也会有一时解不出题的尴尬，但是为人师这件事确实给他带去了莫大的快乐和满足感。做讲师除了传授知识之外，也是对自己知识的一个巩固，每个讲师对于自己讲授的部分内容都基本能做到看题目知道解法。“对于未来的打算，还是最想当一个大学老师。能够做些研究项目，也能讲课。能够站在讲台上给同学们讲课，那是很幸福的事情了。”

讲解线代习题课

花开竞赛，圆梦讲台。他在学习上刻苦坚持，在竞赛上目标明确，在讲台上挥洒热情，张明在自己选择的道路上，逐渐成长成自己期待的样子。在他身上折射出那种追求梦想的光芒，仿佛能够穿过漫长的时光，让人想象出他日后为人师的样子，想必也像他为学生时一样，坚持而踏实，自信而耀眼。

心之所向，素履以往

——北京科技大学第八届“青年五四奖章”获奖者李晓彤

在本科新生开学典礼发言

李晓彤，女，1996 年 9 月生，中共党员，2014 年至 2018 年就读于北京科技大学冶金与生态工程学院，现就读于北京科技大学新材料技术研究院。现任北京科技大学团委副书记、新材料技术研究院兼职辅导员。曾任北京科技大学学生会主席、冶金学院本 14 级团总支书记、北京科技大学昌平创新园区兼职辅导员，北京市学联第十二次代表大会代表、共青团北京市第十四次代表大会代表、中国大学生骨干培养学校学员、首都大学生英才学校学员。曾获人民一等奖学金、北京市优秀学生干部、北京市三好学生、北京市优秀毕业生等荣誉称号和第十届全国大学生节能减排社会实践与科技竞赛校内赛二等奖、第三届中国“互联网 +”大学生创新创业大赛（北京赛区）三等奖等奖项。

人生的每一步都是风景

入学伊始，她满怀对学生会的憧憬和期待，在众多的团学组织、学生社团中选择了学生会。一次次活动的锻炼使她学习到更多本领，收获到更多经验。2017年，李晓彤凭借卓越的学生工作能力和全心全意为同学服务的满腔热忱，当选北京科技大学学生会主席。这是一种承诺，在接下这份荣誉的同时也意味着选择无私的付出。责任越大，需要的付出投入也就越大，但是不管学业多么繁重，无论身上的压力有多大，李晓彤从没有想过要卸下这些重担，她凭借的专注的精神与合理的时间分配成功平衡了自己的学习与工作，担起了不同于常人的重担。

北京科技大学第二十届“吾肆放歌”校园歌手大赛决赛

在担任学生会主席期间，她勇于革新、敢于创新，使得学生会的各个部门更加专注地做自己的工作，而当面对问题时，各个部门都开始主动承担自己的责任，学生会的工作进行得更为大气。在举办柿子文化节、吾肆放歌、主持人大赛等繁荣校园文化的活动外，也在学生会内部进行大的建设，撰写了《北京科技大学学生会组织改革实施方案》，明晰了学生会组织基本定位和职能，优化了学生会组织体系，完善了学生会的机制。同时以第二十六次学生代表大会为契机，健全学生权益代表和维护机制，建立日常调研机制，搭建网络新媒体平台，及时收集、听取涉及广大同学切身利益和普遍诉求的问题，形成报告提交学校党政部门，并进行跟踪反馈，切实推动问题的解决。面对接下来的学生工作，她希望学生会组织能为学生服务更多，她希望当每一个学生遇到困难时，都会在第一时间想到学生会。同时她也希望学生会的各个部门都有更多的进步，深入地进行创新，完善细节，加强行动力，使学生会焕发新的活力。

在北京科技大学第二十六次学生代表大会上做工作报告

生逢其时，责任重大

李晓彤常说自己是一个幸运的人，有幸参与到了很多重要的活动中，丰富的经历提升了她的个人素质和能力，经常性的志愿服务和基层实践锤炼了她的品格。2016年，她作为北京市学联第十二次代表大会代表出席了大会；2017年，她又作为共青团北京市第十四次代表大会代表出席了大会，这一年她还作为英才学员全程参与了向人民英雄敬献花篮仪式，前往延庆参加了“青年服务国家—延庆基层社会治理体验计划”，进行了为期两周的实践锻炼，前往俄罗斯参加了第十九届世界青年联欢节，作为中国青年学生代表在“学生组织与青年学生”主题论坛上发言，前往韩国参加了第十六届中韩大学生志愿者交流营；2018年她前往改革开放最前沿——广东省，开展实地考察、专题调研和主题宣讲；并作为中国青年代表出访越南，用自己的行动讲好中国故事，筑牢两国青年友谊。

在俄罗斯第十九届世界青年联欢节论坛发言

这样的平台和机遇，让她体会到了“生逢其时、责任重大”的荣誉和使命，也结识了很多有理想有志向的青年朋友，她们用自己的实际行动为国家的发展做出了青春贡献。和这么多优秀的人相互交流共同学习，让她认识到了追逐梦想任重道远的清晰现实。

初心不改，使命不渝

2019 年正逢新中国成立 70 周年，面临繁重的科研压力，已经是研究生的李晓彤毅然决然地选择参与到庆祝活动中来。7 月到 9 月，从教职工礼堂到体育馆，从凤凰岭到阅兵村，再到最后天安门广场上的全要素演练，一次次的动作纠正，一次次的队形变换……紧张的训练里汗水浸湿了她的衣服，长时间站立使她膝盖酸痛，在十一那天灯火辉煌的天安门广场上，她在一瞬间便热泪盈眶，所有的苦与汗都化作对祖国母亲最真挚的热爱和祝福。

参与庆祝新中国成立 70 周年广场联欢

十一当晚，在返回学校的地铁上，大家兴致昂扬，自发唱起了爱国歌曲，那一刻，李晓彤感受到了北科大青年始终与时代同频共振的责任担当，看到了同心共筑中国梦的奋斗宣言和青春告白。在国庆盛典之后，李晓彤还有幸受到中央电视台的采访，登上了《新闻联播》，她说：“用三个月的时间，做了一件值得一辈子回忆和自豪的事情，自己也将牢记时代使命，砥砺前行，将青春奉献在祖国最需要的地方。同时我觉得作为新时代研究生的我们生逢其时，重任在肩，在今后的学习生活中，会继续秉承勤奋刻苦，实事求是的态度奋斗在科研第一线，扎根基础。”

接受中央电视台采访

坚毅自信，她用实际行动贡献青春的力量；无怨无悔，她用赤子之心诠释责任的意义。贯穿大学的学生工作，让她经历蜕变，思想不再幼稚，能力得到提升。也许到真正的成熟还有很长一段路要走，自己也不够优秀，但是她会始终坚定方向，一路向前。对于未来，她说：“现在的我们面对着充满新奇和挑战的未来，还有好大的世界要一起去看看。我们年轻，我们无畏，我们是一群永远在路上的青年。我一直坚信不论是我所经历的一切，所热爱的一切，甚至是曾经给我带来伤痛的一切，总有一天会变成孕育在贝壳里的珍珠，成为我最难忘也是最珍贵的回忆。”

实一言志，践一生愿

——北京科技大学第八届“青年五四奖章”获奖者浦绍韬

在研究生开学典礼上代表在校研究生发言

浦绍韬，男，1996年1月生，中共党员，2013年至今就读于北京科技大学化学与生物工程学院。他现任北京科技大学校研究生会主席，曾任北京科技大学第十九届研究生支教团团长。本科期间连续两年在西部贫困山村开展健康扶贫，为当地百姓争取到50万元公益项目，通过理论探索解决当地管理型缺水问题，用两年不懈的宣传和努力，让防治氟中毒深入人心，唤起当地群众意识觉醒，行动起来做改变。大学毕业后响应国家号召，作为北京科技大学研究生支教团团长，奔赴西部基层乡村中学支教，唤起孩子对知识的渴望、对未来的憧憬，通过教育实现自己的扶贫梦想。曾获2017年“中国大学生自强之星”（北京市仅4人、全校仅1人）、北京市优秀毕业生、“感动北科”十大新闻人物等奖项，他的事迹在家乡引起了热烈的讨论和关注，家乡父老纷纷为他点赞；他甚至收到了一封来自监狱服刑人员的来信，以感谢他的事迹带来的正能量。

两年坚守，不忘故土百姓

白泥村是一个位于乌蒙山深处的小山村，高寒山区、交通不便、贫困是这个小村曾经的标签，同时，由于地质型的饮用水氟含量超标，白泥村的乡亲们会因氟超标导致关节肿大，骨骼变形。这些地方很多三四十岁的青壮年本来是该扛起家庭重担的年纪，但因为氟中毒导致行动不便，更别提下地干活，村子的发展也受到了不小的影响。浦绍韬和他的团队利用本科两年基层实践，徒步行程超过200公里，足迹遍布白泥村；累计调查27处水源点和取水点；走访了300多户村民；撰写了十几万字的调查报告。利用掌握的资料，他们积极联系基金会，为白泥村小学争取到价值50余万元的公益项目，改善了小学的用餐条件；制作展板在县城宣传，向大众呼吁，为白泥村发声，引起了社会各界的广泛关注；从宗族影响下的水资源分配入手，为白泥村优化了水资源分配方案，改善了管理型缺水问题。同时，为了能让老乡们充分了解氟中毒，建立防治意识，他们发放了近千份宣传资料，覆盖上千群众，用最简单的话语向老乡们讲解氟中毒，沟通一开始不是很顺利，直到有一天去一个大伯家，他家生活很窘迫，住着土坯房，家里没有一件像样的家具，“地方性氟中毒对他们身体危害很大，我们想给他介绍一些简单的氟中毒防治方法，大伯很抗拒，沟通一度难以进行，就在这时，他的一个举动让我们看到了希望，一直在旁边玩耍的孙女突然跑过来抱住大伯的腿撒起娇来，大伯一直坚硬的眼神瞬间变得柔软，对，孩子，我们可以从孩子入手。让孩子远离氟中毒，成为我们与他们的桥梁，他们开始意识到，原来，一切是可以改变的，为了孩子。”

在云南宣威白泥村开展缺水调查（左一）

现在,许多村民已经建立了氟中毒预防的意识,他们发现只要行动就有改变!他们正将这种“行动起来做改变”的意识从氟中毒延伸到更多的地方，村委会反应，现在政策推广更加畅通，村民们越来越积极地参与村子建设，“政策落地，干部带头，群众行动，慈善帮扶”，白泥村正在发生翻天覆地的变化，他想，这就是小小力量点燃的大大希望!

扎根西部，心系基层教育

两年坚持，给他带来的不仅是深入基层之后的思考，更是一种根植于心的责任感。大学毕业后，他毅然选择成为研究生支教团的一员，“扶贫必扶智”，要解决贫困扶起又倒，教育是关键，支教本身就是教育扶贫，他想投身乡村教育，用行动实践自己关于扶贫的一些思考，用行动去为西部农村贡献自己的一分力量。

乡村支教，他教授物理、生物、音乐和美术，他利用生活中甚至是手边就能找到的工具或能轻易看到的事物入手引入科学知识，从拔河引入力的平衡，从拨弄直尺来引入声现象；利用生物课和孩子们探讨生物与环境之间的关系，启发他们保护地球爱护环境；而美术课就变成了他培养孩子们欣赏美发现美的课堂，他给他们讲东西方建筑艺术，希望他们未来去到故宫时发出的感叹中不仅仅是因为故宫的雄壮；同时他利用自己的专业背景，将世界上最前沿最尖端的科学进展用身边小事为媒介传递给孩子们，孩子们第一次发现，原来科学离自己并不遥远。

同时，他关心学生成长发育，支教地的学生大多是留守儿童，缺少关爱和理解，因此变得自卑，不敢相信自己，害怕面对未来，更别提能勇敢地面对心里的梦想，当他向孩子们描绘这个美好世界时，很多孩子表现出了焦虑、害怕和不知所措。“白日不到处，青春恰自来。苔花如米小，也学牡丹开。”诗里的苔多么像这些孩子！他利用生物课讲授苔藓植物的结构的机会将这首小诗教给了孩子们，并从网上找来各种各样苔藓植物开花的图片，刚学习了苔藓简单结构的他们惊讶于苔藓开出的美丽花朵，而随着他的讲解，孩子们也渐渐理解了这首诗——苔藓总是生长在最阴湿的角落，没有关注没有喝彩，甚至阳光都不曾照亮过它的天空，可等到它盛开的那天，就算只是微小的花朵，也如牡丹一样绚烂。“不管多么渺小，也是存在；不管多么平凡，也是盛开；不管身在何处，也会精彩；不管梦想多远，也该澎湃。”这是他送给孩子们的话，从此，他所教授的课堂都成了“浦老师”专属励志课，他利用一切机会引导孩子们，用自身的经历勉励孩子们，学生也开始去理解坚持和相信的意义，他看到他们的眼中多了坚强，少了畏惧；多了坚定，少了迷茫。

即将结束支教离开长寿湖中学时，与孩子们的合照（第一排右四）

他做到了他想做的事！开学一个月，就有孩子在愿望墙上写下“我希望浦老师永远不走”；期末考试片区第一的好成绩也验证了他的教学方法。2019 年 5 月，时隔一年再次回到支教学校，当他出现在校园时，整个校园的孩子站在教学楼的护栏边冲他招手，孩子们欣喜地和他分享这一年来他们的学业、生活，他们是那么的阳光、自信，和刚到那里时的自卑、胆怯截然不同，更有不少曾经倒数的孩子激动地向他汇报，“浦老师，我现在是班上的物理课代表呢，怎么样，没让你失望吧？”“浦老师，我现在成绩已经排到年级中等水平啦”……当孩子们大喊着：“浦老师，我们想你了，浦老师，我们一定会去北京上大学的，你等我们！”拥向他时，他知道，他的情怀落地了！他唤起的不仅是孩子们对知识的渴望，更重要的是对生活的乐观阳光和对未来的希望，是一种精神的力量。也许有一天那些物理生物知识学生们再也用不到。但他们的思维方式，他们解决问题，分析问题的方法，会成为带在身上丢不去抹不掉的能力。这样的能力早已深藏孩子们的内心，将会延续，照亮一生。

支教结束后，再次回到长寿湖中学时与孩子们合照（第一排右八）

不忘初心，奉献无悔青春

2017年“中国大学生自强之星”、北京市优秀毕业生、北京市“先锋杯”优秀基层团干部、“大学生千乡万村环保科普行动”全国十佳志愿者、首都大学生社会实践优秀团队、“感动北科”十大新闻人物、北京科技大学首届道德风尚奖……这些荣誉是对他的肯定，激励着他前进。他的事迹在家乡引起了热烈的讨论和关注，家乡父老纷纷为他点赞；他甚至收到了一封来自监狱服刑人员的来信，以感谢他的事迹带来的正能量。

初心是什么，就是自己当初为什么出发。2006年，刚上六年级的他跟随一个叫“我到北京上大学”的夏令营，第一次来到了首都北京，从此，到北京上大学成为他的梦想，他来自云南宣威，那是一个大山深处的贫困县，对于他来说，是梦想支撑着现实，让他拥有走出大山的勇气和力量，十三年后的他能有机会得到大家的肯定，这是他当初不敢想的梦想最美好的样子。

习近平总书记说：“青年一代有理想、有本领、有担当，国家就有前途，民族就有希望。”他本身就来自西部一个小小山城，小时候在农村的经历让他深深感受到乡亲们的淳朴、善良和坚强，也能深深体会到他们生活的艰辛与不易，要让他们发生改变的想法一直根植于他的心里。他是一个共产党员，人民是党刻在他心里深刻的字眼，去基层是他深深的执念。从坚持两年的公益行动到一年无悔的西部支教，从健康扶贫到教育扶贫，他从未停下过脚步，白泥村的改变、长寿湖中学孩子们的成长，这些都让他有了坚持下去的理由。

对于未来，他说：“曾读过苏轼一阕《定风波》，词中一句‘此心安处是吾乡’让我感动、振奋，初心落地处，皆是我故乡，未来还长，梦想犹在，我愿砥砺前行，只盼不负韶华！”

三尺讲台，点亮梦想

——北京科技大学第八届“青年五四奖章”获奖团队第 19 届研究生支教团甘肃分团

带学生参加天水市青少年科技创新大赛

北京科技大学第 19 届研究生支教团甘肃分团，于 2017 年 8 月至 2018 年 7 月奔赴甘肃省天水市秦安县支教，为北科大首批奔赴甘肃支教的团队。曾获 2018 年北京科技大学“道德风尚奖”，团队事迹被中国教育报、中国秦安网等媒体专题报道。支教一年中，甘肃分团志愿者分别负责教授七年级生物、信息技术和八年级政治、体育课、语文、数学等科目，累计教学时长 1100 余小时，同时为秦安县桥南初级中学在日常教学、社团活动、捐资助学、开辟第二课堂和党团活动等工作注入了新的动力。他们以三尺讲台筑梦，为孩子们打开望向世界的窗户，扶贫先扶志，他们带着孩子们领略星空与梦想，也引领他们用脚踏实地的努力将梦想变为现实。

一年时间，做一生难忘的事

“在象牙塔里待惯了，想换一种环境，去看看真正的西部是什么样子，更希望保持一份内心的美好和纯真。”支教团刘文颖说的这句话，大概绘出了许多踏上支教道路大学生的初衷。而甘肃分团的他们，更是将这样的初心做到极致。

在一年的支教历程中，徐安达作为支教团团长，担任八年级体育老师、校足球队教练以及国旗仪仗队指导教师。由于学校没有常规体育场并受到体育器材的种类数量的限制，如何保证课堂气氛，让学生们乐在其中的同时，又保证学生每堂课有充足的运动量是他所面临的最大的问题。对此，他通常会在热身结束后安排如接力跑与拔河等丰富多样的体育活动来丰富学生们的课堂内容，在有限条件下使得体育教学在当地学校“活”起来了。

他组建的校园足球队，刚训练不久就遭遇了各种麻烦：占用孩子们的学习时间、家长们的反对与不理解、足球队的基础专业程度差。一次一个女孩因训练时间过长而导致脚肿，家长发现后禁止孩子再参加足球训练。但徐安达清楚地知道，这个女孩子心里有足球梦，也从她身上窥到自己的影子，于是他多次尝试与这个女孩的家长沟通，理解为人父母心疼的同时也坦言与他们聊梦想的可贵，他的努力也最终获得了女孩父母的理解，女孩重新站在了绿茵场上。2018 年 7 月，他带领的秦安县初中组男子足球队参加第五届天水市中学生运动会并取得该项目第四名的成绩，女子足球队虽没有取得名次，但她们优异的表现让所有人印象深刻。

“一年时间，做一生难忘的事”或许是一年支教生活最好的总结，这其中蕴含多少令人热泪盈眶的真情。

安排同学们体育课前热身

心之所向，将热血洒向基层

刘文颖担任八年级政治老师。她一直致力于探索如何改变学生对政治枯燥无聊的看法，为此除了每节课的多媒体讲授，通过看视频、照片这种方式帮学生拓展视野外，她每个周还会让学生自行组织进行小组展示，让学生亲自体验站在讲台上的感受，分享自己感兴趣的话题，通过这种方式极大的活跃了课堂气氛，也为学生提供了一个锻炼自己口语表达能力的平台。从“学生”到“老师”角色的转换，支教团的成员在自己摸索的同时也不断向当地经验丰富的老师请教，逐渐形成自己的教学方法。

由于学校师资力量的限制，她有时也会兼带语文课程。这种不同课程的体验以及其他任课老师给予的帮助，让她对教师这个职业有了更深重的敬意。她也因此更关注学生的思想和学习习惯的形成，及时发现他们的问题并帮助他们形成高校的学习方法。

除了日常的教学工作外，刘文颖还担任了校广播站指导老师和演讲与口才兴趣社老师。她帮助学生审稿，进行发音指导，增添了英语角的播音模块，教授基本的口才训练方法。事实证明，这些活动让校园“活”了起来，同时，无论是在秦安县举办的普通话推广栏目还是学校的各大演讲比赛，演讲与口才的社团成员均获得了第一名的可喜成绩。

“希望我的学生永远保持一颗属于他们这个时代的单纯、勇敢、善良、美好的心，努力地去追求自己想要的东西。”这句话里凝聚了作为老师的无限期许与祝福。

八年级思想政治课堂

在他们心里种下外面世界的种子

教师生活拉开帷幕之时，李洁瑶被分配担任七年级信息技术老师，问题也接踵而至。每班 80 余人，学生的计算机认知和操作能力差异巨大，再加上前半学期机房未装配好，只能在教室进行教学。为了让学生更好地初步认识计算机，她采用在黑板上画窗口、按钮、界面变化的方式授课，就从最基础和最简单的知识讲起。由于教材中教学内容与实际所用版本差别较大，她自制导学案，更好地帮助学生认识和学习。她用一笔一画、一言一语打开了孩子们的全新世界。

她不局限于课本知识本身，而是想让他们更贴近地了解真实的世界。在每天教学任务完成后李洁瑶都为学生们带来一些最新信息、互联网或科技热点，如 Alpha Go、2017 百度世界大会等，开阔学生的眼界，让他们了解这个世界现在和未来的变化，而不只是眼前。

如何把复杂的计算机语言简易化，把枯燥的专业词语趣味化是她努力的方向。9 月份起她开始负责科技创新社团，面对孩子们高涨的热情，她尽全力培养孩子们的学习习惯和创新环境。虽然她也会被环境带来的无力感所包围，但她坚信，在有限的支教时间里，更应该恪尽职守，教给孩子们更多的东西。

“我不想放弃任何一个学生。站在讲台上就是一种责任。”日复一日地基本操作的教学，难免会有调皮的学生让她感到恨铁不成钢，但一想到那些专注认真的哪怕知道课程不计入期末成绩仍然克服困难学习的样子，她又欣慰又感动，感觉一切都是值得的。

关于这一年的支教生活，李洁瑶说，“我在他们的生活里可能只是一个过客，只是激起了一点涟漪，但如果它有用，我就很高兴。”

一手托成绩，一手抚心灵

一年支教，两面钻研，三次第一，七年生物。张又文担任七年级生物老师，负责五个班的教学，共教授 380 多个学生。他注重提高学生们对学习的兴趣。课程设置中每节课中间增加 30 秒放松时间，播放欢快的音乐，放松他们紧绷的神经；课前定好暗号，说到暗号时要做相应的动作，帮助学生集中注意力，提高学习效率。课余时间在办公室抽背学生、考试前根据学习的经验和技巧，对整本书的知识重点进行整理和总结，帮助学生快速掌握知识，区分重点和非重点，节省复习时间，提高学习效率。“从不会讲课到讲出风格，这都是我一步步摸索出来的，现在，我也能说自己是教过书的了。”他所授的班级一年内生物成绩累积三次获得全年级第一。在那些看似平凡而重复的日子里，他早已将未来的底牌交到了孩子们的手中。

张又文不只关注学生的成绩，更关注他们的心理健康。在发现当地学生存在的一些心理问题后，他开办了心理健康社团，尽可能地帮助他们。他用耐心和细致一遍一遍地在孩子们心里打下理想的烙印，希望能让秦安的孩子们日后有机会跳出经济与观念局促下的小圈子，哪怕有一点希望，哪怕是种一颗种子，都决不放弃。

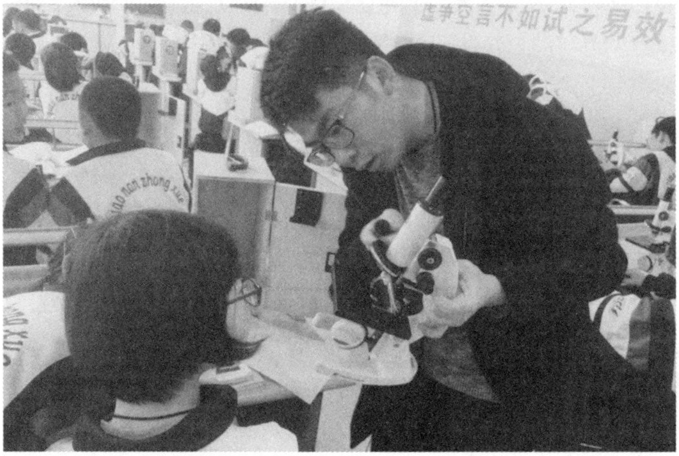

为同学讲解显微镜使用方法

支教之外，还有扶贫。在一年的支教历程之后，他们认识到教育扶贫是解决脱贫的根本任务，孩子们只要受了好的教育，日后才可能摆脱贫困。他们用立志支教扶贫给孩子们的成长路上绘制了绚丽的光彩，也希望能借此突破他们人生的可能性与未来的方向，哪怕只改变一点点也好。

坚守初心，落到实处。这是对研究生支教团甘肃分团一年支教生活最好的诠释，他们用行动书写温暖，用关爱点亮希望。他们，是支教道路上当之无愧的榜样！

师生分享交流

后 记

2019年对于中国青年来说具有特殊意义。这一年是新中国成立70周年、五四运动100周年，习近平总书记多次出席青年活动，与青年谈心，给青年回信，为青年鼓劲……这一年来，编者深刻体会到，以习近平总书记为核心的党中央对青年成长成才的关怀巍巍重于泰山！

党有号召，团有行动。习近平总书记在全国教育大会上指出，培养什么人，是教育的首要问题，而“三全育人”的战略目标，对新时代高等教育发展提出了更高的要求。作为团干部，编者一直在思考如何才能更好地承担起“立德树人”根本任务，如何在共青团这所“广大青年在实践中学习中国特色社会主义和共产主义的学校”里“传道、授业、解惑”。从编者的工作经验来看，用典型模范开展正面宣传教育，凝聚人心，传递正能量，是青少年思想引领的优良传统和有效方法。“榜样的力量是无穷的”，榜样在青年成长过程中的影响作用不可估量，有时甚至能改变一个青年的人生轨迹。因此编写本书的初心，就是以榜样的力量激励青年，为青年的人生发展提供一个参照坐标，同时也借此书向新中国成立70周年、五四运动100周年献礼。

2019年1月18日，北京科技大学团委采访写作团第一次全体会议召开，本书的创作过程正式开始，先后有20余名师生参与写作，他们是：苏栋、王鹂、邵丽华、孟涛、翟文洁、李娟、赵倩、薛飞扬、于点、王靖、马昭文、王国粹、陈雷、孙晓丹、姚惠迎、李晓彤、浦绍韬、袁正臣、刘昊、李奕明、唐雨歆、蔡惠宁、李凯、陈璐等。

采访写作团制订了周密的采访、写作和编辑计划，在采访阶段，采访写作团根据历史档案资料，积极与采写对象取得联系，进行了大量访谈工作。需要指出的是，有一些“青年五四奖章”获得者因工作原因等不能提供相关材料，在书中并未出现，对此我们深感遗憾。在写作阶段，采访写作团召开了多场统稿会议，研讨写作大纲、行文风格及内容选材，其间又进行了大量的补充采访工作。本书初稿形成后，写作团将其送回采写对象本人进行审定，得到了他们的积极配合，他们耐心、细致地对文章进行了认真的补充和修订，提出了很多富有建设性的意见；在此基础上，写作团成员又进行了细致的整理和编排。学校党委书记武贵龙教授亲自为本书作序，党委副书记、副校长薛庆国教授对书稿进行了认真审阅，提出了许多宝贵的意见建议，形成了最终的书稿。在此，向关心、支持本书创作的各位领导、校友以及参加写作的各位老师、同学表示衷心的感谢。

榜样的力量是无穷的，在写作过程中编者自己首先被榜样的力量打动，这61组团队或个人都深深地烙着北科大青年的印记，每一个团队都是一部奋发进取的青春诗篇，每一个人都是一个鲜活可感的青年楷模。他们是北科大青年的标杆，更是全体北科大人共同的骄傲！

一代人有一代人的长征，一代人有一代人的担当。当前我们面临的新时代，既是近代以来中华民族发展的最好时代，也是实现中华民族伟大复兴的关键时代。伟大的时代赋予青年神圣的使命，伟大的时代为青年提供了施展才华的宽广舞台。

楷模就是标杆，榜样就是力量。在这个大有作为的时代，我们每一个青年都可以成为楷模。希望广大青年能以强烈的时代责任感和使命感，向榜样看齐，向使命聚焦。汲取榜样“内在的力量”，充分挖掘自身的优势，把自身蕴藏的青春能量最大限度地发挥出来，让青春在为祖国、为人民、为民族、为人类的奉献中焕发出更加绚丽的光彩！

由于编者水平所限，本书不足之处，敬请读者批评指正。

编　者

2019年11月25日